अनुवाद सिद्धान्त की रूपरेखा

डॉ. सुरेश कुमार

वाणी प्रकाशन

वाणी प्रकाशन

4695, 21-ए, दरियागंज, नयी दिल्ली 110 002

फ़ोन : +91 11 23273167 फ़ैक्स : +91 11 23275710

शाखाएँ

अशोक राजपथ, पटना 800 004, बिहार

कॉफ़ी हाउस कैम्पस, महात्मा गांधी मार्ग, इलाहाबाद 211 001, उत्तर प्रदेश

महात्मा गांधी अन्तरराष्ट्रीय हिन्दी विश्वविद्यालय, वर्धा 442 001, महाराष्ट्र

www.vaniprakashan.com
marketing@vaniprakashan.in
sales@vaniprakashan.in

Anuvad Siddhant Ki Rooprekha
by Dr. Suresh Kumar

ISBN : 978-93-5000-860-7
Linguistics

संस्करण 1986, 1989, 1996, 2011
पाँचवाँ संस्करण 2023

मूल्य : ₹ 495

आर. टेक ऑफ़सेट प्रिंटर्स, दिल्ली-110 032 में मुद्रित

वाणी प्रकाशन का लोगो मक़बूल फ़िदा हुसेन की कूची से

सहधर्मिणी राज

की स्नेहिल स्मृति को

लेखक होना आसान है, किन्तु अनुवादक होना अत्यन्त कठिन है।

मामा वरेरकर

हरेक कृति अनुवाद योग्य है पर हर कृति का अच्छा अनुवाद नहीं किया जा सकता।

खुशवन्त सिंह

अनुवाद, प्रकाश के आने के लिए वातायन खोल देता है; वह छिलके को छोड़ देता है जिससे हम गूदे का स्वाद ले सकें।

बाइबिल

If one denies the concept of translation, one must give up the concept of a language community.

KARL VOSSLER

The peculier genious of a language appears best in the process of translation.

MARGARET MUNSRERBERG

Say what one will of the inadqequacy of translation, it remains one of the most important and worthiest concerns in the totality of world affairs.

J.W.V. GOETHE

प्रस्तावना

हिन्दी में अनुवाद के सैद्धान्तिक पक्ष पर पुस्तकों की संख्या सीमित है। प्रायः पुस्तकें ऐसी हैं जिनमें अनुवाद सम्बन्धी सूचनाएँ एकत्र कर दी गई हैं—अनुवादों का विवरण, अनुवाद के विधि-निषेध (कैसे करें, क्या करें, और क्या न करें), अनुवाद में आने वाली कठिनाइयाँ, अनुवादकों की व्यावसायिक कठिनाइयाँ, आदि। इधर ऐसी पुस्तकें भी आई हैं जिनमें विशिष्ट भाषाभेद तथा विधाभेद की अनुवाद सम्बन्धी समस्याओं का विवरणात्मक विवेचन है—पत्रकारिता अनुवाद की समस्याएँ, कार्यालयी अनुवाद की समस्याएँ, बैंकिंग अनुवाद की समस्याएँ, आदि। कुछ पुस्तकें अवश्य ऐसी हैं जिनमें अनुवाद की सैद्धान्तिक पृष्ठभूमि दिखाई देती है। इस दृष्टि से प्रकाशित पुस्तकों में डॉ. देवेन्द्र कुमार : **संस्कृत नाटकों के हिन्दी अनुवाद** (1967), डॉ. भोलानाथ तिवारी : **अनुवाद विज्ञान** (प्र. सं. 1972), डॉ. रवीन्द्रनाथ श्रीवास्तव और डॉ. कृष्ण कुमार गोस्वामी (सं.) : **अनुवाद : सिद्धान्त और समस्याएँ** (1985), डॉ. जी गोपीनाथन : **अनुवाद : सिद्धान्त और प्रयोग** (1985), और डॉ. नगेन्द्र (सं.) : **अनुवाद विज्ञान** (1993) उल्लेखनीय हैं।

अनुप्रयुक्त भाषा-अध्ययन की प्रवृत्ति के निरन्तर विकसित होने के फलस्वरूप अब 'अनुवाद सिद्धान्त' एक (अर्धस्वतन्त्र, अनुशासन के रूप में प्रतिष्ठित हो गया है। सिद्धान्त के रूप में अनुवाद पर अंग्रेज़ी में भी पुस्तकें बहुत अधिक नहीं। इस लेखक की जानकारी में, अपेक्षाकृत स्वतन्त्र अनुशासन के रूप में एक ही जिल्द में, अनुवाद सिद्धान्त का परिचय कराने वाली पुस्तक, जिसे उच्चस्तरीय अध्ययन सामग्री के रूप में भी प्रयोग में लाया जा सके, एक-दो पुस्तक ही अंग्रेज़ी में उपलब्ध हैं। यह बात इसलिए कही जा रही है कि हम लोग आधुनिक ज्ञान-विज्ञान के लिए प्रायः पूर्णतया अंग्रेज़ी पर ही अवलम्बित रहते हैं। अनुवाद सिद्धान्त पर सबसे अधिक तथा प्रामाणिक साहित्य उपलब्ध कराने वाली भाषाओं में, उपलब्ध सूचना के अनुसार, जर्मन का स्थान पहला है, रूसी का दूसरा। तथापि, इस विषय पर अंग्रेज़ी में भी

अनेक ऐसी हैं पर्याप्त और पठनीय पुस्तकें मिलती हैं जिनमें अनुवाद सिद्धान्त विषयक अनेक मुद्दों की चर्चा है। सन्दर्भिका में अनके ऐसी पुस्तकें शामिल की गयी हैं जो अनुवाद सिद्धान्त की अच्छी जानकारी देती हैं; इनके अध्ययन से पाठक अनुवाद सिद्धान्त विषयक अपने ज्ञान को विस्तार तथा गहराई दे सकते हैं।

इस पुस्तक के लेखन के पीछे मुख्य अभिप्रेरणा, विषय में लेखक की व्यक्तिगत रुचि के साथ उसका व्यावसायिक दायित्व भी है। अनेक वर्षों तक अधिस्नातकोत्तर स्तर पर विषय का अध्यापन करने के बाद वह अनुभव करता है कि हिन्दी में अनुवाद सिद्धान्त पर एक ऐसी स्तरीय तथा प्रामाणिक पुस्तक लिखना उसका शैक्षिक-व्यावसायिक दायित्व है जो अनुवाद सिद्धान्त के विश्वविद्यालय स्तर के छात्रों, व्यावसायिक प्रशिक्षणार्थियों, तथा विषय के गम्भीर जिज्ञासुओं के उपयुक्त हो। वह अनुभव करता है कि अनुवाद को एक अपेक्षाकृत स्वतन्त्र/अर्धस्वतन्त्र अनुशासन के रूप में प्रस्तुत करना सैद्धान्तिक दृष्टि से औचित्यपूर्ण है। इस दृष्टि से, लेखक के अनुसार, विषय के तीन आयाम बनते हैं : **परिदृश्यात्मक, केन्द्रीय,** और **अनुप्रयोगात्मक**। परिदृश्यात्मक आयाम में अनुवाद तथा अनुवाद सिद्धान्त के विषय में आरम्भिक और भूमिकापरक जानकारी है—अनुवाद का महत्त्व, स्वरूप और परम्परा; तथा अनुवाद सिद्धान्त का स्वरूप, क्षेत्र और विकासक्रम। इससे विषय का परिदृश्य उपस्थित होता है तथा विषय की जानकारी के लिए पाठक की मानसिक-बौद्धिक तैयारी हो जाती है। केन्द्रीय आयाम में अनुवाद की प्रक्रिया, उसके प्रकार, उसकी प्रणाली और स्वयं अनुवाद कार्य, इनका विवेचन है। ये सब परस्पर सम्बद्ध हैं तथा विषय का मेरुदण्ड हैं। अनुप्रयोगात्मक आयाम में अनुवाद की समीक्षा और उसके शिक्षण की चर्चा है। इन दोनों में अनुवाद सिद्धान्त का अनुप्रयोग प्रदर्शित है। लेखक का विचार है कि विषय प्रस्तुति की इस योजना में अनुवाद सिद्धान्त को अपेक्षाकृत स्वतन्त्र और स्व-अभिज्ञेय अनुशासन के रूप में समझा जा सकता है।

इस प्रकार की पुस्तकों की रचना में मधुकरी वृत्ति का आश्रय लेना ही होता है। यह लेखक मुख्य रूप से अनुवाद सिद्धान्त का शिक्षक है और इस नाते एक सीमा तक वह अनुवाद सिद्धान्तकार भी है। एक सिद्धान्तकार के रूप में उसकी सैद्धान्तिक प्रतिबद्धता को जिस एक शब्द से निरूपित किया जा सकता है वह है द्वन्द्वात्मकता। लेखक यह मानता है कि द्वन्द्वात्मकता की संकल्पना की भूमि पर अनुवाद सिद्धान्त को पुष्ट रूप में खड़ा किया जा सकता है। एक शिक्षक तथा सिद्धान्तकार के रूप में इस पुस्तक की रचना में वह अपने अध्यापन-अनुभव और शोधदृष्टि से संयोजित सामग्री के अतिरिक्त विभिन्न लेखकों से प्रभावित है। न्यूमार्क, अनुवाद सिद्धान्त की आंग्ल-अमरीकी परम्परा के समसामयिक विद्वानों में, नाइडा के बाद सबसे सशक्त तथा सिद्धान्तपुष्ट विचारक लेखक हैं। तथापि, सैद्धान्तिक संकल्पनाओं को स्पष्ट करने के लिए उदाहरण चुनने के अतिरिक्त, विषय को अपने वर्तमान ढाँचे में प्रस्तुत करने की सारी योजना का दायित्व इस

लेखक का है। उसकी धारणा है कि इस योजना के अनुसार विषय की जानकारी देने से जिज्ञासु पाठक तथा प्रशिक्षणार्थी छात्र यथासम्भव अधिकतम सीमा तक लाभान्वित हो सकते हैं। पाठकों से अनुरोध है कि इस सम्बन्ध में अपनी प्रतिक्रिया से लेखक को अवगत कराएँ।

अनुवाद की परम्परा हमारे देश में भी रही, विदेशों में भी रही। परन्तु अनुवाद चिन्तन या अनुवाद सिद्धान्त, तथा विशेष रूप से उसका आधुनिक स्वरूप, पाश्चात्य देन ही है। हमारे यहाँ जो इसके बीज मिलते हैं वे भाषा चिन्तन के अन्तर्गत हैं, तथा बिखरे हुए हैं; अनुवाद को अनुवाद के रूप में देखने की दृष्टि से जो सम्बद्धता अपेक्षित है वह इनमें नहीं। इसलिए यदि यह पुस्तक विचार पद्धति की दृष्टि से विदेशी प्रतीत हो तो वह अस्वाभाविक और अनुपयुक्त न होगा।

पुस्तक का पहला संस्करण लगभग बीस वर्ष पहले (1986 में) प्रकाशित हुआ था। इस बीच अंग्रेज़ी तथा हिन्दी में अनुवाद पर अनेक पुस्तकें आई हैं–स्वतन्त्र लिखित तथा सम्पादित, दोनों प्रकार की। कुछ शोधप्रबन्ध भी प्रकाशित हुए हैं। इनमें से उल्लेखनीय प्रकाशनों को सन्दर्भिका में शामिल किया गया है। इसके अतिरिक्त, चिन्तन के धरातल पर, कुछ प्रकरणों पर, लेखक की मान्यताओं में विशदता आई है, तथा उनका परिधि विस्तार भी हुआ है। तदनुसार, पुस्तक में अपेक्षित संशोधन-परिवर्धन किए गए हैं, और प्रकथनों को अधिक सन्तुलित बनाया गया है। फलस्वरूप, विषय-विवेचन अद्यतन हो गया है।

वर्तमान संस्करण में तृतीय संस्करण (1996) की सामग्री में आवश्यक संशोधन के साथ, कुल सामग्री में परिवर्धन के फलस्वरूप, समग्र प्रतिपाद्य का पुनर्गठन हुआ है। 'सामान्य सिद्धान्त' के अंतर्गत अनुवाद सिद्धान्त के आयाम-बहुल समाकलनात्मक स्वरूप का निरूपण है तथा 'विशिष्ट आयाम' के अन्तर्गत उसे विशिष्टतापरक विस्तार के साथ गहनता प्राप्त हुई है। सन्दर्भिका में प्रविष्टियाँ बढ़ी हैं जिससे हिन्दी तथा अंग्रेज़ी में इस विषय पर प्रकाशित स्तरीय पुस्तकों की जानकारी मिलती है। विश्वास है, अपने परिशोधित रूप में यह संस्करण पाठकों को अधिक ज्ञानवर्धक तथा प्रेरक प्रतीत होगा।

संस्करण के प्रकाशन में वाणी प्रकाशन के स्वत्वाधिकारी श्री अरुण माहेश्वरी ने पूर्ववत् तत्परता दिखाई है। मैं उन्हें हृदय से धन्यवाद देता हूँ।

सुरेश कुमार

क्रम

सामान्य सिद्धान्त

विषय-प्रवेश
अनुवाद : महत्त्व-परम्परा-स्वरूप
अनुवाद सिद्धान्त : स्वरूप-क्षेत्र-विकासक्रम
अनुवाद की प्रक्रिया
अनुवाद के प्रकार
अनुवाद की प्रणाली
अनुवाद कार्य
अनुवाद समीक्षा और मूल्यांकन
अनुवाद शिक्षण

1

विषय-प्रवेश

अनुवाद और अनुवाद सिद्धान्त

अनुवाद असाधारण रूप से कठिन और चुनौती भरा कार्य है। यह एक जटिल, कृत्रिम, आवश्यकता-जनित, और एक दृष्टि से सर्जनात्मक प्रक्रिया है जिसमें असाधारण और विशिष्ट कोटि की प्रतिभा की आवश्यकता होती है। यह इसकी अपनी प्रकृति है। तथापि इसे एक विडम्बना ही कहा जाएगा कि अनुवाद को पहले कभी सम्मान का स्थान नहीं मिला। इसे एक गौण तथा अमौलिक, अतएव यन्त्रवत् अभ्यासमूलक (न कि नवप्रवर्तनकारी और सर्जनात्मक) कार्य मानकर इसे मौलिक लेखन की तुलना में हीन कोटि का कार्य माना गया।[1] स्थिति अब भी बहुत-कुछ पहले के समान ही है। मौलिक लेखन न होने के कारण अनुवाद को सम्मान का स्थान तो न मिला परन्तु इस वास्तविकता को नज़रअन्दाज़ कर दिया गया कि अनुवाद इसीलिए कठिन है कि वह मौलिक लेखन नहीं – पहले कही गई बात को ही दुबारा कहना होता है जिसमें अनेक नियन्त्रणों और बन्धनों का पालन करना आवश्यक हो जाता है। इस प्रकार अमौलिक होने के कारण अनुवाद का महत्त्व तो कम हो गया, परन्तु इसी कारण इसके लिए अपेक्षित नियन्त्रणों और बन्धनों को महत्त्वपूर्ण नहीं समझा गया।

यह स्थिति स्थूल रूप से उन्नीसवीं शताब्दी के पूर्वार्ध तक रही जिसमें अनुवाद मुख्य रूप से व्यक्तिगत रुचि से प्रेरित अधिक था, सामाजिक आवश्यकता से प्रेरित कम। इसके अतिरिक्त मौलिक लेखन की परिमाणगत प्रचुरता के कारण भी इस प्रकार की राय बनी। दूसरे विश्वयुद्ध के बाद साम्राज्यवाद के खण्डित होने के फलस्वरूप अनेक छोटे-बड़े राष्ट्र स्वतन्त्र हुए तथा उनकी अस्मिता का प्रश्न महत्त्वपूर्ण हो गया। संघीय गणराज्यों के घटक भी अपनी अस्मिता के विषय में सचेत होने लगे। इस सम्पर्क-स्थापना तथा अस्मिता-विकास की स्थिति में भाषा का केन्द्रीय

स्थान है, जो हमें बहुभाषिकता की स्थिति के रूप में दिखाई पड़ता है। इसमें अनुवाद की सत्ता अवश्यम्भावी है। इसके फलस्वरूप अनुवाद अब प्रधान रूप से एक सामाजिक आवश्यकता बन गया है। अब विविध प्रकार के लेखनों के अनुवाद होने लगे हैं। अनुवाद कार्य एक व्यवसाय हो गया है। अनुवादकों को प्रशिक्षित करने के अभिकरण स्थापित हो गए हैं, जिसमें अल्पकालीन और पूर्णसत्रीय पाठ्यक्रमों और कार्यशालाओं आदि का आयोजन किया जाता है। इससे भी बढ़कर, वर्तमान में, अनुवाद विषय पर स्वतंत्र स्नातकोत्तर पाठ्यक्रम उपलब्ध हैं तथा पीएच.डी. उपाधि के शोधप्रबंध भी प्रस्तुत किये जाते हैं। इसका यह भी परिणाम हुआ कि एक ओर तो अनुवाद के प्रति सामाजिक दृष्टिकोण बदला तथा दूसरी ओर ज्ञानात्मक दृष्टि से अनुवाद सिद्धान्त के विकास को विशेष बल मिला तथा अनुवाद प्रशिक्षण पाठ्यक्रमों के लिए अनुवाद सिद्धान्त की आवश्यकता को स्वीकार किया गया। फलस्वरूप, अनुवाद सिद्धान्त एक अपेक्षाकृत स्वतन्त्र ज्ञानशाखा बन गया है जिसकी जानकारी अनुवादक, अनुवाद शिक्षक, और अनुवाद समीक्षक, तीनों के लिए उपादेय है।

अनुवाद सिद्धान्त का सामयिक सन्दर्भ

अनुवाद के विषय में सैद्धान्तिक चर्चा का सूत्रपात आधुनिक युग में ही हुआ ऐसा समझना तथ्य और तर्क दोनों के ही विपरीत होगा। अनुवाद कार्य की लम्बी प म्परा को देखते हुए यह मानना तर्कसंगत ही है कि अनुवाद कार्य के विषय में सैद्धान्तिक चर्चा की परम्परा भी पुरानी है। ईसा पूर्व पहली शताब्दी में सिसरो के लेखन में अनुवाद चिन्तन के बीज मिलते हैं, और इसके बाद भी इस विषय पर विद्वान् अपने विचार प्रकट करते रहे हैं। इस चिन्तन की पृष्ठभूमि भी अवश्य रही है, यद्यपि उसे स्पष्ट रूप से पारिभाषित नहीं किया गया। यह अवश्य सत्य है कि जिस प्रकार अनुवाद कार्य का संगठित रूप में होना आधुनिक युग की देन है उसी प्रकार अनुवाद सिद्धान्त की अपेक्षाकृत सुपरिभाषित पृष्ठभूमि का विकसित होना भी आधुनिक युग की देन है।

अनुवाद सिद्धान्त के आधुनिक सन्दर्भ की मूल विशेषता है इसकी **बहुपक्षीयता।** यह किसी एकान्वित पृष्ठभूमि पर आधारित न होकर अनेक परन्तु परस्पर सम्बद्ध शास्त्रों की समन्वित पृष्ठभूमि पर आधारित है, जिनके प्रसंगोचित अंशों से वह पृष्ठभूमि निर्मित है। मुख्य शास्त्र हैं **पाठसंकेतविज्ञान, सम्प्रेषण सिद्धान्त, भाषा प्रयोग सिद्धान्त,** और **तुलनात्मक अनुप्रयुक्त भाषाविज्ञान।** यह स्पष्ट करना भी उचित होगा कि एक ओर मानव अनुवाद तथा मशीन अनुवाद, तथा दूसरी ओर लिखित अनुवाद और मौखिक अनुवाद के व्यावहारिक महत्त्व के कारण इनके सैद्धान्तिक पक्ष के विषय में भी अब चिन्तन आरम्भ हो गया है। तथापि **मानवकृत लिखित माध्यम** के अनुवाद की ही परिमाणगत तथा गुणात्मक प्रधानता है तथा

इनसे सम्बन्धित सैद्धान्तिक चिन्तन के मुद्दे विशेष रूप से प्रासंगिक हैं। एक अन्य उल्लेखनीय बात यह है कि यद्यपि प्राचीन भारतीय परम्परा में अनुवाद चिन्तन की परम्परा उतने व्यवस्थित तथा लेखबद्ध रूप में प्राप्त नहीं होती जिस प्रकार पश्चिम में, तथापि अनुवाद चिन्तन के बीज अवश्य उपलब्ध हैं। तदनुसार, अनुवाद **पुनरुक्ति** या **पुनराख्यान** या **पुनरभिव्यक्ति** है—एक भाषा में व्यंजित सन्देश को दूसरी भाषा में पुनः कहना।[2] अनुवाद के प्रति यह दृष्टि पश्चिमी परम्परा में स्वीकृत धारणा से सतही तौर पर ही अलग है। परन्तु इस दृष्टि को अपनाने से अनुवाद सम्बन्धी अनेक सैद्धान्तिक बिन्दुओं की अधिक विशद तथा संगत व्याख्या की जा सकती है। इसी सम्बन्ध में दूसरी दृष्टि **द्वन्द्वात्मकता** की है जो आधुनिक है तथा मुख्य रूप से संरचनावाद की देन है।

अनुवाद कार्य की परम्परा को देखने से यह स्पष्ट है कि अनुवाद सिद्धान्त सम्बन्धी चिन्तन साहित्यिक कृतियों को लेकर ही अधिक हुआ है। यह स्थिति संगत भी है। विगत युग में प्रधानतया साहित्यिक कृतियों को ही अनुवाद के लिए चुना जाता था। अब भी साहित्यिक कृतियों के ही अनुवाद बड़े परिमाण में होते हैं। तथापि, परिस्थितियों के अनुरोध से अब **साहित्येतर लेखन** का अनुवाद भी बड़ी मात्रा में होने लगा है। विशेष बात यह है कि दोनों कोटियों के लेखनों में एक मूलभूत अन्तर है जिसे हम लेखक की व्यक्तिनिष्ठता तथा निर्वैयक्तिकता की शब्दावली में अधिक स्पष्ट रीति से प्रकट कर सकते हैं। व्यक्तिनिष्ठ लेखन का, अपनी प्रकृति की विशेषता से, कुछ अपना ही सन्दर्भ है। यह कहकर हम दोनों की उभयनिष्ठ पृष्ठभूमि का निषेध नहीं कर रहे, परन्तु प्रस्तुत सन्दर्भ में हम दोनों की दूरी और आपेक्षिक स्वायत्तता को विशेष रूप से उभारना चाहते हैं। यह उचित ही है कि भाषाप्रयोग के पक्ष से **निर्वैयक्तिक लेखन** के अनुवाद के सैद्धान्तिक सन्दर्भ को भी विशेष रूप से उभारा जाए।

अनुवाद सिद्धान्त का एक विकासमान आयाम है **अनुसन्धान की प्रवृत्ति**। अनुवाद सिद्धान्त की बहुविद्यापरक प्रकृति के कारण विभिन्न क्षेत्रों के विशेषज्ञ—भाषाविज्ञानी, समाजशास्त्री, मनोविज्ञानी, शिक्षाविद्, नृत्त्वविज्ञानी, सूचना सिद्धान्त विशेषज्ञ—परस्पर सहयोग के साथ अनुवाद के सैद्धान्तिक मुद्दों पर शोधकार्य में रुचि ले रहे हैं। अनुवाद कार्य का क्षेत्र बढ़ता जा रहा है। अलग-अलग संस्कृतियों के लोगों में सम्पर्क बढ़ रहा है—लोग विदेशों में शिक्षा के लिए जाते हैं, व्यापारिक-औद्योगिक संगठन विभिन्न देशों में काम करते हैं, विभिन्न भाषा भाषी लोग सम्मेलनों में एक साथ बैठकर विमर्श करते हैं, राष्ट्रों के बीच राजनयिक करारनामे होते हैं। इन सभी में अनुवाद की अनिवार्य रूप से आवश्यकता होती है, और अनुवाद की विशिष्ट समस्याएँ उभरती हैं। इन समस्याओं का अध्ययन अनुवाद सम्बन्धी अनुसन्धान का उर्वर क्षेत्र है। एक ओर भाषा और संस्कृति तथा दूसरी ओर

भाषा और विचार के बीच सम्बन्ध पर अनुवाद द्वारा प्रस्तुत साक्ष्य के आधार पर नया चिन्तन सामने आया है। मशीन अनुवाद तथा मौखिक अनुवाद के क्षेत्रों में नई-नई सम्भावनाएँ सामने आ रही हैं जिन्होंने इन क्षेत्रों में अनुवाद अनुसन्धान को गति प्रदान की है। मानव अनुवाद तथा लिखित अनुवाद के परम्परागत क्षेत्रों पर भी भाषा अध्ययन की नई दृष्टियों ने विशेषज्ञों को नये ढंग से विचार करने के लिए प्रेरित किया है। इन सब प्रवृत्तियों से अनुवाद सिद्धान्त को अब प्रतिष्ठा का पद मिल गया है और इसे सैद्धान्तिक शोध के एक उपयुक्त क्षेत्र के रूप में स्वीकृति प्राप्त हो गई है। (अनुवाद व्यवहार में शोध के लिए देखें, डफ़ 1981 तथा अनुवाद सिद्धान्त में शोध के लिए ब्रिसलिन 1976)

टिप्पणी

1. इस सम्बन्ध में सृजनशील लेखकों के विचारों की प्रायः चर्चा होती है। कुछ विचार इस प्रकार हैं :

   (क) सारा अनुवाद कार्य बस एक असमाधेय समस्या का समाधान खोजने के लिए किया गया प्रयास मात्र है। (हुम्बोल्त)

   (ख) किसी कृति का अनुवाद उसके दोषों को बढ़ा देता है और उसके गुणों को विद्रूप कर देता है। (वाल्तेयर)

   (ग) कला की एक विधा के रूप में अनुवाद कभी सफल नहीं हो सकते। (चक्रवर्ती राजगोपालाचारी)

   (घ) अनुवादक वंचक होते हैं। (एक इतालवी कहावत)
   ('अनुवाद : कला और समस्याएँ', 1961 से उद्धृत)

   ऐसे विचारों के उद्भव के पीछे तत्कालीन परिस्थितियाँ तथा उनसे प्रेरित धारणाएँ हैं। पहले अनुवाद सामग्री का बहुलांश साहित्यिक रचनाएँ होती थीं जिनका अनुवाद रचनाओं की साहित्यिक प्रकृति की सीमाओं के कारण पाठक की आशा के अनुरूप नहीं हो पाता। साथ ही यह भी धारणा थी कि रचना की भाषा के प्रत्येक अंश का अनुवाद अपेक्षित है जिससे मूल संवेदना का कोई अंश छूट न पाए, और क्योंकि यह सम्भव नहीं, अतः अनुवाद को प्रवंचना की कोटि में रख दिया गया।

2. (क) ज्ञातस्य कथनमनुवादः– ज्ञात का (पुनः) कथन अनुवाद है। (जैमिनि न्यायमाला)

   (ख) प्राप्तस्य पुनः कथनेऽनुवादः–पूर्वकथित का पुनः कथन अनुवाद है। (शब्दार्थ चिन्तामणि)

   (ग) आवृत्तिरनुवादो वा–दोहराना ही अनुवाद है। (भर्तृहरि)
   ('अनुवाद सूक्तियाँ', 1984 से उद्धृत)।

2

अनुवाद : महत्त्व-परम्परा-स्वरूप

अनुवाद का महत्त्व और व्यवहारक्षेत्र

बीसवीं सदी को अनुवाद का युग कहा गया है। यद्यपि अनुवाद सबसे प्राचीन व्यवसाय या व्यवसायों में से एक कहलाता है तथापि उसको जो महत्त्व बीसवीं सदी में प्राप्त हुआ वह उससे पहले उसे नहीं मिला। इसका मुख्य कारण यह है कि बीसवीं शताब्दी में ही भाषासम्पर्क—भिन्न भाषाभाषी समुदायों में सम्पर्क—की स्थिति प्रमुख रूप से उभरकर आई। इसके मूल कारण आर्थिक और राजनीतिक ही रहे हैं। फलस्वरूप, विश्व का आर्थिक-राजनीतिक मानचित्र अब बदल गया है। वर्तमान युग में अधिकतर राष्ट्रों में यदि एक भाषा प्रधान है तो एक या अधिक भाषाएँ गौण पद पर दिखाई देती हैं। दूसरे शब्दों में, एक ही राजनीतिक-प्रशासनिक इकाई की सीमा के भीतर भाषायी बहुसंख्यक भी रहते हैं और भाषायी अल्पसंख्यक भी। इक्कीसवीं सदी में इस स्थिति ने संस्थात्मक रूप ग्रहण कर लिया है। लोकतन्त्र में सब लोगों का प्रशासन में समान रूप से भाग लेने का अधिकार तभी सार्थक हो सकता है जब उनके साथ उनकी भाषा के माध्यम से सम्पर्क किया जाए। इससे बहुभाषिकता की स्थिति पैदा होती है और उसके संरक्षण की प्रक्रिया में अनुवाद कार्य का आश्रय लेना अनिवार्य हो जाता है। इसके अतिरिक्त अन्तर्राष्ट्रीय स्तर पर विभिन्न राष्ट्रों के बीच राजनीतिक, आर्थिक, वैज्ञानिक और प्रौद्योगिक, तथा साहित्यिक और सांस्कृतिक स्तर पर बढ़ते हुए आदान-प्रदान के कारण अनुवाद कार्य की अनिवार्यता और महत्ता की नई चेतना प्रबल रूप से विकसित हुई है। इन कारणों से यह कहना उचित ही प्रतीत होता है कि अनुवाद एक व्यापक तथा एक सीमा तक अनिवार्य और तर्कसंगत स्थिति है।

अनुवाद के महत्त्व को हम दो अलग, परन्तु सम्बन्धित, सन्दर्भों में अधिक स्पष्टता से समझ सकते हैं : (क) सामाजिक एवं व्यावहारिक, (ख) शैक्षणिक एवं

ज्ञानात्मक। सामाजिक सन्दर्भ में अनुवाद व्यापार अनौपचारिक परिस्थितियों में होता है। इसका सम्बन्ध द्विभाषिकता की स्थिति से है। द्विभाषिकता का सामान्य अर्थ है एक समय में दो भाषाओं का वैकल्पिक रूप से प्रयोग। वर्तमान युग के समाज का एक बड़ा भाग ऐसा है जो सामाजिक सन्दर्भ की अनौपचारिक स्थिति में दो भाषाओं का वैकल्पिक प्रयोग करता है। सामान्य रूप से प्रत्येक शिक्षित व्यक्ति, शहरी परिवेश का अर्ध शिक्षित व्यक्ति, दो भिन्न भाषाभाषी राज्यों के सीमा प्रदेश में रहने वाली जनता, तथा भाषायी अल्पसंख्यक, इनमें काफी स्पष्ट रूप से द्विभाषिकता की स्थिति मिलती है। यह द्विभाषिकता प्रायः आश्रित/संयुक्त द्विभाषिकता की कोटि की होती है, जिसका मोटा लक्षण यह है कि हम एक भाषा में (मातृभाषा में) सोचते हैं परन्तु दूसरी भाषा में अभिव्यक्त करते हैं। इस स्थिति में अनुवाद प्रक्रिया का होना अनिवार्य है। परन्तु यह अनौपचारिक रूप में ही होती है। हम मन-ही-मन पहली भाषा से दूसरी भाषा में अनुवाद कर अपनी बात कह देते हैं। यह माना गया है कि अन्य भाषा के परिवेश में अन्य भाषा सीखते समय अनुवाद का प्रत्यक्ष रूप से अस्तित्त्व रहता है। यदि अपनी भाषा के ही परिवेश में अन्य भाषा सीखी जाए तो कोड परिवर्तन की स्थिति आती है जिसमें अनुवाद की स्थिति कुछ परोक्ष हो जाती है। इस प्रकार हम कह सकते हैं कि द्विभाषी रूप में हम अनौपचारिक अनुवादक हैं। इस दृष्टि से अनुवाद एक सामाजिक भाषा व्यवहार है।

शैक्षणिक एवं ज्ञानात्मक सन्दर्भ में अनुवाद व्यापार औपचारिक स्थिति में होता है। इसके दो भेद हैं : साधन रूप में अनुवाद और साध्य रूप में अनुवाद। साधन रूप में अनुवाद का प्रयोग भाषा शिक्षण की एक विधि के रूप में किया जाता है। संज्ञानात्मक कौशल के रूप में अनुवाद के अभ्यास से भाषा अधिगम के दो कौशलों—बोधन और अभिव्यक्ति—को पुष्ट किया जाता है। इसी प्रकार साधन रूप में अनुवाद के दो और क्षेत्र हैं : भाषाओं का तुलनात्मक-व्यतिरेकी अध्ययन तथा तुलनात्मक साहित्य विवेचन। वस्तुतः भाषाओं के अध्ययन-विश्लेषण के लिए अनुवाद के द्वारा ही हमें यह मालूम होता है कि एक वाक्य में किस शब्द का क्या अर्थ है। उसके बाद ही हम दोनों में समानता तथा असमानता के बिन्दु पहचान पाते हैं। इसलिए व्यतिरेकी भाषा विश्लेषण को अनुवादात्मक विश्लेषण (ट्रांसलेटिव एनालसिस) भी कहा गया है। तुलनात्मक साहित्य विवेचन में साहित्यों के तुलनात्मक अध्ययन के साधन रूप में अनुवाद के प्रयोग के द्वारा सदृश-विसदृश अंशों का अर्थबोध होता है जिससे अंशों की तुलना की जा सके। इसके अतिरिक्त अन्य भाषा साहित्य की कृतियों के अनुवाद का अभ्यास करना और/या उन्हें अनूदित रूप में पढ़ना, तुलनात्मक साहित्य विवेचन में अनुवाद के योगदान का उदाहरण है।

साध्य रूप में अनुवाद व्यापार अनेक क्षेत्रों में दिखाई पड़ता है। कोशकार्य भी एक प्रकार का अनुवाद कार्य है। समभाषिक कोश में एक ही भाषा के भीतर अनुवाद होता है और द्विभाषी कोश में दो भाषाओं के बीच। यह अनुवाद, पाठ की अपेक्षा

भाषा के आयाम पर होता है जिसमें भाषा विश्लेषण के दो स्तर—शब्द और शब्द शृंखला—प्रभावित होते हैं। इसी प्रकार किसी भाषा के विकास के लिए भी अनुवाद व्यापार का सहारा लिया जाता है। जब किसी भाषा को ऐसे व्यवहार-क्षेत्रों में प्रयुक्त होने का अवसर मिलता है जिनमें पहले उसका प्रयोग नहीं होता था तब उसे विषयवस्तु और अभिव्यक्ति-पद्धति दोनों ही दृष्टियों से विकसित करने की आवश्यकता होती है। इसके लिए अन्य भाषाओं से विभिन्न प्रकार के साहित्य का उसमें अनुवाद किया जाता है। फलस्वरूप, विषयवस्तु की परिधि के विस्तार के साथ भाषा के अभिव्यक्ति-कोश का क्षेत्र भी विस्तृत होता है। अनेक नये शब्द बन जाते हैं, कई बार प्रचलित शब्दों को नया अर्थ मिल जाता है, नये सहप्रयोग विकसित होने लगते हैं, संकर शब्दावली प्रयोग में आने लगती है, और भाषाप्रयोग के सन्दर्भ की विशेषता के कारण कुल मिलाकर भाषा का एक नवीन भेद विकसित हो जाता है। आधुनिक प्रशासनिक हिन्दी तथा मीडिया हिन्दी इसके अच्छे उदाहरण हैं। इस प्रक्रिया को भाषा नियोजन और भाषा विकास कहते हैं, जो अपने व्यापकतर सन्दर्भ में राष्ट्र के सामाजिक-आर्थिक विकास का अंग है (देखिए अगले खंड में लेख 'भाषाविकास में अनुवाद की भूमिका')। इस प्रकार अनुवाद के माध्यम से विकासशील भाषा में आवश्यक और महत्त्वपूर्ण साहित्य का प्रवेश होता है। हम कह सकते हैं कि इस रूप में अनुवाद राष्ट्रीय विकास में भी योगदान करता है। अपने व्यापकतम रूप में अनुवाद भाषा की शक्ति में संवर्धन करता है, पाठों की व्याख्या एवं निर्वचन में सहायक है, भाषा तथा विचार के बीच सम्बन्ध को स्पष्ट करता है, ज्ञान का प्रसार करता है, संस्कृति का संवाहक है, तथा राष्ट्रों के बीच आपसी समझ और सद्भाव की वृद्धि में योगदान करता है। गेटे के शब्दों में, अनुवाद (अपनी प्रकृति से) असम्भव होते हुए भी (सामाजिक दृष्टि से) आवश्यक तथा महत्त्वपूर्ण है।

अनुवाद की परम्परा और मुख्य प्रवृत्तियाँ

अनुवाद की परम्परा बहुत पुरानी है। बेबल की मीनार की कहानी प्रसिद्ध ही है जो इस तथ्य की ओर संकेत करती है कि मानव समाज में अनेक भाषाएँ बोली जाती हैं। हम यह तर्कसंगत रूप से अनुमान कर सकते हैं कि पारस्परिक सम्पर्क की सामाजिक अनिवार्यता के कारण अनुवाद व्यवहार का जन्म भी बहुत पहले हो गया होगा। परन्तु जहाँ तक लिखित प्रमाणों का सम्बन्ध है, अनुवाद परम्परा के आरम्भिक बिन्दु का प्रमाण ईसा से तीन हजार वर्ष पहले प्राचीन मिस्र में द्विभाषिक शिलालेखों के रूप में मिलता है। इसके बाद ईसा से तीन सौ वर्ष पूर्व रोमन लोगों के ग्रीक लोगों के सम्पर्क में आने पर ग्रीक से लैटिन में अनुवाद हुए। बारहवीं शताब्दी में स्पेन में इस्लाम के साथ सम्पर्क होने पर यूरोपीय भाषाओं में अरबी से अनुवाद हुए। बड़े पैमाने पर अनुवाद तभी होता है जब दो भिन्न भाषाभाषी समुदायों में देर तक सम्पर्क बना रहे तथा उसे सन्तुलित करने के प्रयास के अन्तर्गत अल्पविकसित संस्कृति

समुदाय सुविकसित संस्कृति समुदाय के साहित्य का अनुवाद कर अपने साहित्य को समृद्ध करे। ग्रीक से लैटिन में और अरबी से यूरोपीय भाषाओं में प्रचुर अनुवाद इसी प्रवृत्ति के परिणाम हैं।

अनुवाद कार्य को, इतिहास की प्रवृत्तियों की दृष्टि से, दो भागों में बाँटा जा सकता है—प्राचीन और आधुनिक। प्राचीन युग में मुख्य रूप से तीन प्रकार की रचनाओं के अनुवाद मिलते हैं, क्योंकि इन तीन क्षेत्रों में ही प्रायः ग्रन्थों की रचना होती थी। ये क्षेत्र हैं साहित्य, दर्शन, और धर्म। साहित्यिक रचनाओं में ग्रीक के इलियड और ओडेसी, संस्कृत के रामायण और महाभारत ऐसे ग्रन्थ हैं जिनका व्यापक स्तर पर अनुवाद हुआ। दार्शनिक रचनाओं में प्लेटो के संवाद, अनुवाद की दृष्टि से लोकप्रिय रहे। धार्मिक ग्रन्थों में बाइबिल के सबसे अधिक अनुवाद हुए। बाइबिल इस समय भी संसार की सबसे अधिक भाषाओं में अनूदित होने वाली एकमात्र पुस्तक है। इस सम्बन्ध में विशेष बात यह है कि प्राचीन युग की इन रचनाओं के अनुवाद जितने प्राचीन युग में हुए उससे अधिक आधुनिक युग में हुए। आधुनिक युग में अनुवाद के माध्यम से प्राचीन युग के ये महान ग्रन्थ अब विभिन्न भाषा भाषियों को उपलब्ध होने लगे हैं। अनुवाद तकनीक की दृष्टि से इन अनुवादों की विशेषता यह है कि ये, विशेष रूप से प्राचीन युग में, एकपक्षीय रूप में होते थे अर्थात् जिस भाषा में ये अनुवाद किए जाते थे (=लक्ष्यभाषा) उनसे, उनकी किसी रचना का मूल ग्रन्थों की भाषा (=मूलभाषा या स्रोत भाषा) में अनुवाद नहीं होता था। इसका कारण यह था कि मूल ग्रन्थों की तुलना में लक्ष्यभाषा के ग्रन्थ प्रायः उतने उत्कृष्ट नहीं होते थे, और दूसरी बात यह कि मूल ग्रन्थों की भाषा के प्रति गहरी आदर भावना के कारण उन्हें लक्ष्य भाषा के रूप में प्रयोग में लाना सम्भवतः अनुचित समझा जाता था।

आधुनिक युग में अनुवाद का क्षेत्र विस्तृत हो गया है। उपर्युक्त तीन के अतिरिक्त विज्ञान, प्रौद्योगिकी, चिकित्साशास्त्र, प्रशासन, कूटनीति, कानून, जनसंचार (समाचार पत्र आदि) तथा अन्य अनेक क्षेत्रों के ग्रन्थों और रचनाओं का अनुवाद भी होने लगा है। प्राचीन युग के अनुदादों की तुलना में आधुनिक युग के अनुवाद द्विपक्षीय (और बहुपक्षीय) रूप में होते हैं। आधुनिक युग में अनुवाद का आर्थिक और राजनीतिक महत्त्व भी प्रतिष्ठित हो गया है। विभिन्न राष्ट्रों के बीच राजनीतिक, आर्थिक, और सांस्कृतिक समझौतों के दस्तावेजों के द्विभाषिक पाठ तैयार किए जाते हैं। बहुराष्ट्रीय कम्पनियों को एक से अधिक भाषाओं का प्रयोग करना पड़ता है। संयुक्त राष्ट्र संघ में प्रत्येक कार्य पाँच या छः भाषाओं में किया जाता है। इन सबमें अनिवार्य रूप से अनुवाद की आवश्यकता होती है।

इस स्थिति का औचित्य भी है। आधुनिक युग में हुई औद्योगिक, प्रौद्योगिक, आर्थिक और राजनीतिक क्रान्ति के फलस्वरूप विश्व के राष्ट्रों में एक-दूसरे के निकट

सम्पर्क की आवश्यकता की चेतना का जितनी तेजी से विकास हुआ उसके कारण अनुवाद को यह महत्त्व मिलना स्वाभाविक ही था। यही कारण है कि यदि प्राचीन युग में अनुवाद की प्रेरक शक्ति अनुवादक की व्यक्तिगत रुचि अधिक थी तो आधुनिक युग में अनुवाद की सामाजिक-आर्थिक-राजनीतिक आवश्यकता एक प्रबल प्रेरक शक्ति बनकर सामने आई है। इस स्थिति के अनेक उदाहरण मिलते हैं। भाषायी अल्पसंख्यक वर्ग के लेखकों की रचनाएँ दूसरी भाषाओं में अनूदित होकर अधिक पढ़ी जाती हैं। अपेक्षाकृत छोटे तथा बहुभाषी राष्ट्रों को अपने देश के भीतर ही विभिन्न भाषाभाषी समुदायों के बीच सम्पर्क स्थापित करने की समस्या का सामना करना पड़ता है। सामाजिक आवश्यकता के अनुरूप अनुवाद के इस महत्त्व के कारण अनुवाद कार्य अब संगठित रूप से होने लगा है। राजनीतिक-आर्थिक कारणों से उत्पन्न आवश्यकताओं की पूर्ति के लिए अनुवाद अब एक व्यवसाय बन चुका है तथा व्यक्तिगत होने के साथ-साथ उसका संगठनात्मक रूप भी प्रतिष्ठित हो चुका है। अनुवाद कौशल को सिखाने के लिए शिक्षा संस्थाओं में प्रबन्ध किए जाते हैं तथा स्वतन्त्र रूप से भी प्रशिक्षण संस्थान काम करते हैं।

अनुवाद क्या है

'अनुवाद क्या है' इस चर्चा का आरम्भ 'अनुवाद' शब्द से ही करना उचित होगा। एक विशिष्ट प्रकार के भाषिक व्यापार के रूप में अनुवाद, भारतीय परम्परा की दृष्टि से, कोई नई बात नहीं। वस्तुतः 'अनुवाद' शब्द और उससे उपलक्षित भाषिक व्यापार हमारी परम्परा में बहुत पहले से चले आए हैं। इसलिए 'अनुवाद' शब्द और इसके अंग्रेज़ी पर्याय 'ट्रांसलेशन' के व्युत्पत्तिमूलक और प्रवृत्तिमूलक अर्थों की सहायता से अनुवाद की परिभाषा और उसके स्वरूप को बेहतर ढंग से समझा जा सकता है। 'अनुवाद' का व्युत्पत्तिमूलक अर्थ है पुनः कथन; एक बार कही हुई बात को दोबारा कहना। इसमें 'अर्थ की पुनरावृत्ति' होती है, शब्द (शब्द रूप) की नहीं। 'ट्रांसलेशन' शब्द का व्युत्पत्तिमूलक अर्थ है 'पारवहन', एक स्थान-बिन्दु से दूसरे स्थान-बिन्दु पर ले जाना। यह स्थान-बिन्दु भाषिक पाठ है। इसमें भी ले जाई जाने वाली चीज़ अर्थ होती है, शब्द नहीं। उपर्युक्त विवरण से यह स्पष्ट है कि इन दोनों शब्दों में अन्तर व्युत्पत्तिमूलक अर्थ की दृष्टि से है और इसलिए सतही है। वास्तविक व्यवहार में दोनों की समानता स्पष्ट है। अर्थ की पुनरावृत्ति को ही दूसरे शब्दों में, और प्रकारान्तर से, अर्थ का भाषान्तरण कहा जा सकता है, जिसमें कई बार मूल भाषा की रूपात्मक-गठनात्मक विशेषताएँ लक्ष्यभाषा में संक्रान्त हो जाती हैं। वस्तुतः 'अनुवाद' शब्द का भारतीय परम्परा वाला अर्थ आधुनिक सन्दर्भ में भी मान्य है और इसी को केन्द्र बिन्दु बनाकर हम अनुवाद की प्रकृति को अधिक अच्छे ढंग से समझ सकते हैं। तदनुसार, 'अनुवाद' कार्य के तीन सन्दर्भ हैं—**समभाषिक, अन्यभाषिक,** (द्विभाषिक) और **अन्तरसंकेतपरक**। समभाषिक सन्दर्भ में अर्थ की पुनरावृत्ति एक

ही भाषा की सीमा के भीतर होती है, परन्तु इसके आयाम अलग-अलग हो जाते हैं। मुख्य आयाम दो हैं—कालक्रमिक और समकालिक। कालक्रमिक आयाम पर समभाषिक अनुवाद एक ही भाषा के ऐतिहासिक विकास की दो निकटस्थ अवस्थाओं में होता है, जैसे, पुरानी हिन्दी से आधुनिक हिन्दी में अनुवाद। एककालिक आयाम पर समभाषिक अनुवाद मुख्य रूप से तीन स्तरों पर होता है—बोली, शैली और माध्यम।

बोली स्तर पर समभाषिक अनुवाद के चार उपस्तर हो सकते हैं : (क) एक भौगोलिक बोली से दूसरी भौगोलिक बोली में; जैसे ब्रज से अवधी में। (ख) अमानक बोली से मानक बोली में; जैसे गंजाम ओड़िया से पुरी की ओड़िया में या नागपुर मराठी से पुणे मराठी में। (ग) बोली रूप से भाषा रूप में, जैसे ब्रज या अवधी से हिन्दी में, और (घ) एक सामाजिक बोली से दूसरी सामाजिक बोली में, जैसे अशिक्षितों या अल्पशिक्षितों की भाषा/बोली से शिक्षितों की भाषा/बोली में या एक धर्म में दीक्षित लोगों की भाषा/बोली से अन्य धर्म में दीक्षित लोगों की भाषा/बोली में।

शैली स्तर पर समभाषिक अनुवाद को शैली-विकल्पन के रूप में भी देखा जा सकता है। इसका एक अच्छा उदाहरण है औपचारिक शैली से अनौपचारिक शैली में अनुवाद; जैसे 'धूम्रपान वर्जित है' (औपचारिक शैली)→'बीड़ी सिगरेट पीना मना है' (अनौपचारिक शैली)। इसी प्रकार 'ट्यूबीय वायु आधान में सममिति नहीं रह गई है' (तकनीकी शैली)→'टायर की हवा निकल गई है' (गैरतकनीकी शैली)।

माध्यम की दृष्टि से समभाषिक अनुवाद की स्थिति वहाँ होती है जहाँ मौखिक माध्यम में प्रस्तुत सन्देश की लिखित माध्यम में या इसके विपरीत पुनरावृत्ति की जाए; जैसे, मौखिक माध्यम का एक वाक्य है : "**समय** की सीमा के कारण मैं अपने **श्रोताओं** को अधिक विस्तार से इस विषय के बारे में नहीं **बता पाऊँगा**।" इसी को लिखित माध्यम में इस प्रकार से कहना उचित होगा : "**स्थान** की सीमा के कारण मैं अपने **पाठकों** को अधिक विस्तार से इस विषय का **स्पष्टीकरण** नहीं कर सकूँगा।" ('समय'→'स्थान'; 'श्रोता'→'पाठक'; 'के बारे में बता पाना'→'का स्पष्टीकरण कर सकना')।

समभाषिक अनुवाद के उपर्युक्त उदाहरणों से दो बातें स्पष्ट होती हैं। (क) अर्थान्तरण या अर्थ की पुनरावृत्ति की प्रक्रिया में शब्दचयन तथा वाक्यविन्यास दोनों प्रभावित होते हैं। माध्यम अनुवाद में स्वनप्रक्रिया की विशेषताएँ (बलाघात, अनुतान आदि) लेखिम व्यवस्था की विशेषताओं (विरामचिह्न आदि) का रूप ले लेती हैं या इसके विपरीत होता है। (ख) बोली, शैली, और माध्यम के आयामों के बीच कठोर विभाजन रेखा नहीं, अपितु इनमें आंशिक अतिव्याप्ति पाई जाती है जिसकी सम्भावना भाषाप्रयोग की प्रवृत्ति में ही निहित है। जैसे, शैलीगत अनुवाद की आंशिक सत्ता माध्यम अनुवाद में दिखाई देती है, और तदनुसार 'के बारे में बता पाना' जैसा

मौखिक माध्यम का, अतएव अनौपचारिक चयन, लिखित माध्यम में औपचारिकता का स्पर्श लेता हुआ 'का स्पष्टीकरण कर सकना' हो जाता है। इसी प्रकार शैलीगत अनुवाद में सामाजिक बोलीगत अनुवाद भी कभी-कभी समाविष्ट हो जाता है। जैसे, शिक्षितों की बोली में औपचारिक शैली की प्रवृत्ति हो सकती है और अल्पशिक्षितों या अशिक्षितों की बोली में अनौपचारिक शैली की।

समभाषिक अनुवाद की समस्याएँ न केवल रोचक हैं अपितु अन्यभाषिक अनुवाद की दृष्टि से महत्त्वपूर्ण भी हैं। अनुवाद को भाषाप्रयोग की एक विधा के रूप में देखने पर समभाषिक अनुवाद का महत्त्व और भी स्पष्ट हो जाता है। इसके अतिरिक्त अन्यभाषिक अनुवाद की प्रकृति को समझने की दृष्टि से समभाषिक अनुवाद की प्रकृति को समझना न केवल सहायक है अपितु आवश्यक भी है। हम यह भी कह सकते हैं कि **अनुवाद व्युत्पन्न भाषाप्रयोग** है जिसके दो सन्दर्भ हैं—समभाषिक और अन्यभाषिक। इस सन्दर्भ भेद से अनुवाद व्यवहार में अन्तर आ जाता है, परन्तु दोनों ही स्थितियों में अनुवाद की प्रकृति वही रहती है।

अन्यभाषिक अनुवाद दो भाषाओं के बीच में होता है। ये दो भाषाएँ ऐतिहासिकता और क्षेत्रीयता के समन्वित मानदण्ड पर स्वतन्त्र भाषाओं के रूप में पहचानी जाती हैं। ऐतिहासिक दृष्टि से एक ही धारा में आने वाली भाषाओं को हम उस स्थिति में स्वतन्त्र भाषा के रूप में देखेंगे यदि वह कालक्रम में एक दूसरे के निकट सन्निहित न हों, जैसे संस्कृत और हिन्दी; इन दोनों के बीच प्राकृत भाषाएँ आ जाती हैं। इसी प्रकार क्षेत्रीयता की दृष्टि से पड़ोसी भाषाओं में काफ़ी लेन-देन होने पर भी उन्हें अलग भाषाएँ ही मानना होगा, जैसे हिन्दी और पंजाबी। अन्यभाषिक अनुवाद के सन्दर्भ में सम्बन्धित भाषाओं का स्वतन्त्र अस्तित्त्व महत्त्व की बात है। समभाषिक अनुवाद की तुलना में अन्यभाषिक अनुवाद सामाजिक और व्यावहारिक दृष्टि से अधिक महत्त्वपूर्ण है। भाषाप्रयोग की दृष्टि से अन्यभाषिक अनुवाद की समस्याओं में समभाषिक अनुवाद की समस्याओं से गुणात्मक अन्तर दिखाई पड़ता है। इस प्रकार समभाषिक अनुवाद से सम्बन्धित होते हुए भी अन्यभाषिक अनुवाद, अपेक्षाकृत स्वनिष्ठ व्यापार है। व्यवहार में 'अनुवाद' शब्द से अन्यभाषिक अनुवाद का ही अर्थ लिया जाता है और इसी कारण अब यह बात सिद्धान्त का भी अंग बन गई है कि अनुवाद दो भाषाओं के बीच होने वाली प्रक्रिया है। हम भी इस स्थिति को स्वीकार करते हैं। संस्कृत परम्परा का 'छाया' शब्द तथा उर्दू का 'तरजुमा' शब्द इसी स्थिति का संकेत करने के लिए प्रयुक्त किए जाते हैं।

अनुवाद शब्द के उपर्युक्त दोनों सन्दर्भ अपेक्षाकृत सीमित हैं। इनमें अनुवाद को भाषा-संकेतों का व्यापार माना गया है। वस्तुतः, भाषा-संकेत, संकेतों की एक विशिष्ट श्रेणी है जिसके माध्यम से सम्प्रेषण कार्य सम्पन्न होता है। सम्प्रेषण के लिए विभिन्न कोटियों के संकेतों को काम में लाया जाता है। इन्हें हम सामान्य संकेत

कहते हैं। इनकी दृष्टि से भी हम अनुवाद शब्द की व्याख्या कर सकते हैं। इसके अनुसार एक कोटि के संकेतों के माध्यम से कही गई बात को दूसरी कोटि के संकेतों के माध्यम से पुनः कहना अनुवाद है। इस प्रकार के अनुवाद को अन्तरसंकेतपरक अनुवाद कह सकते हैं। यह सामान्य संकेत विज्ञान के अन्तर्गत है। भाषिक संकेतों को प्रवर्तन बिन्दु मानकर हम संकेतों का वर्गीकरण इस प्रकार कर सकते हैं :

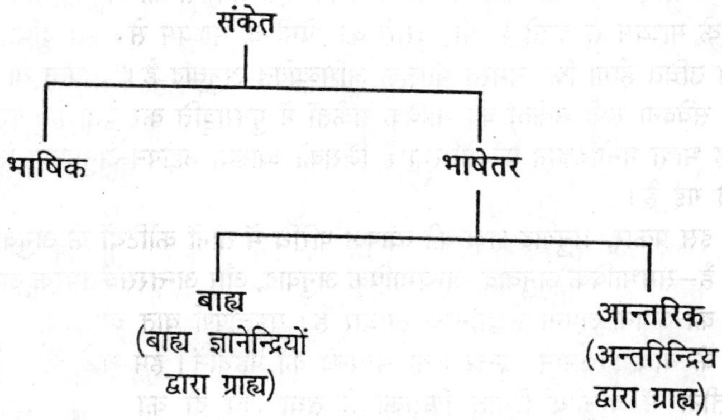

आरेख 1

अनुवाद की दृष्टि से संकेत-परिवर्तन के व्यापार की निम्नलिखित कोटियाँ बन सकती हैं :

1. बाह्य संकेत का बाह्य संकेत में अनुवाद। इसके अनुसार किसी देश का मानचित्र उस देश का अनुवाद है; किसी प्राणी का चित्र उस प्राणी का अनुवाद है।

2. बाह्य संकेत का भाषिक संकेत में अनुवाद। इसके अनुसार किसी प्राणी के लिए किसी भाषा में प्रयुक्त कोई शब्द उस प्राणी का अनुवाद है। इस दृष्टि से वस्तुतः यह भाषा दर्शन की समस्या है जिसकी व्याख्या अर्थ के संकेत सिद्धान्त में की गई है।

3. आन्तरिक संकेत से आन्तरिक संकेत में अनुवाद। इसके अनुसार किसी एक संवेदना को उसकी समशील संवेदना में परिवर्तित करना इस श्रेणी का अनुवाद है। स्पष्ट है कि इस स्थिति की वास्तविक सत्ता नहीं हो सकती। हमने केवल सैद्धान्तिकता की दृष्टि से ही यह कोटि निर्धारित की है।

4. आन्तरिक संकेत से भाषिक संकेत में अनुवाद। इसके अनुसार किसी आन्तरिक संवेदना के लिए किसी शब्द का प्रयोग करना इस कोटि का अनुवाद है। इस बात को अधिक स्पष्ट करते हुए हम कहेंगे कि किसी भौतिक स्थिति के साथ

सम्पर्क होने पर—जैसे, किसी दुर्घटना को देखकर, प्रकृति के किसी दृश्य को देखकर, किसी वस्तु को हाथ लगाकर, कुछ सूँघकर; दूसरे शब्दों में, इन्द्रियार्थ सन्निकर्ष होने पर—मन में जिस संवेदना का उदय होता है वह एक प्रकार का संकेत है। उसके लिए भाषा के किसी शब्द का प्रयोग करना या भाषिक संकेत द्वारा उसकी पुनरावृत्ति करना इस कोटि का अनुवाद कहलाएगा। उदाहरण के लिए, एक विशिष्ट प्रकार की संवेदना का संकेत करने के लिए हम हिन्दी में 'शोक' शब्द का प्रयोग करते हैं और दूसरी के लिए 'प्रेम' का। हम कह सकते हैं कि एक संवेदना का अनुवाद हम 'शोक' शब्द के माध्यम से करते हैं और दूसरी का 'प्रेम' के माध्यम से। इस दृष्टि से यह कहना उचित होगा कि 'समस्त मौलिक अभिव्यक्ति अनुवाद है।'[1] वक्ता या लेखक अपने संवेदना रूपी संकेतों की भाषिक संकेतों में पुनरावृत्ति कर देता है। इस दृष्टि से यह भाषा मनोविज्ञान की समस्या है जिसकी व्याख्या उद्दीपन-अनुक्रिया सिद्धान्त में की गई है।

इस प्रकार, अनुवाद शब्द की व्यापक परिधि में तीनों कोटियों के अनुवादों का स्थान है—समभाषिक अनुवाद, अन्यभाषिक अनुवाद, और अन्तरसंकेतपरक अनुवाद। तीनों का अपना-अपना सैद्धान्तिक आधार है। महत्त्वपूर्ण बात यह है कि हम इन तीनों के बीच विद्यमान अन्तर तथा सम्बन्ध को पहचानें। हम यह स्थिर करें कि इन तीनों में केन्द्रीय स्थिति किसकी है तथा शेष दो का उनके साथ कैसा सम्बन्ध है।

सैद्धान्तिक औचित्य की दृष्टि से अन्यभाषिक अनुवाद की स्थिति केन्द्रीय है। केवल 'अनुवाद' शब्द (विशेषणरहित पद) से अन्यभाषिक अनुवाद का अर्थ ग्रहण किया जाता है। इसका मूल है द्विभाषाबद्धता। हम बोधन तथा अभिव्यक्ति दोनों स्थितियों में ही भाषा से बँधे रहते हैं और ये भाषाएँ भी भेद (काल, स्थान या प्रयोग सन्दर्भ पर आधारित भेद) की दृष्टि से नहीं, अपितु कोड की दृष्टि से अलग-अलग होती हैं; जैसे हिन्दी और अंग्रेज़ी, हिन्दी और सिन्धी आदि।

इस केन्द्रीय स्थिति के दो छोर हैं। एक में दोनों स्थितियों में भाषाबद्धता रहती है, परन्तु भाषा वही रहती है। स्थितियों का अन्तर उसी भाषा के भेदों के अन्तर पर आधारित होता है। यह समभाषिक अनुवाद है। पारिभाषिक शब्दों के प्रयोग की स्पष्टता के लिए इसे 'अन्वयान्तर' या 'शब्दान्तरण' कहा जाता है। दूसरे में भाषेतर संकेत का भाषिक संकेत में परिवर्तन होता है। संकेत पद्धति का यह परिवर्तन भाषा प्रयोग की सामान्य स्थिति को जन्म देता है। पारिभाषिक शब्दावली में हम इसे 'भाषा व्यवहार' कहते हैं। इन तीनों के सम्बन्ध तथा अन्तर को निम्नलिखित आरेख द्वारा दिखाया जा सकता है जिसमें सम्पर्क रेखा ठोस न होकर बिन्दु निर्मित है, जिससे यह स्पष्ट होता है कि इनके बीच कुछ सम्बन्ध है तथा अन्तर भी है :

समभाषिक ⟵ ⟶ अन्यभाषिक ⟵ ⟶ अन्तरसंकेतपरक
अनुवाद अनुवाद अनुवाद

आरेख 2

आरेख से यह स्पष्ट है कि यह सम्बन्ध उभयनिष्ठ है। अनुवाद (अन्यभाषिक अनुवाद) की दृष्टि से महत्त्वपूर्ण बात यह है कि वास्तविक अनुवाद कार्य में तथा अनूदित पाठ के मूल्यांकन में हमें समभाषिक अनुवाद तथा अन्तरसंकेतपरक अनुवाद की संकल्पनाओं से सहायता मिलती है। यह आवश्यकता तभी मुखर रूप से सामने आती है जब अनुवाद करते-करते हम कभी अटक जाते हैं—मूल पाठ का सम्यक् बोधन नहीं हो पाता, लक्ष्यभाषा में शुद्ध और उपयुक्त अनुवाद पर्याय ढूँढ़ने में कठिनाई होती है, हमें यह जाँचना होता है कि अनुवाद कितना सफल है, इत्यादि। आगे चलकर यथास्थान हम इसे और स्पष्ट करेंगे।

अनुवाद की परिभाषा

अनुवाद के स्वरूप को समझने के लिए अनुवाद की परिभाषा विशेष रूप से सहायक है। अनुवाद की बहुपक्षीयता को देखते हुए अनुवाद की परिभाषा विभिन्न दृष्टिकोणों से प्रस्तुत की गई है। मुख्य दृष्टिकोण इस प्रकार है :

(1) 'अनुवाद एक प्रक्रिया है।' इस दृष्टिकोण के अन्तर्गत हम निम्नलिखित परिभाषाएँ उद्धृत कर सकते हैं (सबका अनुवाद लेखक द्वारा) :

(क) "मूलभाषा के सन्देश के सममूल्य सन्देश को लक्ष्यभाषा में प्रस्तुत करने की क्रिया को अनुवाद कहते हैं। सन्देशों की यह मूल्यसमता पहले अर्थ और फिर शैली की दृष्टि से, तथा निकटतम एवं स्वाभाविक, होती है।" (नाइडा तथा टेबर 1969 : 12)

(ख) "अनुवाद वह प्रक्रिया है जिसके द्वारा सार्थक अनुभव (अर्थपूर्ण सन्देश या सन्देश का अर्थ) एक भाषा-समुदाय से दूसरे भाषा-समुदाय को सम्प्रेषित किया जाता है।" (पट्टनायक 1968 : 57)

(ग) "एक भाषा की पाठ्यसामग्री को दूसरी भाषा की समानार्थक पाठ्यसामग्री द्वारा प्रतिस्थापित करना अनुवाद कहलाता है।" (कैटफोर्ड 1965 : 20)

(घ) "अनुवाद एक शिल्प है जिसमें एक भाषा में लिखित सन्देश के स्थान पर दूसरी भाषा के उसी सन्देश को प्रस्तुत करने का प्रयत्न किया जाता है।" (न्यूमार्क 1976 : 9)

(2) 'अनुवाद एक प्रक्रिया या/और उसका परिणाम है।' इसके अन्तर्गत निम्नलिखित परिभाषा को उद्धृत किया जा सकता है :

"एक भाषा या भाषाभेद से दूसरी भाषा या भाषाभेद में प्रतिपाद्य को स्थानान्तरित करने की प्रक्रिया या उसके परिणाम को अनुवाद कहते हैं।" (हार्टमन तथा स्टार्क 1972 : 242)

(3) 'अनुवाद एक सम्बन्ध का नाम है।' इसके अन्तर्गत निम्नलिखित परिभाषा आती है :

"अनुवाद एक सम्बन्ध है जो दो या दो से अधिक पाठों के बीच होता है; ये पाठ समान स्थिति में समान प्रकार्य सम्पादित करते हैं (दोनों पाठों का सन्दर्भ समान होता है और उनसे व्यंजित होने वाला सन्देश भी समान होता है।)" (हैलिडे 1964 : 124)

अनुवाद की परिभाषाओं का यह वर्गीकरण जहाँ अनुवाद की प्रकृति की बहुपक्षीयता को स्पष्ट करता है वहाँ इससे यह संकेत भी मिलता है कि विभिन्न उद्देश्यों के अनुसार अनुवाद की परिभाषाएँ भी अलग-अलग हो सकती हैं। इस प्रकार ये सभी परिभाषाएँ मान्य हैं। इन परिभाषाओं की सहायता से हम अनुवाद के स्वरूप के विषय में कुछ निश्चित बातें इस प्रकार कह सकते हैं।

अनुवाद के दो पक्ष हैं—पहला संक्रियात्मक अतएव गतिशील और दूसरा सैद्धान्तिक अतएव स्थितिशील। संक्रियात्मक दृष्टि से अनुवाद एक प्रक्रिया है। अनुवाद के पक्ष का सम्बन्ध अनुवाद करने के कार्य से है जिसके लिए 'अनुवाद कार्य' शब्द का प्रयोग करना उचित होगा। सैद्धान्तिक दृष्टि से अनुवाद एक सम्बन्ध है जो दो या दो से अधिक, परन्तु भिन्न भाषाओं के, पाठों के बीच होता है; बशर्ते वे समानार्थक हों। इस सम्बन्ध का उद्घाटन हम तुलनात्मक पद्धति के अध्ययन से करते हैं। इन दोनों का समन्वित रूप इस धारणा में मिलता है कि अनुवाद एक निष्पत्ति है—अनुवाद कार्य का परिणाम है—जो अपने मूल पाठ से पर्यायता के सम्बन्ध से जुड़ा है। निष्पत्ति के रूप में अनुवाद को 'अनूदित पाठ' कहा जाता है। इस दृष्टि से एक मूल पाठ के अनेक अनुवाद हो सकते हैं। इस प्रकार संक्रियात्मक दृष्टि से अनुवाद को जहाँ भाषा प्रयोग की एक विधा के रूप में जाना जाता है, वहाँ सैद्धान्तिक दृष्टि से इसका सम्बन्ध भाषा पाठ तुलना तथा व्यतिरेकी विश्लेषण की तकनीकों पर आधारित भाषा सम्बन्धों के प्रश्न से (तुलनात्मक-व्यतिरेकी पाठभाषाविज्ञान यही है) जुड़ जाता है। अनुवाद को अनुप्रयुक्त भाषाविज्ञान की शाखा कहा गया है। वस्तुतः, अपने इस रूप में यह अपने प्रक्रिया रूप तथा सम्बन्ध रूप परिभाषाओं की योजक कड़ी है, जिसका संक्रियात्मक आधार अनूदित पाठ है जिसके मूल में 'अनुवाद एक निष्पत्ति है' की धारणा निहित है।

इन परिभाषाओं से अनुवाद के विषय में जो और जानकारी मिलती है उसे संक्षेप में इस प्रकार स्पष्ट कर सकते हैं—(1) अनुवाद एक भाषा या भाषाभेद (प्रयुक्ति/शैली) से दूसरी भाषा या भाषाभेद में होता है। (2) यह प्रक्रिया, परिवर्तन, स्थानान्तरण, प्रतिस्थापन, या पुनरावृत्ति की प्रकृति की होती है। (3) स्थानान्तरित होने वाली वस्तु का हम विभिन्न नामों से संकेत कर सकते हैं, जैसे पाठ्यसामग्री, सार्थक अनुभव, सूचना, सन्देश। ये विभिन्न नाम अनुवाद की सैद्धान्तिक पृष्ठभूमि के विभिन्न

पहलुओं तथा अनुवाद कार्य के उद्देश्यों में अन्तर से जुड़े हैं। जैसे, भाषागत 'पाठ्यसामग्री' नाम से व्यक्त होने वाली सुनिश्चितता अनुवाद के भाषासंस्वनात्मक आयाम की विशेषता है जिसका विशेष उपयोग मशीन अनुवाद में होता है। 'सूचना' और 'सार्थक अनुभव' अनुवाद के समाजभाषागत आयाम का संकेत करते हैं; और 'सन्देश' से अनुवाद की पाठसंकेतपरक पृष्ठभूमि उपलक्षित होती है। (4) उपर्युक्त की विशेषता यह होती है कि इसका दोनों भाषाओं में समान अर्थ होता है। यह अर्थ की समानता व्यापक दृष्टि से होती है और भाषिक अर्थ से लेकर सन्दर्भमूलक अर्थ तक व्याप्त रहती है।

संक्षेप में, एक भाषा के विशिष्ट भाषाभेद के विशिष्ट पाठ को दूसरी भाषा में इस प्रकार प्रस्तुत करना अनुवाद है जिसमें वह मूल के भाषिक अर्थ, प्रयोग के वैशिष्ट्य से निष्पन्न अर्थ, प्रयुक्ति और शैली की विशेषता, विषयवस्तु, तथा सम्बद्ध सांस्कृतिक वैशिष्ट्य को यथासम्भव संरक्षित रखते हुए दूसरी भाषा के पाठक को स्वाभाविक रूप से ग्राह्य प्रतीत हो।

टिप्पणी

1. स. ही. वात्स्यायन 'अज्ञेय' कहते हैं,..."समस्त अभिव्यक्ति अनुवाद है क्योंकि वह अव्यक्त (या अदृश्य आदि) को भाषा (या रेखा या रंग) में प्रस्तुत करती है..." ('अनुवाद : कला और समस्याएँ' 1961, पृ. 4)। यह भी द्रष्टव्य है कि संस्कृत परम्परा में 'अनुवाद' शब्द का एक अर्थ है वाणी का प्रयोग = वाचारंभनमात्रम् (शब्दकल्पद्रुम), जो मौलिक अभिव्यक्ति का पर्याय है।

3

अनुवाद सिद्धान्त : स्वरूप-क्षेत्र-विकासक्रम

अनुवाद सिद्धान्त (ट्रांसलेशन थिअरी) कोई अपने में कोई स्वतन्त्र, स्वनिष्ठ, सिद्धान्त नहीं है और न ही यह उस अर्थ में कोई 'विज्ञान' ही है जिस अर्थ में गणितशास्त्र, भाषाशास्त्र, समाजशास्त्र आदि हैं। इसकी ऐसी कोई विशिष्ट अध्ययन सामग्री तथा अध्ययन प्रणाली भी नहीं जो अन्य शास्त्रों की अध्ययन सामग्री तथा प्रणाली से इस रूप में भिन्न हो कि इसका मूलतः स्वतन्त्र व्यक्तित्त्व बन सके। वस्तुतः, यह अनुवाद के विभिन्न मुद्दों से सम्बन्धित ज्ञानात्मक सूचनाओं का एक निकाय है जिससे अनुवाद को एक प्रक्रिया (अनुवाद कार्य), एक निष्पत्ति (अनूदित पाठ), तथा एक सम्बन्ध (सममूल्यता) के रूप में समझने में सहायता मिलती है। इसके लिए इस समय, पर्याय रूप में 'अनुवाद विज्ञान' (साइन्स ऑफ़ ट्रांसलेशन) और 'अनुवादिकी' (ट्रांसलेटॉलजी), तथा कुछ व्यापकतर संदर्भ का निर्देश करने वाले 'अनुवाद विद्या', 'अनुवाद विमर्श', या 'अनुवाद विचार' (ट्रांसलेशन स्टडीज़) ये शब्द प्रचलित हैं। अनुवाद, भाषाप्रयोग सम्बन्धी एक ऐसी प्रक्रिया है जिसकी एक सुनिश्चित परिणति होती है तथा जिसके फलस्वरूप मूल एवं निष्पत्ति में 'मूल्य' की दृष्टि से समानता का सम्बन्ध स्थापित हो जाता है। इस प्रकार प्रक्रिया, निष्पत्ति, और सम्बन्ध की समाकलनात्मक (इंटीग्रेटिड) इकाई के रूप में अनुवाद सम्बन्धी सामान्य कोटि की जानकारी ही अनुवाद सिद्धान्त है, जो मूलतः एकान्वित न होते हुए भी संग्रहणीय, रोचक, ज्ञानवर्धक, तथा एक सीमा तक वास्तविक अनुवाद कार्य के लिए उपादेय है। अपने विकास की वर्तमान अवस्था में यह बहुविद्यापरक अनुशासन बन गया है जिसका ज्ञान प्राप्त करना स्वयमेव एक लक्ष्य है तथा जो जिज्ञासु पाठक के लिए बौद्धिक सन्तोष का स्रोत है।

अनुवाद सिद्धान्त का स्वरूप

अनुवाद सिद्धान्त के स्वरूप के दो उल्लेखनीय पक्ष हैं—समन्वय और सन्तुलन।

अनुवाद सिद्धान्त का बहुविद्यापरक आयाम इसका समन्वयशील पक्ष है। तदनुसार, यद्यपि अनुवाद सिद्धान्त का मूल उद्गम है अनुप्रयुक्त तुलनात्मक पाठसंकेतविज्ञान, तथापि उसे कुछ अन्य शास्त्र भी स्पर्श करते हैं। 'तुलनात्मक' से अनुवाद का दो भाषाओं से सम्बन्धित होना स्पष्ट होता है जिसमें भाषाओं की समानता-असमानता के प्रश्न उपस्थित होते हैं। पाठसंकेतविज्ञान के तीनों पक्ष—अर्थविचार, वाक्यविचार तथा सन्दर्भमीमांसा—अनुवाद सिद्धान्त के लिए प्रासंगिक हैं। अर्थविचार में भाषिक संकेत तथा भाषाबाह्य यथार्थ के बीच में सम्बन्ध का अध्ययन होता है। वाक्यविचार में वाक्यों के अन्तर्वर्ती और मध्यवर्ती सम्बन्धों पर विचार होता है। सन्दर्भमीमांसा के अन्तर्गत भाषाप्रयोग के स्थिति सन्दर्भ के विभिन्न आयामों—वक्ता एवं श्रोता की सामाजिक पहचान, भाषाप्रयोग का उद्देश्य तथा सन्देश के प्रति वक्ता-श्रोता की अभिवृत्ति, भाषाप्रयोग की भौतिक परिस्थितियाँ तथा अभिव्यक्ति माध्यम, आदि—की मीमांसा होती है। स्पष्ट है कि संकेतविज्ञान की परिधि भाषाविज्ञान की अपेक्षा व्यापकतर है तथा अनुवाद कार्य जैसे व्यापकतर सम्प्रेषण व्यापार के अध्ययन के उपयुक्त है। अनुवाद सिद्धान्त को स्पर्श करने वाले शास्त्रों में है सम्प्रेषण सिद्धान्त जिसकी मान्यताओं के अनुसार अनुवाद कार्य एक सम्प्रेषण व्यापार है, तथा तदनुसार उस पर वे सभी बातें लागू होती हैं जो सम्प्रेषण व्यापार की प्रकृति में हैं, जैसे सम्प्रेषण का शतप्रतिशत यथातथ न होना, अपूर्णता, उद्रिक्तता (व्यतिरिक्तता), आंशिक कृत्रिमता, आदि। इसी से अनुवाद कार्य में शब्द-प्रति-शब्द तथा अर्थ-प्रति-अर्थ समानता के स्थान पर सन्देशस्तरीय समानता का औचित्य भी साधा जा सकता है। संक्रियात्मक दृष्टि से एक पाठ या प्रोक्ति अनुवाद कार्य का प्रवर्तन बिन्दु होता है। एक पाठ की अपनी संरचना होती है; भाषिक संसक्ति तथा सन्देशगत सुबद्धता (सम्बद्धता) की संकल्पनाओं द्वारा हम उसके सुगठित अथवा शिथिल होने की जाँच कर सकते हैं। इसके अतिरिक्त एक पाठ को भाषाप्रकार्यों की एकीभूत समष्टि के रूप में देखते हुए हम उसमें भाषाप्रयोग के पैटर्नों के भाषाप्रकार्यमूलक वितरण के विषय में अधिक ठोस जानकारी प्राप्त कर सकते हैं। इसी से सम्बन्धित शास्त्र हैं समाजभाषाशास्त्र तथा शैलीविज्ञान जिनमें संकलित, सामाजिक बोलियों तथा प्रयुक्तियों के अध्ययन के साथ सन्दर्भानुकूल भाषाप्रयोग के पैटर्नों के वितरण की जानकारी अनुवाद सिद्धान्त के लिए वांछनीय है। भाषा से सम्बन्धित होने के कारण तर्कशास्त्र तथा भाषादर्शन भी अनुवाद सिद्धान्त को पुष्ट करते हैं। तर्कशास्त्र के अनुसार अनूदित पाठ के सत्यमूल्य की परीक्षा अनुवाद की विशुद्धता को स्थिर करने का आधार है। भाषादर्शन में होने वाले अर्थ सम्बन्धी चिन्तन से अनुवाद कार्य में अर्थ के अन्तरण या उसकी पुनरावृत्ति से सम्बन्धित समस्याओं को समझने में सहायता मिलती है। विटजेन्स्टीन की मान्यता 'भाषा में शब्द का 'प्रयोग' ही उसका अर्थ है' अनुवाद सिद्धान्त के लिए इस कारण से विशेष प्रासंगिक है कि पाठ ही अनुवाद

कार्य की इकाई है, जिसका सफल अर्थबोध अनुवाद की पहली अपेक्षा है। इस प्रकार वक्ता की विवक्षा में अर्थ का मूल खोजना, भाषिक अर्थ (सेन्स) तथा भाषाबाह्य स्थिति (रिफ़रेन्स) अनुवाद सिद्धान्त के आवश्यक अंग हैं। अर्थ के अन्तरण में जहाँ उपर्युक्त मान्यताओं की एक भूमिका है वहाँ अर्थगत द्विभाषिक समानता के निर्धारण में घटकीय विश्लेषण की पद्धति की विशेष उपयोगिता स्वीकार की गई है। यह बात विशेष रूप से ध्यान देने योग्य है कि जहाँ विविध शास्त्रों की प्रासंगिक मान्यताओं से अनुवाद सिद्धान्त का स्वरूप निर्मित है वहाँ स्वयं अनुवाद सिद्धान्त उन शास्त्रों का एक विशिष्ट अंग है।

अनुवाद सिद्धान्त का सामान्य पक्ष भी है और विशिष्ट पक्ष भी, और यह इसका सन्तुलनशील स्वरूप है—सामान्य और विशिष्ट का सन्तुलन। अनुवाद की परिभाषा के प्रसंग में (अध्याय 2) यह चर्चा हो चुकी है कि अनुवाद व्यवहारतः विशिष्ट भाषाभेद के स्तर पर तथा इसीलिए सिद्धान्ततः सामान्य भाषा के स्तर पर होता है—अंग्रेज़ी भाषा के एक भेद (प्रयुक्ति) पत्रकारिता की अंग्रेज़ी से हिन्दी भाषा के सममूल्य भेद पत्रकारिता की हिन्दी में। तदनुसार, युगपद् रूप से अनुवाद सिद्धान्त का एक सामान्य पक्ष भी है और विशिष्ट पक्ष भी। हम जो बात सामान्य के स्तर पर कहते हैं, उसे व्यावहारिक रूप में भाषाभेद के विशिष्ट स्तर पर उदाहृत करते हैं। सफल अनुवाद की कसौटी की चर्चा के प्रसंग में (अध्याय 7) तथा अन्य प्रसंगों में अनुवाद सिद्धान्त की सन्तुलनशीलता का स्पष्टीकरण हुआ है।

अनुवाद सिद्धान्त का क्षेत्र

इसी से सम्बन्धित प्रश्न है कि अनुवाद सिद्धान्त के अन्तर्गत क्या-क्या आता है; दूसरे शब्दों में, हमें अनुवाद सिद्धान्त के अन्तर्गत किन-किन बातों पर विचार करना होता है। सबसे विचारणीय प्रश्न है यथासम्भव अधिकतम पाठ प्रकारों के लिए एक उपयुक्त तथा सामान्य अनुवाद प्रणाली का निर्धारण। प्रणाली के निर्धारण के सम्बन्ध में अनुवाद प्रक्रिया की प्रकृति, अनुवाद (वस्तुतः अनुवाद कार्य) के विभिन्न प्रकार, अनुवाद के सूत्र तथा विभिन्न कोटि के पाठों के अनुवाद के निर्देश निश्चित करने के प्रारूप का निर्धारण, आदि पर विचार करना होता है। अनुवाद का मुख्य उद्देश्य, अनुवाद की इकाई, अनुवाद का कला-कौशल-विज्ञान का स्वरूप, अनुवाद कार्य की सीमाएँ, आदि कुछ अन्य विषय हैं जिन पर विचार अपेक्षित होता है।

अनुवाद कार्य का प्रस्थानबिन्दु है मूलभाषा पाठ। इसकी संरचना, इसका प्रकार, भाषाप्रकार्य प्रारूप के अनुसार मूलपाठ का स्वरूप निर्धारण, आदि के साथ शब्दार्थ-व्यवस्था एवं व्याकरणिक संरचना के विश्लेषणात्मक बोधन के विभिन्न प्रारूप, उनकी शक्तियों और सीमाओं का आकलन, आदि के सम्बन्ध में सैद्धान्तिक चर्चा तथा इनके संक्रियात्मक ढाँचे का निर्धारण, इसके अन्तर्गत आने वाले मुख्य बिन्दु हैं। अनुवाद सिद्धान्त के ही अन्तर्गत कुछ गौण बिन्दुओं की चर्चा भी होती है—रूपक,

व्यक्तिवाचक संज्ञाएँ, पारिभाषिक शब्द, आद्याक्षर (परिवर्णी) शब्द, भौगोलिक नाम, व्यापारिक नाम, व्यावसायिक प्रतिष्ठानों के नाम, सांस्कृतिक शब्द, आदि के अनुवाद के लिए कौन-सी प्रणाली अपनाई जाए; साहित्यिक रचनाओं, वैज्ञानिक और प्रौद्योगिकीय लेखन, प्रचार साहित्य आदि के लिए अनुवाद प्रणाली का रूप क्या हो; इत्यादि।

इसी से सम्बन्धित एक महत्त्वपूर्ण बिन्दु है अनुवाद की विभिन्न युक्तियाँ—लिप्यन्तरण, शब्द-प्रति-शब्द अनुवाद, शब्दानुगामी अनुवाद, आगत अनुवाद, व्याख्या, विस्तरण, संक्षेपण, सांस्कृतिक पर्याय, स्वभाषीकरण आदि। अनुवाद का काम अन्ततोगत्वा एक ही व्यक्ति करता है। एकाकी अनुवाद में तो अनुवादक अकेला होता ही है, सहयोगात्मक अनुवाद में भी, अन्तिम दौर में, सम्पादन का काम अनुवादक को अकेले करना होता है। इसलिए अनुवादक के साथ अनेक दायित्व जुड़ जाते हैं और कार्य के सफल निष्पादन में उससे अनेक अपेक्षाएँ रहती हैं। भाषाज्ञान, विषयज्ञान, अभिव्यक्ति कौशल, व्यक्तिगत गुण आदि की दृष्टि से अनुवादक से होने वाली अपेक्षाओं पर विचार करना होता है।

अनुवाद शिक्षा और अनुवाद समीक्षा, दो अन्य महत्त्वपूर्ण बिन्दु हैं। अनुवाद की शिक्षा, भाषा-अधिगम के, विशेष रूप से अन्य भाषा अधिगम के, साधन के रूप में दी जा सकती है (भाषाशिक्षण की द्विभाषिक पद्धति भी इसी के अन्तर्गत है); इसमें अनुवाद शिक्षण, भाषा-शिक्षण के अधीन है तथा एक मध्यवर्ती अल्पकालिक अभ्यासक्रम में इसकी योजना की जाती है, जिसमें शिक्षण के सोपान तथा लक्ष्य बिन्दु स्पष्ट तथा निश्चित होते हैं। इसमें शिक्षार्थी का लक्ष्य भाषा सीखना है, अनुवाद करना नहीं। शिक्षा के दूसरे चरण में अनुवाद का अभ्यास, अनुवाद को एक शिल्प या कौशल के रूप में सीखने के लिए किया जाता है जिसकी प्रगत अवस्था 'अनुवाद कला है' की शब्दावली में निर्दिष्ट की जाती है। इसमें अनुवाद की शिक्षा स्वयमेव साध्य है। इस स्थिति में जो भाषा (मूलभाषा या लक्ष्यभाषा) अनुवादक की अपनी नहीं उसके अधिगम को भी वह आनुषंगिक रूप में पुष्ट करता जाता है। अभ्यास सामग्री के रूप में पाठ प्रकारों की विविधता तथा कठिनाई की मात्रा के अनुसार पाठों का अनुस्तरण करना होता है। यदि एक सजातीय/विजातीय, स्वदेशी या विदेशी भाषा को सीखने की योजना में उससे या उसमें अनुवाद करने की क्षमता को विकसित करना भी लक्ष्य हो तो अनुवाद-शिक्षण के दोनों सोपानों—साधनपरक तथा साध्यपरक—को क्रमबद्ध रूप में देखा जा सकता है।

अनुवाद समीक्षा, अनुवाद सिद्धान्त का ऐसा अंग है जिसकी एक पर्याप्त स्पष्ट सैद्धान्तिक पृष्ठभूमि है, यद्यपि शिथिल रूप में यह व्यवहार अनूदित कृति का एक सामान्य पाठक भी करता है। सिद्धान्तपुष्ट अनुवाद समीक्षा एक ज्ञानात्मक व्यापार है। इसमें एक मूलपाठ के एक या एक से अधिक अनुवादों की समीक्षा की जाती

है, तथा मूल की तूलना में अनुवाद का या मूल के विभिन्न अनुवादों का पारस्परिक तुलना द्वारा मूल्यांकन किया जाता है। इसके तीन सोपान हैं—मूलभाषा पाठ तथा लक्ष्यभाषा पाठ का विश्लेषण, दोनों की तुलना (प्रत्यक्ष तथा परोक्ष समानताओं की तालिका, और अभिव्यक्तिगत तथा कथ्यगत विच्छेदों और स्खलनों की पहचान), और अन्त में लक्ष्यभाषा की विशुद्धता, उपयुक्तता, स्वाभाविकता और स्वीकार्यता की दृष्टि से अनुवाद का मूल्यांकन। मूल्यांकन के सोपान पर अनुवाद की सफलता की जाँच के लिए विभिन्न परीक्षण तकनीकों का प्रयोग किया जाता है।

अनुवाद सिद्धान्त से सम्बन्धित एक रोचक प्रश्न है : अनुवाद सिद्धान्त का अनुवादक के लिए क्या उपयोग है? अनुवाद के सिद्धान्तकार और समीक्षक के लिए इसकी प्रासंगिकता स्पष्ट है; वे लोग व्यावसायिक स्तर पर इससे जुड़े हैं। परन्तु अनुवादक को अनुवाद करना है तथा अनुवाद कार्य कोई ज्ञानविधा न होकर एक व्यवहार विधा है। यदि यह कहा जाए कि अनुवाद सिद्धान्त को जानकर ही अनुवादक अनुवाद कर सकता है जिस प्रकार भाषाशास्त्र को जानकर ही भाषाशास्त्री भाषाविश्लेषण कर सकता है तो स्पष्ट है कि यह अमान्य होगा। वास्तविक अनुभव से इसकी पुष्टि नहीं होती। रुचि से अनुवाद करने वाले सफल अनुवादक, अनुवाद सिद्धान्त की ओर से प्रायः उदासीन देखे जाते हैं। ऐसा प्रायः होता है कि सफल अनुवादक अनुवाद सिद्धान्त के विभिन्न पक्षों पर अधिकार के साथ चर्चा नहीं कर पाते। वे इसे उपयोगी और आवश्यक भी नहीं मानते। यह कहना सम्भवतः अनावश्यक होगा कि इस परिपूरकता की स्थिति के अपवाद भी देखे जाते हैं—कुछ लोग सफल अनुवादक होने के साथ-साथ अनुवाद सिद्धान्त को भी योगदान करते हैं। यह ठीक है कि इसमें प्रधान-गौण की स्थिति रहती है—यदि एक पक्ष प्रधान है तो दूसरा गौण। मुख्य बात यह है कि व्यक्ति के एक होते हुए भी ये दो अलग-अलग रोल हैं जिनका उभयनिष्ठ क्षेत्र सीमित और वैकल्पिक है।

वस्तुतः अनुवाद सिद्धान्त की अनुवाद कार्य में उपयोगिता का आकलन इस सामयिक तथ्य को ध्यान में रखकर करना उचित होगा कि अब अनुवाद एक संगठित व्यवसाय हो गया है जिसमें व्यक्तिगत रुचि की अपेक्षा व्यावसायिक-सामाजिक आवश्यकता से प्रेरित प्रशिक्षणार्थियों की संख्या अधिक होती है। विशेष रूप से ऐसे लोगों के लिए, तथा सामान्य रूप से रुचिशील अनुवादकों के लिए, अनुवाद कार्य में दक्षता विकसित करने में अनुवाद सिद्धान्त के योगदान को निरूपित किया जा सकता है। इस योगदान का सैद्धान्तिक औचित्य इस दृष्टि से भी है कि अनुवाद कार्य सर्जनात्मक होने के कारण ही गौण रूप से समीक्षात्मक भी होता है। इसे 'सर्जनात्मक-समीक्षात्मक' भी कह सकते हैं। सर्जनात्मकता को विशुद्ध तथा पुष्ट करने के लिए जो समीक्षात्मक स्फुरणाएँ अनुवादक में होती हैं वे अनुवाद सिद्धान्त के ज्ञान से प्रेरित होती हैं। अनुवाद की विशुद्धता की निष्पत्ति में सिद्धान्त ज्ञान का

योगदान रहता है। साथ ही, अनुवाद प्रक्रिया की जानकारी उसे पर्याय-चयन में अधिक सावधानी से काम करने में सहायता कर सकती है। इससे अधिक महत्त्वपूर्ण बात यह है कि वह अज्ञानजन्य भूलें करने से बच सकता है। मूलपाठ का भाषिक, विषयवस्तुगत, तथा सांस्कृतिक वैचारिक महत्त्व का कोई अंश अनूदित होने से न रह जाए, इसके लिए अपेक्षित सतर्क दृष्टि को विकसित करने में भी अनुवाद सिद्धान्त का ज्ञान अनुवादक की सहायता करता है। इसी प्रश्न को दूसरे छोर से भी देखा जा सकता है। कहा जाता है कि जो लोग मौलिक लिख सकते हैं वे लिखते हैं, जो लिख नहीं पाते वे अनुवाद करते हैं, और जो लोग अनुवाद नहीं कर सकते वे अनुवाद के बारे में चर्चा किया करते हैं। वस्तुतः इन तीनों में परिपूरकता है—ये तीनों कुछ अलग-अलग हैं—तथापि यह मानना होगा कि अनुवाद विषयक चर्चा को अधिक प्रामाणिक तथा विशद बनाने में अनुवाद सिद्धान्त के विद्यार्थी को अनुवाद कार्य सम्बन्धी अनुभव सहायक होता है। यह बात कुछ ऐसी ही है कि सर्जनात्मकता से अनुभव के स्तर पर परिचित साहित्य समीक्षक अपनी समीक्षात्मक प्रतिक्रियाओं को अधिक विश्वासोत्पादक रीति से प्रस्तुत कर सकता है।

अनुवाद सिद्धान्त का विकास

अनुवाद सिद्धान्त के वर्तमान स्वरूप को देखते हुए इसके विकास को मोटे तौर पर दो चरणों में बाँटकर देखा जा सकता है : (1) आधुनिक भाषाविज्ञान, विशेष रूप से अनुप्रयुक्त भाषाविज्ञान, के विकास से पूर्व का युग—बीसवीं सदी पूर्वार्ध; तथा (2) इसके बाद का युग—बीसवीं सदी उत्तरार्ध। सामान्य रूप से कहा जा सकता है कि सिद्धान्त विकास के विभिन्न युगों में और उसकी विभिन्न धाराओं में विवाद का विषय यह रहा कि अनुवाद शब्दानुगामी हो या अर्थानुगामी, यद्यपि विवाद की 'भाषा' बदलती रही। विकासपूर्व का युग ईसापूर्व पहली शताब्दी में रोमन युग से आरम्भ होता है जब होरेस तथा सिसरो ने शब्दानुगामी तथा अर्थानुगामी अनुवाद में अन्तर स्पष्ट किया और साहित्यिक रचनाओं के लिए अर्थानुगामी अनुवाद को प्रधानता दी। सिसरो ने अच्छे अनुवादक को व्याख्याकार तथा अलंकार प्रयोग में दक्ष बताया। रोमन युग के बाद, जिसमें साहित्यिक अनुवादों की प्रधानता थी, दूसरी शक्तिशाली धारा बाइबिल अनुवाद की है। सन्त जेरोम (400 ईस्वी) ने भी बाइबिल के अनुवाद में अर्थानुगामिता को प्रधानता दी तथा अनुवाद में नित्यप्रति के व्यवहार की भाषा के प्रयोग का समर्थन किया। इसमें विचार यह था कि बाइबिल का सन्देश जनसाधारण तक पहुँच जाए और इसके निमित्त जनसाधारण के लिए बोधगम्य भाषा का प्रयोग किया जाए जिसमें स्वभावतः अर्थानुगामी दृष्टिकोण को प्रधानता मिली। जान वाइक्लिफ़ (1330-84) तथा विलियम टिंड्ल (1494-1536) ने इस प्रवृत्ति का समर्थन किया। बोधगम्य तथा सुन्दर भाषा में, तथा शैली एवं अर्थ के बीच सामंजस्य की रक्षा करते हुए, बाइबिल के अनुवाद की प्रवृत्ति को बढ़ावा मिला जिसमें मार्टिन

लूथर (1530) का योगदान उल्लेखनीय रहा। तीसरी धारा शिक्षाक्रम में अनुवाद के योगदान से सम्बन्धित रही है। क्विंटिलियन (प्रथम शताब्दी) ने अनुवाद तथा समभाषी व्याख्यात्मक शब्दान्तरण की उपयोगिता को लेखन अभ्यास तथा भाषण-दक्षता विकसित करने के सन्दर्भ में देखा जिसका मध्यकालीन यूरोप में काफ़ी प्रसार हुआ। इससे स्थानीय भाषाओं का दर्जा ऊपर उठा तथा उनकी अभिव्यक्ति सामर्थ्य में वृद्धि भी हुई। समृद्ध और विकसित भाषाओं से विकासशील भाषाओं में अनुवाद की प्रवृत्ति मध्यकालीन यूरोप के साहित्यिक जगत् की एक प्रमुख प्रवृत्ति है जिसे ऊर्ध्वाधर आयाम की प्रवृत्ति कहा गया और इसी समय प्रचलित समान रूप से विकसित या अविकसित भाषाओं के बीच अनुवाद की प्रवृत्ति को समस्तरीय आयाम की प्रवृत्ति के रूप में देखा गया।

मध्यकालीन यूरोप के आरम्भिक सिद्धान्तकारों में फ्रेंच विद्वान ई. दोलेत (1509-46) ने 1540 में प्रकाशित निबन्ध में अनुवाद के पाँच विधिनिषेध प्रस्तावित किए : (क) अनुवादक को मूल लेखक की भाषा की पूरी जानकारी हो, परन्तु वह चाहे तो मूलभाषा की दुर्बोधता और अस्पष्टता को दूर कर सकता है; (ख) अनुवादक को मूलभाषा और लक्ष्यभाषा का पूर्ण ज्ञान हो; (ग) अनुवादक शब्द-प्रति-शब्द अनुवाद से बचे; (घ) अनुवादक नित्यप्रति के व्यवहार की भाषा का प्रयोग करे; और (ङ) अनुवादक ऐसा शब्दचयन तथा शब्दविन्यास करे कि सही प्रभाव की निष्पत्ति हो। जार्ज चैपमन (1559-1634) ने भी इसी प्रकार 'इलियड' के सन्दर्भ में अनुवाद के तीन सूत्र प्रस्तावित किए : (क) शब्द-प्रति-शब्द अनुवाद से बचा जाए; (ख) मूल की भावना तक पहुँचने का प्रयास किया जाए; और (ग) अनुवाद, विद्वत्ता के स्पर्श के कारण अति शिथिल न हो। यूरोप के पुनर्जागरण युग में अनुवाद की धारा एक गौण प्रवृत्ति रही। इस युग के अनुवादकों में अर्थ की प्रधानता के साथ पाठक के हितों की रक्षा की प्रवृत्ति दिखाई देती है। हालैण्ड (1552-1637) के अनुवाद में मूलपाठ के अर्थ में परिवर्तन-परिवर्धन द्वारा अनूदित पाठ के संस्कार की झलक दीखती है। सत्रहवीं शताब्दी में इंग्लैण्ड में सर जान डेनहम (1615-69) ने कविता के अनुवाद में शब्दानुगामी होने की प्रवृत्ति का विरोध किया और मूल पाठ के केन्द्रीय तत्त्व को ग्रहण कर लक्ष्यभाषा में उसके पुनस्सर्जन की बात कही; इसे 'अनुसर्जन' (ट्रांसक्रिएशन) कहा जा सकता है। इस अविध में जान ड्राइडन (1631-1700) ने महत्त्वपूर्ण विचार प्रकट किए। उन्होंने अनुवाद कार्य की तीन कोटियाँ निर्धारित कीं : (क) शब्द-प्रति-शब्द अनुवाद (मेटाफ्रेज़); (ख) अर्थानुगामी अनुवाद (पैराफ्रेज़); (ग) अनुकरण (इमिटेशन)। ड्राइडन के अनुसार (क) और (ख) के मध्य का मार्ग अवलम्बन योग्य है। उनके अनुसार कविता के अनुवाद में अनुवादक को दोनों भाषाओं पर अधिकार हो, उसे मूल लेखक के साहित्यिक गुणों और उसकी 'भावना' का ज्ञान हो, तथा वह अपने समय के साहित्यिक आदर्शों का पालन करे। अलेग्ज़ेंडर पोप (1688-1744) ने भी ड्राइडन के समान ही विचार प्रकट किए। अठारहवीं शताब्दी में अनुवाद की

अतिमूलनिष्ठता तथा अतिस्वतन्त्रता के विवाद से एक कदम आगे बढ़कर एक मुद्दा थी। अपने समकालीन पाठक के प्रति अनुवादक का कर्तव्य। पाठक की ओर अत्यधिक झुकाव के कारण अनूदित पाठ का स्वरूप मूल पाठ से काफ़ी दूर जा पड़ता था। इस पर डॉ. सैम्युएल जानसन (1709-84) ने कहा कि अनुवाद में मूलपाठ की अपेक्षा परिवर्धन के कारण उत्पन्न परिष्कृति का स्वागत किया जा सकता है बशर्ते कि मूलपाठ की क्षति न हो। उन्होंने यह भी कहा कि जिस प्रकार लेखक अपने समकालीन पाठक के लिए लिखता है उसी प्रकार अनुवादक भी अपने समकालीन पाठक के लिए अनुवाद करता है। डॉ. जानसन की सम्मति में अनुवाद की मूलनिष्ठता तथा पाठकधर्मिता में सन्तुलन अपेक्षित है। उन्होंने अनुवादक को ऐसा चित्रकार या अनुकर्ता कहा जो मूल के प्रति निष्ठावान होते हुए भी उद्दिष्ट दर्शक के हितों का ध्यान रखता है।

इस अवधि के प्रभावशाली अनुवाद चिन्तक हैं एलेग्ज़ैंडर फ्रेज़र टिटलर जिनकी पुस्तक **प्रिंसिपल्स ऑफ ट्रांसलेशन** (1791) अनुवाद सिद्धान्त पर पहली व्यवस्थित पुस्तक मानी जाती है। टिटलर ने तीन अनुवाद सूत्र प्रस्तावित किए : (क) अनुवाद में मूल रचना के भाव का पूरा अनुरक्षण हो; (ख) अनुवाद की शैली मूल के अनुरूप हो; और (ग) अनुवाद में मूल वाली सुबोधता हो। टिटलर ने ही यह कहा कि अनुवाद में मूल की भावना इस प्रकार पूर्णतया संक्रान्त हो जाए कि उसे पढ़कर पाठकों को उतनी ही तीव्र अनुभूति हो जितनी मूल के पाठकों को हुई थी। प्रभावसमता का सिद्धान्त यही है।

उन्नीसवीं शताब्दी में रोमांटिक तथा उत्तर-रोमांटिक युगों में अनुवाद चिन्तन पर तत्कालीन काव्यचिन्तन का प्रभाव दिखाई देता है। ए. डब्ल्यू. श्लेगल ने सब प्रकार के मौखिक एवं लिखित भाषा व्यवहार को अनुवाद की संज्ञा दी (तुलना करें, आधुनिक चिन्तन में 'अन्तरसंकेतपरक अनुवाद' से), तथा मूल के गठन को संरक्षित रखने पर बल दिया। इस युग में एक ओर तो अनुवादक को सर्जनात्मक लेखक के बराबर समझने की प्रवृत्ति दिखाई देती है तो दूसरी ओर अनुवाद को शब्दानुगामी बनाने पर बल देने की बात कही गई। कुछ विद्वानों ने अनुवाद की अलग उपभाषा होने की चर्चा की जो उपर्युक्त मान्यताओं से मेल खाती है।

विक्टोरियन धारा के अनुवादक इस बात के लिए प्रयत्नशील रहे कि देश और काल की दूरी को अनुवाद में सुरक्षित रखा जाए—विदेशी भाषाओं की प्राचीन रचनाओं के अनुवाद में विदेशीयता और प्राचीनता की क्षति न हो—जिसके फलस्वरूप शब्दानुगामी अनुवाद की प्रवृत्ति को प्रोत्साहन मिला। लौंगफ़ेलो (1807-81) इसके समर्थक थे। परन्तु उमर खैयाम की रुबाइयों के अनुवादक फिट्ज़ेरल्ड (1809-63) के विचार इसके विपरीत थे। वे इस मान्यता के समर्थक थे कि अनुवाद के पाठक को मूलभाषा पाठ के निकट लाने के स्थान पर मूलभाषा पाठ की सांस्कृतिक विशेषताओं को लक्ष्यभाषा में इस प्रकार प्रस्तुत किया जाए कि वह लक्ष्यभाषा की

अपनी सजीव सम्पत्ति प्रतीत हो, तथा इस प्रक्रिया में मूलभाषा से अनुवाद की बढ़ी हुई दूरी की उपेक्षा कर दी जाए।

बीसवीं सदी के पूर्वार्ध में दो-तीन अनुवाद चिन्तक उल्लेखनीय हैं। क्रोचे तथा वेलरी ने अनुवाद की सफलता, विशेष रूप से कविता के अनुवाद की सफलता, में सन्देह व्यक्त किया। मैथ्यू आर्नल्ड ने होमर की कृतियों के अनुवाद में सरल, प्रत्यक्ष और उदात्त शैली को अपनाने पर बल दिया।

इस प्रकार आधुनिक भाषाविज्ञान के उदय से पूर्व की अवधि में अनुवाद चिन्तन प्रायः दो विरोधात्मक मान्यताओं के चारों ओर घूमता रहा : (1) अनुवाद शब्दानुगामी हो या स्वतन्त्र, और (2) अनुवाद अपनी आन्तरिक प्रकृति की दृष्टि से असम्भव है परन्तु सामाजिक दृष्टि से नितान्त आवश्यक। इस अवधि के अनुवाद चिन्तन में कुल मिलाकर संघटनात्मक तथा विभेदात्मक दृष्टियों का सन्तुलन दिखाई नहीं देता—संघटनात्मक दृष्टि से अनुवाद सिद्धान्त का ऐसा स्वरूप अभिप्रेत है जो सामान्य कोटि का हो, तथा विभेदात्मक दृष्टि में पाठों की प्रकृतिगत विभिन्नता के आधार पर अनुवाद की प्रणाली में आवश्यक परिवर्तन की चर्चा का अन्तर्भाव है। विद्वानों ने इस अवधि में अमूर्त चिन्तन तो किया परन्तु वे अनुवाद प्रणाली का सोदाहरण पल्लवन नहीं कर पाए। मूलपाठ के अन्तर्ज्ञानमूलक बोधन से वे विश्लेषणात्मक बोधन के लक्ष्य की ओर तो बढ़े परन्तु उसके पीछे सुनिश्चित सिद्धान्त की भूमिका नहीं रही। ऐसे चिन्तकों में अनुवादकों के अतिरिक्त साहित्यकार तथा साहित्य-समीक्षक ही अधिक थे, भाषाविज्ञानी नहीं। इसके अतिरिक्त, वे एक-दूसरे के चिन्तन से परिचित हों, ऐसा भी प्रतीत नहीं होता।

आधुनिक भाषाविज्ञान का उदय यद्यपि बीसवीं शताब्दी के पूर्वार्ध में हुआ परन्तु अनुवाद सिद्धान्त की प्रासंगिकता की दृष्टि से उत्तरार्ध की अवधि का महत्त्व है। इस अवधि में भाषाविज्ञान से परिचित अनुवादकों तथा भाषाविज्ञानियों का ध्यान अनुवाद सिद्धान्त की ओर आकृष्ट हुआ। संरचनात्मक भाषाविज्ञान का विकास, अर्थविज्ञान की प्रगति, सम्प्रेषण सिद्धान्त तथा भाषाविज्ञान का समन्वय, तथा अनुप्रयुक्त भाषाविज्ञान की विभिन्न शाखाओं—समाजभाषाविज्ञान, शैलीविज्ञान, मनोभाषाविज्ञान, प्रोक्तिविश्लेषण—का विकास, तथा संकेतविज्ञान, विशेषतः पाठसंकेतविज्ञान, का उदय ऐसी घटनाएँ हैं जो अनुवाद सिद्धान्त को पुष्ट तथा विकसित करने की दृष्टि से महत्त्वपूर्ण रहीं।

आंग्ल-अमरीकी धारा में सबसे प्रभावशाली विद्वान यूजेन नाइडा हैं। उन्होंने बाइबिल-अनुवाद के अनुभव के आधार पर अनुवाद सिद्धान्त और व्यवहार पर अपने विचार ग्रन्थों के रूप में प्रकट किए (1964; 1969)। इनमें अनुवाद सिद्धान्त का विस्तृत, विशद तथा तर्कसंगत रूप सामने आया है। नाइडा ने अनुवाद प्रक्रिया का विवरण देते हुए मूलभाषा पाठ के विश्लेषण के लिए एक सुनिश्चित भाषासिद्धान्त प्रस्तुत किया तथा लक्ष्यभाषा में संक्रान्त सन्देश के पुनर्गठन के विभिन्न आयाम

निर्धारित किए। उन्होंने अनुवाद की स्थिति से सम्बद्ध दोनों भाषाओं के बीच विविधस्तरीय समायोजनों का विवरण प्रस्तुत किया। अन्य विद्वान कैटफ़ोर्ड (1965) हैं जिनके अनुवाद सिद्धान्त में संरचनात्मक भाषाविज्ञान के अनुप्रयोग का उदाहरण मिलता है। उन्होंने शुद्ध भाषावैज्ञानिक आधार पर अनुवाद के प्रारूपो का निर्धारण किया, अनुवाद-परिवृत्ति का भाषावैज्ञानिक विवरण दिया, तथा अनुवाद की सीमाओं पर विचार किया। तीसरे प्रभावशाली विद्वान पीटर न्यूमार्क (1981; 1988) हैं जिन्होंने ठोस और कसावदार शैली में अनुवाद सिद्धान्त का तर्कसंगत तथा गहन विवेचन प्रस्तुत किया। वे अपने विचारों को उपयुक्त उदाहरणों से स्पष्ट करते चलते हैं। उन्होंने नाइडा के विपरीत, पाठ प्रकार भेद के अनुसार विशिष्ट अनुवाद प्रणाली की मान्यता प्रस्तुत की। उनका अनुवाद सिद्धान्त को योगदान है अनुवाद की अर्थकेन्द्रित (मूलभाषापाठ केन्द्रित) तथा सम्प्रेषण-केन्द्रित (अनुवाद के पाठक पर केन्द्रित) प्रणाली की संकल्पना। उन्होंने पाठविश्लेषण, सन्देशान्तरण तथा लक्ष्यभाषा में अभिव्यक्ति की स्थितियों से सम्बन्धित अनेक अनुवाद सूत्र प्रस्तुत किए; यह भी उनका एक उल्लेखनीय वैशिष्ट्य है।

यूरोपीय परम्परा में जर्मन भाषा का लीपज़िग स्कूल प्रभावशाली है। इसकी मान्यता है कि सब प्रकार के अनुभवों का अनुवाद सम्भव है। यह स्कूल पाठ के संज्ञानात्मक (विकल्पनरहित) तथा सन्दर्भपरक (विकल्पनशील) अंगों में अन्तर मानता है तथा रूपान्तरण व्याकरण और पाठसंकेतविज्ञान का भी उपयोग करता है। इस स्कूल ने साहित्येतर पाठों के अनुवाद पर अधिक ध्यान केन्द्रित किया। वस्तुतः अनुवाद सिद्धान्त पर सबसे अधिक साहित्य जर्मन भाषा में मिलता है। रूसी परम्परा में फेदोरोव अनुवाद सिद्धान्त को स्वतन्त्र भाषिक अनुशासन मानते हैं। कोमिसारोव ने अनुवाद सम्बन्धी समस्याओं की चर्चा निम्नलिखित शीर्षकों में की : (क) अनुवाद सिद्धान्त का प्रतिपाद्य, उद्देश्य तथा अनुवाद प्रणाली, (ख) अनुवाद का सामान्य सिद्धान्त, (ग) अनुवादगत मूल्यसमता, (घ) अनुवाद प्रक्रिया, (ङ) अनुवाद की दृष्टि से भाषाओं का व्यतिरेकी विश्लेषण। (हिन्दी में अनुवाद चिन्तन के लिए देखें, भोलानाथ तिवारी 1972 : 202-14।)

मशीन अनुवाद आधुनिक युग की एक मुख्य गतिविधि है। मशीन की आवश्यकताओं के अनुसार भाषा के भाषावैज्ञानिक विश्लेषण के प्रारूप तैयार किए गए हैं, तथा विशेषतया प्रौद्योगिकीय पाठों के अनुवाद में कम्प्यूटर से सहायता ली गई है। द्विभाषिक शब्दसंग्रह में तो कम्प्यूटर बहुत सहायक है ही। अब अनुवाद के क्षेत्र में इसकी सम्भावनाएँ निरन्तर बढ़ती जा रही हैं।

4

अनुवाद की प्रक्रिया

सैद्धान्तिक दृष्टि से अनुवाद की प्रक्रिया का स्पष्टीकरण 'अनुवाद कैसे होता है' का निर्वैयक्तिक विवरण है। भाषा व्यवहार की एक विशिष्ट विधा के रूप में अनुवाद प्रक्रिया का स्पष्टीकरण एक ऐसी दृष्टि की अपेक्षा रखता है जिसमें अनुवाद कार्य सम्बन्धी बहिर्लक्षी परिस्थितियों और भाषा-संरचना एवं भाषा-प्रयोग सम्बन्धी अन्तर्लक्षी स्थितियों का संतुलन हो। उपर्युक्त परिस्थितियों से सम्बन्धित सैद्धान्तिक प्रारूपों के सन्दर्भ में यह स्पष्टीकरण प्रस्तुत करना आधुनिक अनुवाद सिद्धान्त का वैशिष्ट्य है। तदनुसार, हम इस प्रश्न पर कुछ व्यापक सन्दर्भ में विचार करेंगे, तथा इस चिन्तन के अंग के रूप में अनुवाद की इकाई, अनुवाद का पाठक, और कला, कौशल (या शिल्प) एवं विज्ञान की दृष्टि से अनुवाद के स्वरूप पर दृष्टिपात करते हुए अनुवाद की प्रक्रिया का विशद विवरण प्रस्तुत करेंगे।

अनुवाद की इकाई

हम सन्देश का अनुवाद करते हैं : इसलिए अनुवाद की इकाई भी सन्देश है। अलग-अलग प्रकार के अनुवादों में सन्देश की अभिव्यंजक भाषिक इकाई का आकार भी अलग-अलग रहता है। मशीन अनुवाद में एक रूप या पद अनुवाद की इकाई होता है, परन्तु मानव अनुवाद में इकाई का आकार अधिक बड़ा होता है। इसी प्रकार आशु मौखिक अनुवाद (अनुभाषण) में यह इकाई एक वाक्य होती है तो लिखित अनुवाद में इकाई का आकार वाक्य से बड़ा होता है (और क्रमिक मौखिक अनुवाद की इकाई कभी एक वाक्य होती है, कभी एकाधिक वाक्यों का समुच्चय।)

लिखित माध्यम के मानव अनुवाद में, जिसके अध्ययन तक हम अपने आपको सीमित रखेंगे, एक पाठ को (उसकी समग्रता में) अनुवाद की इकाई माना जा सकता है। हम पाठ स्तर के सन्देश का अनुवाद करते हैं। पाठ के आकार की सीमा एक वाक्य से लेकर एक सम्पूर्ण पुस्तक या पुस्तकों के एक विशिष्ट समूह तक कुछ भी

हो सकती है, बशर्ते एक सन्देश उसमें अपनी समग्रता में अभिव्यक्त हो जाना हो। उदाहरण के लिए, किसी सार्वजनिक सूचना या निर्देश का एक वाक्य ही समग्र सन्देश बन सकता है; जैसे 'प्रवेश वर्जित है।' दूसरी ओर 'रंगभूमि' या 'कामायनी' की पूरी पुस्तक ही पाठ स्तर की हो सकती है। भौतिक सुविधा की दृष्टि से हम पाठ को तर्कसंगत खण्डों में बाँटकर अनुवाद कार्य करते हैं, ऐसे खण्डों को हम पाठांश कह सकते हैं अथवा तात्कालिक सन्दर्भ में उन्हें ही पाठ भी कहा जा सकता है। इन्हें हम अनुवाद की तात्कालिक इकाई कह सकते हैं तथा सम्पूर्ण पाठ को अनुवाद की समग्र इकाई।

पाठ की संरचना का ज्ञान, अनुवाद प्रक्रिया को समझने में विशेष सहायक है। पाठ संरचना के तीन आयाम माने जा सकते हैं—पाठगत, पाठसहवर्ती तथा अन्य पाठपरक। संकेतविज्ञान की मान्यता के अनुसार तीनों का सहकालिक अस्तित्त्व होता है तथा ये तीनों अन्योन्याश्रित होते हैं। पाठगत (पाठान्तर्वर्ती) आयाम पाठ का आन्तरिक आयाम है जिसमें उसके भाषा पक्ष का ग्रहण होता है। दोनों ही स्थितियों में सुगठनात्मकता पाठ का आन्तरिक गुण है। पाठ की पाठगत संरचना के दो पक्ष हैं—(1) वाक्य के अन्तर्गत आने वाली इकाइयों का अधिक्रम, और (2) भाषा-विश्लेषण के विभिन्न स्तरों पर अनुभव होने वाली संसक्ति। वाक्य की इकाइयाँ, वाक्य, उपवाक्य, पदबन्ध, पद और रूप (प्रत्यय) इस अधिक्रम में संयोजित होती हैं, परन्तु पाठ की दृष्टि से यह बात महत्त्वपूर्ण है कि एक से अधिक वाक्यों वाले पाठ के वाक्य अन्तरवाक्ययोजकों द्वारा इस प्रकार समन्वित होते हैं कि पूरे पाठ में संसक्ति का गुण अनुभव होने लगता है। परन्तु संसक्ति यहीं तक सीमित नहीं। उसे हम पाठ विश्लेषण के विभिन्न स्तरों पर भी अनुभव कर सकते हैं। तदनुसार हम सन्दर्भगत संसक्ति, शब्दगत संसक्ति, और व्याकरणिक संसक्ति की बात कर सकते हैं।

पाठसहवर्ती आयाम में पाठ की विषयवस्तु, उसकी विशिष्ट विधा, उसका सामाजिक-सांस्कृतिक पक्ष, पाठ के वक्ता या लेखक का अभिव्यक्तिपरक विशिष्ट आशय, उद्दिष्ट पाठक का सामाजिक व्यक्तित्त्व और उसकी आवश्यकता, आदि का अन्तर्भाव होता है। पाठसहवर्ती आयाम के उपर्युक्त पक्ष परस्पर इस प्रकार सुबद्ध रहते हैं कि सम्पूर्ण पाठ एकान्वित इकाई के रूप में अनुभव होता है। यह स्पष्ट है कि पाठ में पाठगत आयाम से ही पाठसहवर्ती आयाम की अभिव्यक्ति होती है और पाठसहवर्ती आयाम से पाठगत आयाम अनुशासित होता है। इस प्रकार ये दोनों अन्योन्याश्रित हैं। पाठभेद से सुगठनात्मकता की गहनता में भी अन्तर आ जाता है, जिसे एक अनुभवी पाठक अपने अभ्यासपुष्ट अन्तर्ज्ञान से ग्रहण करता है। तदनुसार, साहित्यिक रचना में सुगठनात्मकता की जो गहनता उपलब्ध होती है वह अखबारी रिपोर्ट में अनुभव नहीं होती।

पाठ-संरचना के अन्य पाठपरक आयाम में एक विशिष्ट पाठ की, उसके समान या भिन्न सन्दर्भ वाले अन्य पाठों से सम्बन्ध की चर्चा होती है। उदाहरण के लिए,

एक कपड़े के विज्ञापन की भाषा की, प्रसाधन सामग्री के विज्ञापन की भाषा से प्रयोग पैटर्नों की दृष्टि से जो समानता होगी तथा बैंकिंग सेवा के विज्ञापन से जो भिन्नता होगी, उसका वर्णन-विवेचन कर हम कपड़े के विज्ञापन की भाषा का अन्य प्रयोग भेदों से सम्बन्ध तथा अन्तर अधिक स्पष्टता से बता सकेंगे।

यह उचित होगा कि एक विशिष्ट पाठ का संक्षिप्त संरचनात्मक विश्लेषण कर पाठ-संरचना की संकल्पना को स्पष्ट किया जाए। यह विश्लेषण भाषा-प्रकार्य की संकल्पना से समर्थित पाठप्रकारों के ढाँचे में इस उद्देश्य से प्रस्तुत किया गया है कि इसके पाठगत और पाठसहवर्ती आयामों की अन्विति के सन्दर्भ में प्रस्तुत विश्लेषण से अनुवादक का पाठसम्बन्धी बोधन अधिक विशद और पुष्ट हो और वह अपना काम अधिक अच्छे ढंग से कर सके। विश्लेषण के लिए हमने एक विज्ञापन चुना है जो इस प्रकार है :

(क) सुख शान्ति से महक रही थी आचार्यजी की गृहस्थी की बगिया पर अचानक जैसे एक बिजली-सी गिरी।

दुर्घटना का सांकेतिक चित्र

(ख 1-0) अभी कल ही की तो बात है। आचार्यजी एक लजाती हुई, शर्माती हुई सुन्दर दुलहनिया घर लाए थे। खुशियाँ पंख लगाकर उनके घर आई थीं। इन पाँच सालों में दो प्यारे-प्यारे नन्हे मुन्नों से घर चहक उठा था। चारों तरफ खुशियाँ थीं, सुख था, और थे भविष्य के सुन्दर सपने।

(ख 1-1) लेकिन विधि का विधान—
एक दिन गीली सड़क पर टायर फिसले और भरे-पूरे परिवार से उनका साया उठ गया।

(ख 1-2) लेकिन, ऐसे समय केनरा बैंक की बीमायुक्त निरन्तर डिपाज़िट स्कीम ने उन्हें अधिक सहारा दिलाया। आचार्यजी ने तो सौ-सौ रुपयों की कुल चार किश्तें ही भरी थीं, पर उनके परिवार को पूरे 12 हजार रुपये मिले।

(ख 2-0) यह बीमायुक्त निरन्तर डिपाज़िट स्कीम आखिर है क्या?

(ख 2-1) यह दोहरे फ़ायदे वाली एक अनोखी योजना है। इसमें आप केवल 84 महीनों तक एक निश्चित रकम जमा करते हैं और इसके बाद आपको वही रकम हर महीने हमेशा-हमेशा के लिए बैंक से मिलती रहती है। इसके अतिरिक्त बिना किसी लागत जीवन बीमा की सुरक्षा भी आपको मिलती है।

(ख 2-2) याद रखिए, थोड़े समय के लिए छोटी-सी बचत सदा के लिए आपकी बँधी आमदनी बन जाती है।

इस पाठ को प्रतिपाद्य के गठन की दृष्टि से पहले दो इकाइयों में बाँटा जा सकता है : (क) जिसे हम 'टॉपिक' कहेंगे, और (ख) जिसे हम 'कमेंट' कहेंगे। टॉपिक में दो

वाक्य हैं जो उप-इकाई कहे जा सकते हैं और एक-दूसरे के साथ व्यतिरेक (कंट्रास्ट) के अर्थगत सम्बन्ध से जुड़े हैं। प्रकार्य की दृष्टि से टॉपिक में अभिव्यंजक प्रकार्य की प्रधानता है जो 'सुख-शान्ति' 'गृहस्थी की बगिया' (संज्ञापदबन्ध), और 'महक रही थी' (क्रियापदबन्ध), और 'बिजली आ गिरी' जैसी लाक्षणिक अभिव्यक्तियों के सहारे निष्पन्न होता है और 'गृहस्थी की बगिया' जैसे रूपक से पुष्ट होता है।

कमेंट के दो उपखण्ड हैं : (ख-1) एक कल्पित कथा है जिसमें कथासुलभ अभिव्यक्ति का आकर्षण है और (ख-2) एक व्यावसायिक अपील है जिसमें विज्ञापनदाता जनता से बैंक द्वारा प्रस्तुत एक जनसेवा का लाभ उठाने का अनुरोध करता है। इन दो उपखण्डों को और अधिक छोटे भागों में बाँटा जा सकता है :

1. (ख 1-0) : वर्णनात्मक भूमिका : अभिव्यंजक प्रकार्य।
2. (ख 1-1) : भावनात्मक चरम बिन्दु : अभिव्यंजक प्रकार्य।
3. (ख 1-2) : तार्किक परिणति : सूचनात्मक प्रकार्य।
4. (ख 2-0) : प्रश्नात्मक भूमिका : प्रभावपरक प्रकार्य।
5. (ख 2-1) : परिचयात्मक विवरण : सूचनात्मक प्रकार्य।
6. (ख 2-2) : प्रबोधक समाप्ति : प्रभावपरक प्रकार्य।

पहले दो भागों के अभिव्यंजक प्रकार्य को निष्पन्न करने में 'लजाती हुई', 'शर्माती हुई,' 'सुन्दर', 'प्यारे-प्यारे', 'नन्हे', इन विशेषण पदबन्धों का, 'खुशियाँ', 'सुख', 'भविष्य के सुन्दर सपने', इन संज्ञापदबन्धों का, 'चहकना', 'पंख लगाकर घर आना' जैसे लाक्षणिक क्रियापदबन्धों का योगदान है। इनमें प्रयुक्त शब्दावली के माध्यम से ये सभी भावनात्मक कोटि के हैं। इसके अतिरिक्त 'विधि का विधान', 'साया उठ जाना' जैसे मंगलभाषित भी अभिव्यंजक प्रकार्य के निष्पादक उपकरण हैं।

तीसरे और पाँचवें भाग में निम्नलिखित शब्दावली सूचनात्मक प्रकार्य की अभिव्यंजक है—'केनरा बैंक की बीमायुक्त निरन्तर डिपाज़िट स्कीम', 'आर्थिक सहारा', 'कुल चार किश्तें', 'निश्चित रकम', 'जीवन बीमा की सुरक्षा' (सभी संज्ञापदबन्ध), 'केवल 84 महीनों तक', 'हर महीने', 'हमेशा-हमेशा के लिए', 'बिना किसी लागत' (सभी क्रियाविशेषण पदबन्ध), 'जमा करना', 'मिलना' (सभी क्रियापदबंध।)

चौथे और छठे भाग में प्रश्नात्मक 'क्या', आज्ञार्थक 'याद रखिए' और मध्यम पुरुषवाची आदरार्थक सर्वनाम 'आप' से प्रभावपरक प्रकार्य की व्यंजना होती है। इसी के साथ एक ही वाक्य की सीमा में 'थोड़े समय के लिए' बनाम 'सदा के लिए' और 'छोटी सी बचत' बनाम 'एक बँधी आमदनी' के विपरीतार्थक युग्मों के सन्तुलित प्रयोग द्वारा प्रभावपरक प्रकार्य को पुष्ट किया गया है।

इसके अतिरिक्त 'सुख शान्ति से महक रही थी आचार्यजी की गृहस्थी की बगिया' और 'थे भविष्य के सुन्दर सपने' में क्रियापद का विपर्यय, और 'लेकिन

विधि का विधान' जैसे लुप्तपद (क्रियाहीन) वाक्य भावनात्मक शब्दावली की प्रधानता के माध्यम से अभिव्यंजक प्रकार्य के विशेष वाहक हैं। इसी प्रकार (ख 2-0) एवं (ख 2-2) के क्रमशः प्रश्नात्मक वाक्य और आज्ञार्थक उपवाक्य प्रभावपरक प्रकार्य की निष्पत्ति के विशेष उपकरण हैं। गृहस्थी की बगिया का लघुरूपक प्रभावपरक प्रकार्य की व्यंजना का पोषक है।

यद्यपि हमने ब्यूलर की भाषा प्रकार्य सम्बन्धी योजना के अनुसार पाठ की प्रकार्य-शैली का विश्लेषण किया है, तथापि हैलिडे द्वारा प्रतिपादित पाठगत प्रकार्य योजना का भी संकेत कर देना उचित होगा। इस संकेत से पाठ की आंतरिक संसक्ति का परिचय मिलेगा।

विज्ञापन के मुख्य खण्ड (क) और (ख)—टॉपिक और कमेंट—सन्दर्भ के प्रभाव से संश्लिष्ट हैं। परन्तु जहाँ (ख-1) की उपइकाइयाँ क्रमशः विप्रतिषेधक 'लेकिन' से जुड़ी हैं, वहाँ (ख-1) और (ख-2) सन्दर्भ के प्रभाव से; तथा (ख-2) के अन्तर्गत (ख 2-0) और (ख 2-1) संकेतवाची सर्वनाम 'यह' से, और (ख 2-1) और (ख 2-2) पुनः सन्दर्भ के प्रभाव से संयुक्त प्रतीत होती हैं।

एक़ अन्य विशेषता भी द्रष्टव्य है जो विज्ञापन के विभिन्न खण्डों को दूसरे प्रकार से जोड़ती है; वह है काल का व्यतिरेक। (क) और (ख-1) के क्रियापदों में भूतकाल तथा (ख-2) में वर्तमान काल का प्रयोग है जो विज्ञापनदाता (दूसरे शब्दों में, वक्ता) के आशय की दृष्टि से क्रमशः साधन तथा साध्य रूप हैं।

अनुवाद कार्य में यह सम्पूर्ण पाठ अनुवाद की इकाई होगा जिसे हम और छोटे अंशों में इस प्रकार बाँट सकते हैं जैसा कि उपर्युक्त विश्लेषण में दिखाया गया है। इस भूमिका पर अनुवाद प्रक्रिया को समझना सुविधाजनक होगा।

अनुवाद प्रक्रिया : विभिन्न प्रारूप

हम इस प्रसंग में अनुवाद प्रक्रिया के प्रमुख प्रारूपों की इस दृष्टि से चर्चा करेंगे कि जिससे प्रक्रिया सम्बन्धी चिन्तन के विभिन्न पक्षों की अच्छी जानकारी प्राप्त हो सके। प्रारूपकार प्रायः अपनी अनुवाद परिस्थितियों तथा तत्सम्बन्धी चिन्तन से प्रेरित होने के कारण प्रक्रिया के कुछ ही पक्षों पर विशेष बल दे पाते हैं। सर्वांगीणता में इस न्यूनता की पूर्ति इस रूप में हो जाती है कि विवेचित पक्ष के सम्बन्ध में पर्याप्त जानकारी मिल जाती है। इस दृष्टि से बाथगेट (1981) द्रष्टव्य है।

अनुवाद प्रक्रिया के प्रारूपों की रचना के पीछे प्रेरक तत्त्व प्रधान रूप से दो रहे हैं—मानव अनुवादकों का प्रशिक्षण तथा मशीन अनुवाद का यान्त्रिक पहलू। इन दोनों की आवश्यकताओं से प्रेरित होकर अनुवाद प्रक्रिया के सैद्धान्तिक स्पष्टीकरण प्रस्तुत किए गए। प्रस्तुत प्रसंग में हमारा सम्बन्ध केवल मानव अनुवादकों के प्रशिक्षण की आवश्यकता से प्रेरित अनुवाद प्रक्रिया प्रारूपों से है। अनुप्रयोगात्मक आयाम में इनकी उपयोगिता स्पष्ट होती है।

सामान्य सन्दर्भ

अनुवाद प्रक्रिया का केन्द्र बिन्दु है लक्ष्यभाषा में मूलभाषा पाठ के अनुवाद पर्याय प्रस्तुत करना। यह प्रक्रिया इकतरफा होती है—मूलभाषा से लक्ष्यभाषा में। परन्तु भाषाओं की यह स्थिति अन्तःपरिवर्त्य होती है—जो पहली बार में मूलभाषा है, वह दूसरी बार में लक्ष्यभाषा हो सकती है। इस प्रक्रिया को सम्प्रेषण सिद्धान्त से समर्थित मानचित्र द्वारा इस प्रकार दिखाया जा सकता है (न्यूमार्क 1969) :

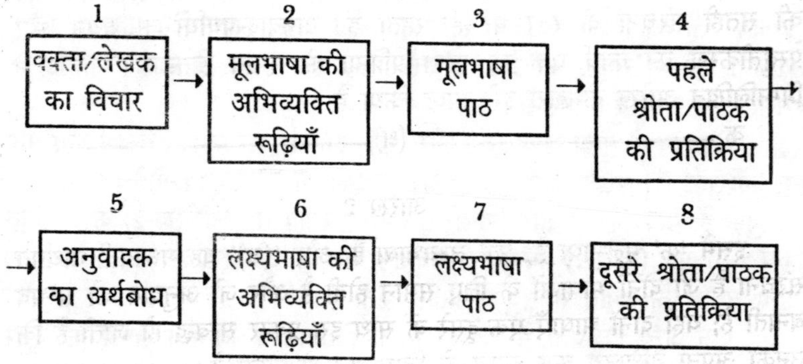

आरेख 1

इस प्रारूप के अनुसार अनुवाद प्रक्रिया के कुल आठ सोपान हो सकते हैं। लेखक या वक्ता के मन में उठने वाला विचार मूलभाषा की अभिव्यक्ति रूढ़ियों में बँधकर मूलभाषा के पाठ का आकार ग्रहण करता है जिससे पहले (मूलभाषा के) श्रोता या पाठक के मन में वक्ता/लेखक के विचार के अनुरूप प्रतिक्रिया प्रकट होती है। फिर अनुवादक अपनी प्रतिभा, भाषाज्ञान और विषयज्ञान के अनुसार मूलभाषा के पाठ का अर्थ समझकर लक्ष्यभाषा की अभिव्यक्ति रूढ़ियों का पालन करते हुए लक्ष्यभाषा के पाठ का सर्जन करता है जिसे दूसरा (लक्ष्यभाषा का) पाठक ग्रहण करता है। इस व्याख्या से स्पष्ट है कि सं. 5, अर्थात् अनुवादक, का सं. 3, 4 और 1 इन तीनों से सम्बन्ध है। वह मूलभाषा के पाठ का अर्थबोध करते हुए पहले पाठक के समान आचरण करता है, और मूलभाषा का पाठ क्योंकि वक्ता/लेखक के विचार का प्रतीक है, इसलिए अनुवादक उससे भी जुड़ जाता है।

इसी प्रारूप को विद्वानों ने प्रकारान्तर से भी प्रस्तुत किया है। हम इस सम्बन्ध में नाइडा, न्यूमार्क, और बाथगेट के अंशदानों की चर्चा करेंगे।

नाइडा का चिन्तन

नाइडा (1964) के अनुसार ये अनुवाद पर्याय जिस प्रक्रिया से निर्धारित होते हैं। उसके दो रूप हैं : प्रत्यक्ष, परोक्ष। इन दोनों में आधारभूत अन्तर है। प्रत्यक्ष प्रक्रिया

के प्रारूप के अनुसार मूल पाठ की सतही संरचना के स्तर पर उपलब्ध भाषिक इकाइयों के लक्ष्यभाषा में अनुवाद पर्याय लगभग निश्चित होते हैं; और अनुवाद प्रक्रिया एक पर्याप्त क्रमबद्ध प्रक्रिया है जिसमें मूल पाठ के लगभग हर अंश का अनुवाद होता है। इस प्रक्रिया में एक मध्यवर्ती स्थिति भी होती है जिसमें एक निर्विशेष और सार्वभौम अर्थगत संरचना होती है; इसका केवल सैद्धान्तिक महत्त्व है। इस प्रारूप की मान्यता के अनुसार, अनुवादक मूलभाषा पाठ के सन्देश को सीधे लक्ष्यभाषा में ले जाता है; वह इन दोनों स्थितियों में मूलभाषा पाठ और लक्ष्यभाषा पाठ की सतही संरचना के स्तर पर ही रहता है। अनुवाद-पर्यायों के चयन और प्रस्तुतीकरण का कार्य एक स्वचालित प्रक्रिया के समान होता है। नाइडा ने निम्नलिखित आरेख के द्वारा इसे स्पष्ट किया है :

क ———————— (क्ष) ———————— ख

आरेख 2

इसमें 'क' मूलभाषा है, 'ख' लक्ष्यभाषा है, और '(क्ष)' वह मध्यवर्ती अर्थगत संरचना है जो दोनों भाषाओं के लिए समान होती है और जो अनुवाद को सम्भव बनाती है; यहाँ दोनों भाषाएँ एक-दूसरे के साथ इस प्रकार सम्बद्ध हो जाती हैं कि उनका अपना वैशिष्ट्य कुछ समय के लिए लुप्त हो जाता है।

परोक्ष प्रक्रिया के प्रारूप में धारणा यह है कि अनुवादक पाठ की सतही संरचना तक सीमित न रहकर आवश्यकतानुसार, अपितु प्रायः सदा, पाठ की गहन संरचना में भी जाता है और फिर लक्ष्यभाषा में उपयुक्त अनुवाद पर्याय प्रस्तुत करता है। वस्तुतः इस प्रारूप में पूर्ववर्णित प्रत्यक्ष प्रक्रिया प्रारूप का अन्तर्भाव हो जाता है; दोनों में विरोध नहीं है। प्रत्यक्ष प्रक्रिया प्रारूप की मान्यता है कि अनुवाद कार्य सतही संरचना के स्तर पर ही हो जाता है, जबकि परोक्ष प्रक्रिया के अनुसार अनुवाद कार्य प्रायः पाठ की गहन संरचना के माध्यम से होता है, यद्यपि इस बात की हमेशा सम्भावना रहती है कि लक्ष्यभाषा में मूलभाषा के अनेक अनुवाद पर्याय सतही संरचना के स्तर पर ही मिल जाएँ। नाइडा परोक्ष प्रक्रिया प्रारूप के समर्थक हैं। निम्नलिखित आरेख द्वारा उन्होंने इसे स्पष्ट किया है :

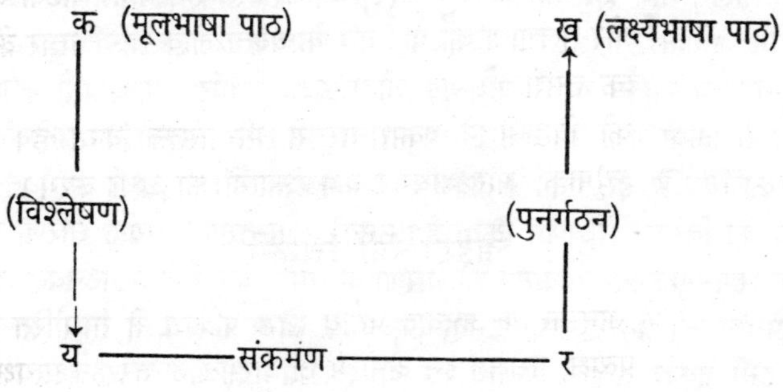

आरेख 3

य = मूलभाषा का गहनस्तरीय पाठ

र = लक्ष्यभाषा में संक्रान्त गहनस्तरीय (और समसंरचनात्मक) पाठ

नाइडा के अनुसार अनुवाद प्रक्रिया के वास्तव में तीन सोपान होते हैं—(1) अनुवादक सबसे पहले मूलभाषा के पाठ का विश्लेषण करता है; पाठ की व्याकरणिक संरचना तथा शब्दों एवं शब्दशृंखलाओं का अर्थगत विश्लेषण कर वह मूलपाठ के सन्देश को ग्रहण करता है। इसके लिए वह भाषा-सिद्धान्त पर आधारित भाषा-विश्लेषण की तकनीकों का यथावश्यक रीति से अनुप्रयोग करता है। विशेषतः असामान्य रूप से जटिल तथा लम्बे और अनेकार्थ वाक्यों और वाक्यांशों/पदबन्धों के अर्थबोधन में हो सकने वाली कठिनाइयों का हल करने में मूलपाठ का विश्लेषण सहायक रहता है। (2) अर्थबोध हो जाने के बाद सन्देश का लक्ष्यभाषा में संक्रमण होता है। यह प्रक्रिया उसके मस्तिष्क में होती है। इसमें मूलपाठ के लक्ष्यभाषागत अनुवाद-पर्याय निर्धारित होते हैं तथा दोनों भाषाओं के बीच विभिन्न स्तरों और श्रेणियों में तालमेल स्थापित होता है। (3) अन्त में अनुवादक मूलभाषा के सन्देश को लक्ष्य भाषा में, उसकी संरचना एवं प्रयोग नियमों तथा विधागत रूढ़ियों के अनुसार, इस प्रकार पुनर्गठित करता है कि वह लक्ष्यभाषा के पाठक को स्वाभाविक प्रतीत होता है या कम-से-कम अस्वाभाविक प्रतीत नहीं होता।

विश्लेषण : अनुवाद प्रक्रिया के स्पष्टीकरण के सन्दर्भ में नाइडा ने मूलपाठ के विश्लेषण के लिए एक सुनिश्चित भाषा-सिद्धान्त तथा विश्लेषण की रूपरेखा प्रस्तुत की है। उनके अनुसार भाषा के दो पक्षों का विश्लेषण अपेक्षित है—व्याकरण तथा शब्दार्थ। नाइडा व्याकरण को केवल वाक्य अथवा निम्नतर श्रेणियों—उपवाक्य, पदबन्ध आदि—के गठनात्मक विश्लेषण तक सीमित नहीं मानते। उनके अनुसार व्याकरणिक गठन भी एक प्रकार से अर्थवान होता है। उदाहरण के लिए, कर्तृवाच्य संरचना और कर्मवाच्य/भाववाच्य संरचना में केवल गठनात्मक अन्तर ही नहीं, अपितु अर्थ का अन्तर भी है। इस सम्बन्ध में उन्होंने अनेकार्थ संरचनाओं की ओर विशेष रूप से ध्यान खींचा है। उदाहरण के लिए, 'यह राम का चित्र है' इस वाक्य के निम्नलिखित तीन अर्थ हो सकते हैं : (1) यह चित्र राम ने बनाया है, (2) इस चित्र में राम अंकित है, (3) यह चित्र राम की सम्पत्ति है। ये तीनों वाक्य, नाइडा के अनुसार, बीजवाक्य या उपबीजवाक्य हैं जिनका निर्धारण पश्चगामी रूपान्तरण की विधि से किया गया है। सतही संरचना पर इन तीनों वाक्यों का प्रत्यक्षीकरण 'यह राम का चित्र है' इस एक ही वाक्य के रूप में होता है। नाइडा ने उपर्युक्त रूपान्तरण विधि का विस्तार से वर्णन किया है। उनकी रूपान्तरण विषयक धारणा चाम्स्की के रूपान्तरण—प्रजनक व्याकरण की धारणा के समान कठोर तथा गठनबद्ध नहीं, अपितु अनुप्रयोग की प्रकृति तथा उसके उद्देश्य के अनुरूप लचीली तथा अन्तर्ज्ञानमूलक है। इसी प्रकार उन्होंने शब्दार्थ की दो कोटियों—वाच्यार्थ और लक्ष्य-व्यंग्यार्थ—का

वर्णनात्मक विश्लेषण किया है। यह ध्यान देने योग्य है कि नाइडा ने विश्लेषण की उपर्युक्त प्रणाली को मूलभाषा पाठ के अर्थबोधन के साधन के रूप में प्रस्तुत किया है। उनका बल मूलपाठ के अर्थ को यथासम्भव समग्र और यथातथ रीति से समझने पर रहा है। उनकी प्रणाली बाइबिल एवं उसके सदृश अन्य प्राचीन ग्रन्थों की भाषा के विश्लेषणपुष्ट अर्थबोधन के लिए विशेष रूप से उपयुक्त है; यद्यपि उसका प्रयोग अन्य और आधुनिक भाषाभेदों के पाठों के अर्थबोधन के लिए भी किया जा सकता है।

संक्रमण : विश्लेषण की सहायता से हुए अर्थबोध का लक्ष्यभाषा में संक्रान्त होना अनुवादप्रक्रिया का केन्द्रस्थ सोपान है। अनुवादकार्य में अनुवादक को विश्लेषण और पुनगर्ठन के दो ध्रुवों के बीच गति करते रहना होता है, परन्तु यह गति संक्रमण के मध्यवर्ती सोपान के रास्ते होती है, जहाँ अनुवादक को (क्षण भर के लिए रुकते हुए) पुनर्गठन के सोपान के मुद्दों का और अधिक स्पष्टता से प्रत्यक्ष होता है। संक्रमण की यह प्रक्रिया अनुवादक के मस्तिष्क में तथा अपनी प्रकृति से त्वरित तथा अन्तर्ज्ञानमूलक होती है। अनुवाद प्रक्रिया में अनुवादक के व्यक्तित्त्व की संगति इस सोपान पर है। विश्लेषण से प्राप्त भाषिक तथा सम्प्रेषण सम्बन्धी तथ्यों का, उपयुक्त अनुवाद-पर्याय स्थिर करने में, अनुवादक जैसा उपयोग करता है उसी में उसकी कुशलता निहित होती है। विश्लेषण तथा पुनर्गठन के सोपानों पर एक अनुवादक अन्य व्यक्तियों से भी कभी कुछ सहायता ले सकता है परन्तु संक्रमण के सोपान पर वह अकेला ही होता है। संक्रमण के सोपान पर विचारणीय बातें दो हैं—अनुवादक का अपना व्यक्तित्त्व तथा मूलभाषा एवं लक्ष्यभाषा के बीच संक्रमणकालीन तालमेल। अनुवादक के व्यक्तित्त्व में उसका विषयज्ञान, भाषाज्ञान, प्रतिभा, तथा कल्पना इन चार की विशेष अपेक्षा होती है। तथापि प्रधानता की दृष्टि से प्रतिभा और कल्पना को विषयज्ञान तथा भाषाज्ञान से अधिक महत्त्व देना होता है, क्योंकि अनुवाद प्रधानतया एक व्यावहारिक और क्रियात्मक कार्य है। विषयज्ञान तथा भाषाज्ञान की कमी को अनुवादक दूसरों की सहायता से भी पूरा कर सकता है, परन्तु प्रतिभा और कल्पना की दृष्टि से अपने ऊपर ही निर्भर रहना होता है।

मूलभाषा एवं लक्ष्यभाषा के बीच तालमेल स्थापित होना अनुवाद-प्रक्रिया की अनिवार्य एवं आन्तरिक आवश्यकता है। भाषान्तरण में सन्देश के प्रतिकूल रूप से प्रभावित होने की आशंका रहती है। इस प्रतिकूलता के प्रभाव को यथासम्भव कम करने के लिए अर्थपक्ष और व्याकरण दोनों की दृष्टि से दोनों भाषाओं के बीच तालमेल की स्थिति लानी होती है। मुहावरे एवं उनका लाक्षणिक प्रयोग, अनेकार्थकता, अर्थ की सामान्यता तथा विशिष्टता, आदि अनेक ऐसे मुद्दे हैं जिनका तालमेल बैठाना होता है। व्याकरण की दृष्टि से प्रोक्ति-संरचना एवं प्रकार, वाक्य-संरचना एवं प्रकार तथा पद-संरचना एवं प्रकार सम्बन्धी अनेक ऐसी बातें हैं जिनका समायोजन

अपेक्षित होता है। उदाहरण के लिए, मूलपाठ में प्रयुक्त किसी विशेष अन्तरवाक्ययोजक के लिए लक्ष्यभाषा के पाठ में किसी भी अन्तरवाक्ययोजक का प्रयोग अपेक्षित न होना, मूलपाठ की कर्मवाच्य संरचना के लिए लक्ष्यभाषा में कर्तृवाच्य संरचना का उपयुक्त होना व्याकरणिक समायोजन के मुद्दे हैं।

संक्रमण का सोपान अनुवाद कार्य की दृष्टि से जितना महत्त्वपूर्ण है, अनुवाद प्रक्रिया के स्पष्टीकरण में उसका अपेक्षाकृत स्वतन्त्र अस्तित्त्व शेष दो सोपानों की तुलना में उतना स्पष्ट नहीं। बहुधा संक्रमण तथा पुनर्गठन के सोपानों के अन्तर को प्रक्रिया के विशदीकरण में स्थापित करना कठिन हो जाता है। विश्लेषण और पुनर्गठन के सोपानों पर, अनुवादक का कर्तृत्व यदि अपेक्षाकृत स्वतन्त्र होता है तो संक्रमण के सोपान पर वह कुछ अधीनता की स्थिति में रहता है। अधिक मुख्य बात यह है कि अनुवादक को उन सब मुद्दों की चेतना हो जिनका ऊपर वर्णन किया गया है। यदि अनुवाद-प्रशिक्षणार्थी के लिए ये प्रत्यक्ष रूप से उपयोगी हैं तो अभ्यस्त अनुवादक के अनुवाद-व्यवहार के ये स्वाभाविक अंग हैं।

पुनर्गठन : मूलपाठ का अर्थबोध (सन्देशग्रहण), संक्रमण के सोपान में से होते हुए लक्ष्यभाषा में पुनर्गठित होकर अनुवाद (अनूदित पाठ) का रूप धारण करता है। पुनर्गठन का सोपान लक्ष्यभाषा में मूर्त अभिव्यक्ति का सोपान है। अनुवाद प्रक्रिया की जानकारी के सम्बन्ध में हमें पुनर्गठन के सोपान पर पाठ के जिन प्रमुख आयामों की उपयुक्तता पर ध्यान देना अभीष्ट है वे हैं–व्याकरणिक संरचना तथा प्रकार, शब्दक्रम, सहप्रयोग, भाषाभेद, तथा शैलीगत प्रतिमान। इन सबकी आधारभूत कसौटी है लक्ष्यभाषागत उपयुक्तता तथा स्वाभाविकता। इन गुणों की निष्पत्ति के लिए कई बार दोनों भाषाओं में समानता की स्थिति सहायक होती है, कई बार असमानता की। उदाहरण के लिए, यह आवश्यक नहीं कि मूलभाषा के पदबन्ध के लिए लक्ष्यभाषा का उपयुक्त अनुवाद-पर्याय एक पदबन्ध ही हो; यह संरचना एक समस्त पद भी हो सकती है; जैसे, Diploma in Translation = अनुवाद डिप्लोमा। देखना यह होता है कि लक्ष्यभाषा में सन्देश का पुनर्गठन उपर्युक्त घटकों की दृष्टि से उपयुक्तता तथा स्वाभाविकता की स्थिति की निष्पत्ति करे; वे घटक लक्ष्यभाषा की 'जीनियस' (आत्मीयता) तथा परम्परा के अनुरूप हों। मूलभाषा में व्याकरणिक संरचना के कतिपय तथ्यों का लक्ष्यभाषा में स्वरूप बदल सकता है, यद्यपि यह सदा आवश्यक नहीं होता। उदाहरण के लिए, अंग्रेज़ी मूलपाठ की कर्मवाच्य संरचना "Steps have been taken by the Government to meet the situation" को हिन्दी में कर्मवाच्य संरचना में भी प्रस्तुत किया जा सकता है, कर्तृवाच्य संरचना में भी : "स्थिति का सामना करने के लिए सरकार द्वारा कदम उठाए गए हैं/स्थिति का सामना करने के लिए सरकार ने कदम उठाए हैं।" परन्तु "The meeting was chaird by X" के लिए हिन्दी में कर्तृवाच्य संरचना "क्ष ने बैठक की अध्यक्षता की" ही उपयुक्त प्रतीत

होती है। ऐसे निर्णय पुनर्गठन के स्तर पर किए जाते हैं। यही बात सहप्रयोग के लिए है। सहप्रयोग हर भाषा के अपने-अपने होते हैं। अंग्रेज़ी में to take a step कहते हैं तो हिन्दी में 'कदम उठाना'। इस उदाहरण में to take का अनुवाद 'उठाना' समझना भूल होगी; ये दोनों अपनी-अपनी भाषा में ऐसे शब्दकोशीय इकाइयों के रूप में प्रयुक्त होते हैं जिन्हें खण्डित नहीं किया जा सकता। भाषाभेद के अन्तर्गत, कालगत, स्थानगत और प्रयोजनमूलक भाषाभेदों की गणना होती है। तथापि एक सुगठित पाठ के स्तर पर ये सब शैलीभेद के रूप में देखे जाते हैं। उदाहरण के लिए, पुरानी अंग्रेज़ी की रचना का हिन्दी में अनुवाद करते समय, पुनर्गठन के सोपान पर हमें यह निर्णय करना होगा कि लक्ष्यभाषा के किस भाषाभेद के शैलीगत प्रभाव मूलभाषापाठ के शैलीगत प्रभावों के समकक्ष हो सकते हैं। इस दृष्टि से पुरानी अंग्रेज़ी के पाठ का पुरानी हिन्दी में भी अनुवाद उपयुक्त हो सकता है, आधुनिक हिन्दी में भी। शैलीगत प्रतिमान को मोटे तौर पर दो रूपों में समझा जा सकता है : साहित्येतर शैली और साहित्यिक शैली। साहित्येतर शैली में औपचारिक बनाम अनौपचारिक तथा तकनीकी बनाम गैरतकनीकी, ये दो भेद प्रमुख रूप से मिलते हैं। साहित्यिक शैली में पाठ के विधागत भेदों—गद्य और पद्य, आदि—का विशेष रूप से उल्लेख किया जा सकता है। इस दृष्टि से औपचारिक शैली के मूलपाठ को लक्ष्यभाषा में औपचारिक शैली में ही प्रस्तुत किया जाए, या मूल गद्य रचना को लक्ष्यभाषा में गद्य के रूप में ही प्रस्तुत किया जाए, यह निर्णय लक्ष्यभाषा की परम्परा में निर्धारित उपयुक्तता के अनुसार होगा। उदाहरण के लिए, भारतीय भाषाओं में गद्य की तुलना में पद्य की परम्परा अधिक पुष्ट है; इसलिए उनमें मूल गद्य पाठ का यदि पद्यात्मक भाषान्तरण हो तो वह भी उपयुक्त प्रतीत हो सकता है। सारांश यह कि लक्ष्यभाषा में जो स्वाभाविक और उपयुक्त प्रतीत हो तथा जो लक्ष्यभाषा की परम्परा के अनुकूल हो—स्वाभाविकता, उपयुक्तता तथा परम्परानुवर्तिता, ये तीनों एक सीमा तक अन्योन्याश्रित हैं—उसके आधार पर लक्ष्यभाषा में सन्देश का पुनर्गठन होता है।

नाइडा की प्रणाली किस प्रकार काम करती है, इसे हम एक-दो उदाहरणों की सहायता से समझ सकते हैं। पहले हम सार्वजनिक सूचना के सन्दर्भ से एक उदाहरण लेते हैं।

(1) क = No admission
य = Admission is not allowed
र = प्रवेश की अनुमति नहीं है।
ख = प्रवेश वर्जित है/अन्दर आना मना है।

आरेख 4

आरेख के अनुसार, 'क' मूलभाषा का पाठ है जो एक सार्वजनिक निर्देश की भाषा का उदाहरण है। यह एक अल्पांग (न्यूनीकृत) वाक्य है। इसके अर्थ को स्पष्ट करने के लिए विश्लेषण की विधि से पश्चगामी रूपान्तरण द्वारा हमने इसका बीजवाक्य निर्धारित किया, यह बीजवाक्य 'य' है; इसी से 'क' व्युत्पन्न है। संक्रमण के सोपान पर 'य' का समसंरचनात्मक और समानार्थक वाक्य 'र' है जो पुरोगामी रूपान्तरण द्वारा पुनर्गठन के स्तर पर 'ख' का रूप धारण कर लेता है। 'ख' के दो भेद हैं; दोनों ही शुद्ध हैं; उनमें अन्तर शैली की दृष्टि से है। 'प्रवेश वर्जित है' में औपचारिकता है तथा वह सुशिक्षित वर्ग के उपयुक्त है; 'अन्दर आना मना है' में अनौपचारिकता है और उसे सामान्य रूप से सभी के लिए और विशेष रूप से अल्पशिक्षित वर्ग के लिए उपयुक्त माना जा सकता है; सूचनात्मकता तथा (निषेधात्मक) आदेशात्मकता दोनों में सुरक्षित है।

अब प्रशासनिक अंग्रेज़ी का निम्नलिखित वाक्य देखिए जो मूलपाठ है और आरेख के अनुसार 'क' के स्तर पर है :

(2) It becomes very inconvenient to move to the section officer's table alongwith all the relevant papers a number of times during the day in connection with the above mentioned work.

विश्लेषण

(अ) (क) It becomes very inconvenient
(= उच्चतर वाक्य)

(ख) to move to the,..work.
(=निम्नतर वाक्य)

(ब) It — becomes — very inconvenient

कर्ता — क्रिया — पूरक = उच्चतर वाक्य

संप (= संज्ञापदबन्ध)

वाक्य = निम्नतर वाक्य

कर्ता — क्रिया — लक्ष्य — विशेषक 1, 2, 3

(i) one moves to the section officer's table.

(ii) one moves to the section officer's table, with all the relevant papers.

(iii) one moves to the section officer's table, with all the relevant papers, a number of times during the day,

(iv) one moves to the section officer's table with all the relevant papers, a number of times during the day, in connection with above mentioned work.

आरेख 5

इस वाक्य का विश्लेषण दो खण्डों में किया गया है। पहले खण्ड (अ) में इसे दो भागों में बाँटा गया है–उच्चतर वाक्य तथा निम्नतर वाक्य, जिन्हें स्थूल रूप से वाक्यरचना की परम्परागत कोटियों–मुख्य उपवाक्य और आश्रित उपवाक्य–के समकक्ष माना जा सकता है।

दूसरे खण्ड (ब) में दोनों–उच्चतर तथा निम्नतर वाक्यों–का विश्लेषण है। उच्चतर वाक्य के तीन अंग हैं जिनमें पूरक का सम्बन्ध कर्त्ता से है; वह कर्त्ता का पूरक है। निम्नतर वाक्य में It का पूरक है to move और वह कर्त्ता के स्थान पर आने के कारण संज्ञापदबन्ध (= संप) है, क्योंकि कर्ता कोई संप ही हो सकता है। यह संप एक वाक्य से व्युत्पन्न है जिसकी आधारभूत संरचना में कर्त्ता, क्रिया तथा तीन क्रियाविशेषकों की शृंखला दिखाई पड़ती है (आरेख में इसे स्पष्ट किया गया है।) इस आधारभूत, निम्नतर वाक्य की संरचना का स्पष्टीकरण (i) से (iv) तक के उपवाक्यों में हुआ है। इसमें क्रियाविशेषकों का क्रमिक संयोजन स्पष्ट किया गया है। नाइडा के आरेख के अनुसार यह प्रक्रिया का 'य' स्तर है।

अब प्रत्यक्ष तथा परोक्ष अनुवाद प्रक्रिया प्रारूपों की तुलना करना उचित होगा। प्रत्यक्ष प्रक्रिया प्रारूप (आरेख 4) के अनुसार उपर्युक्त वाक्य के निम्नलिखित अनुवाद किए जा सकते हैं (इन्हें 'र' स्तर का माना जा सकता है) : "उपर्युक्त कार्य के सिलसिले में सभी सम्बन्धित कागज़ पत्रों को लेकर अनुभाग अधिकारी के पास दिन में अनेक बार जाना असुविधाजनक रहता है" अथवा "यह असुविधाजनक है कि उपर्युक्त कार्य के सिलसिले में सभी सम्बन्धित कागज पत्रों को लेकर अनुभाग अधिकारी के पास दिन में अनेक बार जाया जाए।" 'य' से 'र' पर आना संक्रमण का सोपान है जिस पर मूलपाठ तथा लक्ष्यभाषा पाठ के बीच तालमेल बैठाने के प्रयत्न के चिह्न भी दिखाई देते हैं। परन्तु परोक्ष प्रक्रिया प्रारूप के अनुसार हम उपर्युक्त विश्लेषण की विधि का उपयोग करेंगे, और तदनुसार प्रस्तुत वाक्य का उपयुक्त अनुवाद यह होगा–"उपर्युक्त काम के सिलसिले में सारे सम्बन्धित कागज़ पत्रों के साथ अनुभाग अधिकारी के पास जो दिन में कई बार जाना पड़ता है उसमें बड़ी असुविधा होती है।" यह वाक्य 'ख' स्तर का है तथा पुनर्गठन के सोपान से सम्बन्धित है। उक्त अनुवाद में क्रियाविशेषकों का संयोजन और मूलपाठ के निम्नतर वाक्य की पदबन्धात्मक संरचना–to move to the section officer's table–के स्थान पर अनुवाद में क्रियाविशेषण उपवाक्य–'अनुभाग अधिकारी के पास जो दिन में कई बार जाना पड़ता है'–का प्रयोग, ये दो बिन्दु ध्यान देने योग्य हैं, यह बात अनुवादक या अनुवाद प्रशिक्षणार्थी को स्पष्ट हो जाती

है। फलस्वरूप, अनुवाद में स्पष्टता और स्वाभाविकता की निष्पत्ति होती है। साथ ही, मूलपाठ में मुख्य उपवाक्य (उच्चतर वाक्य) पर अर्थ की दृष्टि से जो बल अभीष्ट है वह भी सुरक्षित रहता है।

इन दोनों वाक्यों का अनुवाद तथा विश्लेषण, मुख्य रूप से विश्लेषण की तकनीक तथा उसकी उपयोगिता के स्पष्टीकरण के लिए किया गया है। इन दोनों में भाषाभेद तथा भाषा-संरचना की अपनी विशेषताएँ हैं जिन्हें अनुवाद-प्रशिक्षणार्थी यदि सैद्धान्तिक तथा प्रणालीगत भूमिका पर समझे तो अनुवाद प्रक्रिया तथा अनूदित पाठ की उपयुक्तता की जानकारी के प्रति उसमें आत्मविश्वास की भावना का विकास होगा जो सफल अनुवादक बनने के लिए अपेक्षित है।

न्यूमार्क का चिन्तन

न्यूमार्क (1976 b) के अनुसार अनुवाद प्रक्रिया का प्रारूप निम्नलिखित आरेख के माध्यम से प्रस्तुत किया जा सकता है :

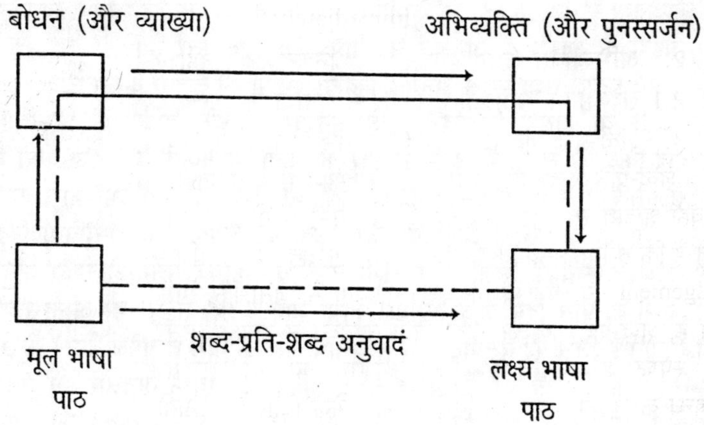

आरेख 6

नाइडा और न्यूमार्क द्वारा प्रस्तावित आरेखों को सरसरी तौर पर देखने से यह बात स्पष्ट हो जाती है कि दोनों की अनुवाद-प्रक्रिया सम्बन्धी धारणा में कोई मौलिक अन्तर नहीं। बाइबिल अनुवादक होने के कारण नाइडा की दृष्टि प्राचीन पाठ के अनुवाद कार्य की समस्याओं से अधिक बँधी है; इसलिए वे विश्लेषण, संक्रमण तथा पुनर्गठन के सोपानों की कल्पना करते हैं। प्राचीन रचना होने के कारण बाइबिल की

भाषा में अर्थग्रहण की समस्या भाषा की व्याकरणिक संरचना से अधिक जुड़ी है। इसलिए नाइडा के अनुवाद सम्बन्धी भाषा-सिद्धान्त में व्याकरण को विशेष महत्त्व का स्थान प्राप्त है। व्याकरणिक गठन से सम्बन्धित अर्थग्रहण में 'विश्लेषण' विशेष सहायक होता है; इसलिए नाइडा ने सोपान का नामकरण भी 'विश्लेषण' किया। न्यूमार्क की दृष्टि आधुनिक तथा वैविध्यपूर्ण भाषाभेदों के अनुवाद कार्य की समस्याओं से अनुप्राणित है। इसलिए वे बोधन तथा अभिव्यक्ति के सोपानों की कल्पना करते हैं। परन्तु वे मूलभाषा पाठ को लक्ष्यभाषा पाठ से भी जोड़ते हैं, जिससे दोनों पाठों का अनुवाद-सम्बन्ध तुलना तथा व्यतिरेक के सन्दर्भ में स्पष्ट हो सके। न्यूमार्क भी बोधन के लिए विशिष्ट भाषा-सिद्धान्त प्रस्तुत करते हैं जिसमें वे शब्दार्थविज्ञान को केन्द्रीय महत्त्व का स्थान देते हैं। अपने विभिन्न लेखों में उन्होंने (1981) अपनी सैद्धान्तिक स्थापना का विवरण प्रस्तुत कियां है। एक उदाहरण के द्वारा हम उनके प्रारूप को इस प्रकार स्पष्ट कर सकते हैं :

1. मूलभाषा पाठ : Judgement has been reserved

1.1 बोधन (तथा व्याख्या) : Judgement will not be announced immediately.

2. अभिव्यक्ति (तथा पुनस्सर्जन) : निर्णय अभी नहीं सुनाया जाएगा।

2.1 लक्ष्यभाषा पाठ : निर्णय बाद में सुनाया जाएगा।

3. शब्द-प्रति-शब्द अनुवाद : निर्णय—(रख) लिया गया है—सुरक्षित।

शब्द-प्रति-शब्द अनुवाद से जहाँ दोनों भाषाओं के शब्दक्रम का अन्तर स्पष्ट होता है, वहाँ शब्दार्थ स्तर पर दोनों भाषाओं का सम्बन्ध भी प्रकट हो जाता है। हम समझ जाते हैं कि तमेमतअमक के लिए हिन्दी में 'सुरक्षित' या 'आरक्षित' सही शब्द है, परन्तु Judgement या 'निर्णय' के ऐसे सहप्रयोग में, जैसा कि उपर्युक्त वाक्य में दिखाई देता है, शब्द-प्रति-शब्द अनुवाद करना उपयुक्त न होगा। इससे यह सैद्धान्तिक मुद्दा भी स्पष्ट हो जाता है कि अनुवाद को दो भाषाओं के बीच का सम्बन्ध कहने की अपेक्षा दो विशिष्ट भाषा भेदों (और उनके प्रतीक दो विशिष्ट पाठों) के बीच का सम्बन्ध कहना अधिक उपयुक्त है, जिसमें अनुवाद की इकाई का आकार, सम्बन्धित भाषाभेद या पाठगत सन्देश की प्रकृति से निर्धारित होता है। प्रस्तुत वाक्य में सारा वाक्य ही अनुवाद की इकाई है, क्योंकि इसमें शब्दों का उपयुक्त अनुवाद अन्योन्याश्रय सम्बन्ध पर आधारित है। हम यह भी जान जाते हैं कि उपर्युक्त वाक्य का हिन्दी समाचार पत्रों में जो 'निर्णय सुरक्षित रख लिया गया है' यह अनुवाद प्रायः दिखाई देता है वह क्यों कुछ अस्वाभाविक, अनुपयुक्त तथा असम्प्रेषणीय-सा प्रतीत होता है (यह बात दूसरी है कि यही प्रयोग अब अधिक दिखाई पड़ रहा है और सामाजिक स्वीकार्यता अर्जित कर रहा है।) शब्दशः अनुवाद की उपर्युक्त प्रवृत्ति का प्रदर्शन करने वाले अनुवादों को 'अनुवादाभास' (अनुवादी भाषा) कहा जाता है।

वस्तुतः अनुवाद की प्रक्रिया में आवृत्ति का तत्त्व होता है, अर्थात् हम दो बार अनुवाद करते हैं। मूलपाठ के बोधन के लिए मूलभाषा में अनुवाद किया जाता है : No admission → admission is not allowed. इसी प्रकार लक्ष्यभाषा में सन्देश के पुनर्गठन या अभिव्यक्ति को लक्ष्यभाषा पाठ का आकार देते हुए हम लक्ष्यभाषा में उसका पुनः अनुवाद करते हैं; 'प्रवेश की अनुमति नहीं है→ अन्दर आना मना है।' इस प्रकार अन्यभाषिक अनुवाद में दोनों भाषाओं के स्तर पर समभाषिक अनुवाद की स्थिति आती है। इन्हें क्रमशः बोधनात्मक अनुवाद (डिकोडिंग ट्रांसलेशन) तथा पुनरभिव्यक्तिमूलक अनुवाद (रि-इनकोडिंग ट्रांसलेशन) कहा जा सकता है। इनमें से पहला साधन रूप है—मूलपाठ के अर्थ को स्पष्ट करने के लिए किया गया है; और दूसरा साध्य रूप है—वास्तविक अनूदित पाठ। यदि एक अभ्यस्त अनुवादक के लिए यह अर्ध-औपचारिक या अनौपचारिक रूप में होता है तो अनुवाद-प्रशिक्षणार्थी के लिए इसके औपचारिक प्रस्तुतीकरण की आवश्यकता और उपयोगिता होती है जिससे वह अनुवाद-प्रक्रिया को (अनुभवस्तर के साथ-साथ) ज्ञान के स्तर पर भी आत्मसात् कर सके।

बाथगेट का चिन्तन

बाथगेट (1980) अपने प्रारूप को संक्रियात्मक प्रारूप कहते हैं जो अनुवाद कार्य की व्यावहारिक प्रकृति से विशेष मेल खाने के साथ-साथ नाइडा और न्यूमार्क के प्रारूपों से अधिक व्यापक है। इसे लेखक ने निम्नलिखित आरेख के माध्यम से प्रस्तुत किया है :

मूलभाषा पाठ
|
समन्वयन
|
विश्लेषण
|
बोधन
|
पारिभाषिक अभिव्यक्ति
|
पुनर्गठन
|
पुनरीक्षण
|
पर्यालोचन
|
लक्ष्यभाषा पाठ

आरेख 7

इसमें सात सोपानों की कल्पना की गई है जिनमें से पर्यालोचन के सोपान को छोड़कर शेष सब में अतिव्याप्ति का अवकाश है (जो असंगत नहीं) परन्तु सैद्धान्तिक स्तर पर इनके अपेक्षाकृत स्वतन्त्र अस्तित्त्व को मान्यता प्रदान की गई है। मूलभाषा पाठ की नब्ज़ पहचानना और तदनुसार अपनी मानसिकता का मूलपाठ से तालमेल बैठाना समन्वयन है। यह सोपान मूलपाठ के सब पहलुओं की धुँधली समझ पर आधारित मानसिक तैयारी का सोपान है जो अनुवाद कार्य में प्रयुक्त होने की अभिप्रेरणा की व्याख्या करता है तथा अनुवाद की कार्यनीति के निर्धारण के लिए आवश्यक भूमिका-निर्माण का स्पष्टीकरण प्रस्तुत करता है। विश्लेषण और बोधन के सोपान पूर्ववत् हैं। पारिभाषिक अभिव्यक्तियों के अन्तर्गत बाथगेट उन अंशों को लेते हैं जो मूलपाठ के सन्देश की निष्पत्ति में अन्य अंशों की तुलना में विशेष महत्त्व के हैं और जिनके अनुवाद पर्यायों के निर्धारण में विशेष ध्यान देने की आवश्यकता है। पुनर्गठन भी पहले के ही समान है। पुनरीक्षण के अन्तर्गत अनूदित पाठ की पूरी जाँच-पड़ताल आती है। हस्तलेखन या टंकण की भूलों को दूर करने के अतिरिक्त अभिव्यक्ति में व्याकरणनिष्ठता, परिष्करण, श्रुतिमधुरता, स्पष्टता, स्वाभाविकता, उपयुक्तता, सुरुचि, तथा आधुनिक प्रयोग रूढ़ि की दृष्टि से अनूदित पाठ का आवश्यक संशोधन पुनरीक्षण है। यह कार्य प्रायः अनुवादक से भिन्न व्यक्ति, अनुवादक से यथोचित सहायता लेते हुए, करता है। यदि स्वयं अनुवादक को यह कार्य करना हो तो अनुवाद कार्य तथा पुनरीक्षण कार्य में समय का इतना व्यवधान अवश्य हो कि अनुवादक अनुवाद कार्य कालीन स्मृति के पाश से मुक्तप्राय होकर अनूदित पाठ के प्रति तटस्थ और आलोचनात्मक दृष्टि अपना सके तथा इस प्रकार अनुवादक से भिन्न पुनरीक्षक का रोल अदा कर सके। पर्यालोचन के सोपान में विषय विशेषज्ञ और अनुवादक के मध्य संवाद के द्वारा अनूदित पाठ की प्रामाणिकता की पुष्टि का प्रावधान है। जिन पाठों की विषयवस्तु प्रामाणिकता की अपेक्षा रखती है—कानून, प्रकृतिविज्ञान, समाजविज्ञान, प्रौद्योगिकी, आदि—उनमें पर्यालोचन की उपयोगिता स्पष्ट है।

एक उदाहरण के द्वारा हम बाथगेट के प्रारूप को स्पष्ट करने की चेष्टा करेंगे। मूलभाषा पाठ है किसी ट्रक पर लिखा हुआ सूचना वाक्यांश Public Carrier. इसके अनुवाद की मानसिक तैयारी करते समय हमें यह स्पष्ट होता है कि इस वाक्यांश का उद्देश्य जनता को ट्रक की उपलब्धता के बारे में एक विशिष्ट सूचना देना है। इस वाक्यांश के सन्देश में जहाँ प्रभावपरक या सम्बोधनात्मक (श्रोता केन्द्रित) प्रकार्य की सत्ता है वहाँ सूचनात्मक प्रकार्य भी इस दृष्टि से उपस्थित है कि उसका कानूनी और प्रशासनिक पक्ष है—इन दोनों दृष्टियों से ऐसे ट्रक पर कुछ प्रतिबन्ध लागू होते हैं। अतः कुल मिलाकर यह वाक्यांश सम्प्रेषण केन्द्रित प्रणाली के द्वारा अनूदित होने योग्य है। विश्लेषण के सोपान पर पश्चगामी रूपान्तरण के द्वारा हम इसका बोधनात्मक अनुवाद (शाब्दबोध) करते हुए बीजवाक्य या वाक्यांश निर्धारित करते

हैं : It carries goods of the public = Carrier of public goods. बोधन के सोपान पर यह ध्वनित होता है कि It can be hired = 'इसे भाड़े पर लिया जा सकता है।' पारिभाषिक अभिव्यक्ति के सोपान पर हम इसे कानूनी-प्रशासनिक अभिव्यक्ति के रूप में पहचानते हैं जिसके सन्देश के अनुवाद को सम्प्रेषणीय बनाते हुए हमें उसकी विशुद्धता को भी यथोचित रूप से सुरक्षित रखना है। पुनर्गठन के सोपान पर हमारे सामने इस वाक्यांश के दो अनुवाद हैं : 'लोकवाहन' (उत्तर प्रदेश में प्रचलित) और 'भाड़े का ट्रक' (बिहार में प्रचलित।) पिछले सोपानों की भूमिका पर हमारे सामने यह स्पष्ट हो जाता है कि 'लोकवाहन' में सन्देश का कानूनीपन भले सुरक्षित हो परन्तु यह सम्प्रेषण के उद्देश्य की पूर्ति नहीं कर पाता। इस अभिव्यक्ति से साधारण पढ़े-लिखे व्यक्ति को यह तुरन्त पता नहीं चलता कि 'लोकवाहन' का उसके लिए क्या उपयोग है। इसको सम्प्रेषणीय बनाने के लिए इसका पुनरभिव्यक्तिमूलक (समभाषिक) अनुवाद अपेक्षित है—'भाड़े का ट्रक'—जिससे जनता को यह स्पष्ट हो जाता है कि इस ट्रक का उसके लिए क्या उपयोग है। मूल अभिव्यक्ति इतनी छोटी तथा उसकी स्वीकृत अनुवाद 'भाड़े का ट्रक' इतना स्पष्ट है कि इसके सम्बन्ध में पुनरीक्षण तथा पर्यालोचन के सोपान अपेक्षित नहीं, ऐसा कहा जा सकता है।

निष्कर्ष

अनुवाद प्रक्रिया के विभिन्न प्रारूपों के विवेचन से निष्कर्षस्वरूप दो बातें स्पष्ट होती हैं। पहली, अनुवाद प्रक्रिया एक क्रमिक प्रक्रिया है जिसमें तीन स्थितियाँ बनती हैं—(क) अनुवादपूर्व स्थिति—अनुवाद कार्य के सन्दर्भ को समझना। किस पाठसामग्री का, किस उद्देश्य से, किस कोटि के पाठक के लिए, किस माध्यम में, अनुवाद करना है, आदि इसके अन्तर्गत हैं। (ख) अनुवाद कार्य की स्थिति—मूलभाषा पाठ का बोधन, संक्रमण, लक्ष्य भाषा में अभिव्यक्ति। (ग) अनुवादोत्तर स्थिति—अनूदित पाठ का पुनरीक्षण-सम्पादन तथा इस प्रकार अन्ततः 'सुरचित' पाठ की निष्पत्ति।

दूसरी बात यह है कि अनुवाद, मूलपाठ के बोधन तथा लक्ष्यभाषा में अभिव्यक्ति, इन दो ध्रुवों के बीच निरन्तर होते रहने वाली प्रक्रिया है जो सीधी और प्रत्यक्ष न होकर घुमावदार तथा परोक्ष है। वह मध्यवर्ती स्थिति जिसके जरिए यह प्रक्रिया सम्पन्न होती है, एक वैचारिक संज्ञानात्मक संरचना है जो मूलपाठ के बोधन (जिसके लिए आवश्यकतानुसार विश्लेषण की सहायता लेनी होती है) से निष्पन्न होती है तथा जिसमें लक्ष्यभाषागत अभिव्यक्ति के भी बीज निहित रहते हैं। यह भाषा विशेष सापेक्ष शब्दों के बन्धन से मुक्त शुद्ध अर्थमयी सत्ता है। इस मध्यवर्ती संरचना का अधिष्ठान अनुवादक का मस्तिष्क होता है। सांस्कृतिक-संरचनात्मक दृष्टि से अपेक्षाकृत निकट भाषाओं में इस वैचारिक संरचना की सत्ता की चेतना अपेक्षाकृत स्पष्ट होती है। वैचारिक स्तर पर स्थित होने के कारण

इसकी भौतिक सत्ता नहीं होती–भाषिक अभिव्यक्ति के स्तर पर यह यथातथ रूप में एक यथार्थ का रूप ग्रहण नहीं करती; यदि हम भाषिक स्तर पर इसे अभिव्यक्त भी करते हैं तो केवल सैद्धान्तिक आवश्यकता की दृष्टि से, जिसमें विश्लेषण के रूप में कुछ वाक्यों तथा वाक्यांशों का पुनर्लेखन शामिल है। परन्तु यह भी सत्य है कि यही वह संरचना है जो अनूदित होकर लक्ष्यभाषा पाठ में परिणत होती है। इस बात को इस ढंग से कहा जा सकता है कि अनुवादक मूलभाषापाठ की वैचारिक संरचना का अनुवाद करता है परन्तु अनुवाद की प्रक्रिया की यह आन्तरिक विशेषता है कि जो संरचना अन्ततोगत्वा लक्ष्य भाषा में अनूदित होती है वह है मध्यवर्ती वैचारिक संरचना जो मूलपाठ की वैचारिक संरचना के अनुवादकीय बोध से निष्पन्न है। अनुवाद प्रक्रिया के इस निरूपण से सैद्धान्तिक स्तर पर दो बातों का स्पष्टीकरण होता है। एक, मूलभाषापाठ के अनुवादकीय बोध से निष्पन्न वैचारिक संरचना ही क्योंकि लक्ष्यभाषापाठ का रूप ग्रहण करती है, अतः अनुवादक भेद से अनुवाद भेद दिखाई पड़ता है। दूसरे, उपर्युक्त वैचारिक संरचना विशिष्ट भाषा निरपेक्ष (या उभय भाषा सापेक्ष) होती है–उसमें दोनों भाषाओं (मूल तथा लक्ष्य) के माध्यम से यथासम्भव समान तथा निकटतम रूप में अभिव्यक्त होने की संभाव्यता होती है। मूलभाषापाठ का सन्देश जो अनूदित हो जाता है उसकी यह व्याख्या है।

अनुवाद प्रक्रिया की प्रकृति

अनुवाद प्रक्रिया के उपर्युक्त विवरण के आधार पर अनुवाद प्रक्रिया की प्रकृति के परस्पर सम्बद्ध तीन मूलतत्त्व निर्धारित किए जा सकते हैं : सममूल्यता, द्वन्द्वात्मकता, और अनुवाद परिवृत्ति।

सममूल्यता : अनुवाद कार्य में हम मूलभाषापाठ के लक्ष्यभाषागत पर्यायों से जिस समानता की बात करते हैं वह मूल्य (वैल्यू) की दृष्टि से होती है। यह मूल्य का तत्त्व भाषा के शब्दार्थ तथा व्याकरण के तथ्यों तक सीमित नहीं होता, अपितु प्रायः उनसे कुछ अधिक तथा भाषाप्रयोग के सन्दर्भ (आन्तरिक और बाह्य दोनों) से उद्भूत होता है। वस्तुतः यह एक पाठसंकेतीय संकल्पना है तथा सन्देश स्तर की समानता से जुड़ी है। भाषा के भाषावैज्ञानिक विश्लेषण में अर्थ के स्तर पर पर्यायता या अन्वयांतर सम्बन्ध पर आधारित होते हुए भी सममूल्यता सन्देश का गुण है जिसमें पाठ का उसकी समग्रता में ग्रहण होता है। यह अवश्य है कि सममूल्यता के निर्धारण में पाठसंकेतविज्ञान के तीन घटकों के अधिक्रम का योगदान रहता है–वाक्यस्तरीय सममूल्यता पर अर्थस्तरीय सममूल्यता को तरजीह मिलती है तथा अर्थस्तरीय सममूल्यता पर सन्दर्भस्तरीय सममूल्यता को मान्यता दी जाती है। दूसरे शब्दों में, यदि दोनों भाषाओं में वाक्यरचना के स्तर पर सममूल्यता स्थापित न हो तो अर्थस्तरीय सममूल्यता निर्धारित करनी होगी, और यदि अर्थस्तरीय सममूल्यता निर्धारित न हो सके तो सन्दर्भस्तरीय सममूल्यता को मान्यता देनी होगी। पाठ कुछ

बड़े हों तो यह पाठांश सीमित हो सकती है। यदि अपेक्षया छोटे हों तो पाठव्यापी। उदाहरण के लिए “The meeting was chaired by X” (कर्मवाच्य) के हिन्दी अनुवाद “क्ष ने बैठक की अध्यक्षता की” (कर्तृवाच्य) में सममूल्यता का निर्धारण वाक्य स्तर से ऊपर अर्थ स्तर पर हुआ है क्योंकि दोनों की वाक्यरचनाओं में वाच्य की दृष्टि से असमानता है। इसी प्रकार, What time is it? के हिन्दी अनुवाद ‘कितने बजे हैं?’ (न कि ‘समय क्या है’ जो हिन्दी का सहज प्रयोग न होकर अंग्रेज़ी का शाब्दिक अनुवाद ही अधिक प्रतीत होता है) के बीच सममूल्यता का निर्धारण अर्थस्तर से ऊपर सन्दर्भ–समय पूछना, जो एक दैनिक सामाजिक व्यवहार का सन्दर्भ है–के स्तर पर हुआ है। इस प्रकार सममूल्यता की स्थिति पाठसंकेत के संघटनात्मक पक्ष में होने के साथ-साथ सम्प्रेषणात्मक पक्ष में भी होती है जिसमें सम्प्रेषणात्मक पक्ष का स्थान संघटनात्मक पक्ष से ऊपर होता है।

सममूल्यता को पाठसंकेतीय संकल्पना मानने से व्यवहार में जो छूट मिलती है वह सम्प्रेषण की मान्यता पर आधारित अनुवाद कार्य की आवश्यकताओं को पूरा करने में समर्थ है। मूलभाषा का पाठ किस भाषाभेद (प्रयुक्ति) से सम्बन्धित है, उसका उद्दिष्ट/सम्भावित पाठक कौन है (उसका शैक्षिक-सांस्कृतिक स्तर क्या है), अनुवाद करने का उद्देश्य क्या है–इन तथ्यों के आधार पर अनुवाद सममूल्यों का निर्धारण होता है। इस प्रक्रिया में वे यदि कभी शब्दार्थगत पर्यायों तथा गठनात्मक संरचनाओं की संवादिता से कभी-कभी भिन्न हो सकते हैं, तो कुछ प्रसंगों में उनसे अभिन्न अतएव तद्रूप होने की सम्भावना से इनकार भी नहीं किया जा सकता। यह ठीक है कि भाषाएँ संरचना, शैलीय प्रतिमान आदि की दृष्टि से अंशतः असमान होती हैं और यह भी ठीक है कि वे अंशतः समान भी होती हैं; मुख्य बात यह है कि उन समान तथा असमान बिन्दुओं को पहचाना जाए। सम्प्रेषण के सन्दर्भ में समानता एक लचीली स्थिति बन जाती है। अनुवाद में मूल्यगत समानता ही उपलब्ध करनी होती है। अनुवादगत सममूल्यता लक्ष्यभाषापाठ की दृष्टि से यथासम्भव स्वाभाविक तथा मूलभाषापाठ के यथासम्भव निकटतम होती है। इसका एक उल्लेखनीय गुण है गत्यात्मकता, जिसका तात्पर्य यह है कि अनुवाद के पाठक की अनुवाद सममूल्यों के प्रति वही स्वीकार्यता है जो मूल के पाठकों की मूल की सम्बद्ध अभिव्यक्तियों के प्रति है। स्वीकार्यता या प्रतिक्रिया की यह समानता उभयपक्षीय होने से गतिशील है; यही अनुवाद सममूल्यता की गत्यात्मकता है।

द्वन्द्वात्मकता : अनुवाद का सम्बन्ध दो स्थितियों के साथ है। इसे हम द्वन्द्वात्मकता कहेंगे। यह द्वन्द्वात्मकता केवल भाषा के आयाम तक सीमित नहीं अपितु समस्त अनुवाद परिस्थिति में व्याप्त है। इसकी मूल विशेषता है सन्तुलन, सामंजस्य या समझौता। एक प्रक्रिया, सम्बन्ध, और निष्पत्ति के रूप में अनुवाद की द्वन्द्वात्मकता के विभिन्न आयामों को इस प्रकार निरूपित किया जा सकता है :

(क) अनुवाद का बाह्य सन्दर्भ

1. अनुवाद में, मूल लेखक तथा दूसरे पाठक (अनुवाद का पाठक) के बीच सम्पर्क स्थापित होता है। मूल लेखक और दूसरे पाठक के बीच देश या काल या दोनों की दृष्टि से दूरी या निकटता से द्वन्द्वात्मकता के स्वरूप में अन्तर आता है। स्थान की दृष्टि से मूल लेखक तथा पाठक दोनों ही विदेशी हो सकते हैं, स्वदेशी हो सकते हैं, या इनमें से एक विदेशी और एक स्वदेशी हो सकता है। काल की दृष्टि से दोनों अतीतकालीन हो सकते हैं, दोनों समकालीन हो सकते हैं, या लेखक अतीत का और पाठक समसामयिक हो सकता है। इन सब स्थितियों से अनुवाद प्रक्रिया प्रभावित होती है।

2. अनुवाद में, मूल लेखक और अनुवादक में सन्तुलन अपेक्षित होता है। अनुवादक को मूल लेखक की चिन्तन पद्धति और अभिव्यक्ति पद्धति के साथ अपनी चिन्तन पद्धति तथा अभिव्यक्ति पद्धति का सामंजस्य स्थापित करना होता है।

3. अनुवाद में, अनुवादक तथा अनुवाद के पाठक के बीच समझौता होता है। अनुवाद करने में अनुवादक का उद्देश्य वही हो जो अनुवाद के पाठक का अनुवाद पढ़ने में है। अनुवादक के लिए आवश्यक है कि वह अपने भाषाप्रयोग को अनुवाद के सम्भावित पाठक की बोधनक्षमता के अनुसार ढाले।

4. अनुवाद में, अनुवादक की व्यक्तिगत रुचि (अनुवाद कार्य तथा अनुवाद सामग्री दोनों की दृष्टि से) तथा उसकी व्यावसायिक आवश्यकता का समन्वय अपेक्षित है।

5. अपनी प्रकृति की दृष्टि से पूर्ण अनुवाद असम्भव है तथा अनूदित रचना मूल रचना के पूर्णतया समान नहीं हो सकती, परन्तु सामाजिक-सांस्कृतिक तथा राजनीतिक-आर्थिक दृष्टि से अनुवाद कार्य न केवल महत्त्वपूर्ण है बल्कि आवश्यक और सुसंगत भी। एक सफल अनुवाद में उक्त दोनों स्थितियों का सन्तुलन होता है।

(ख) अनुवाद का आन्तरिक सन्दर्भ

6. अनुवाद में, दो भाषाओं के बीच सम्बन्ध के परिप्रेक्ष्य में, एक ओर भाषा-संरचना (सन्दर्भरहित) तथा भाषा-प्रयोग (सन्दर्भसहित) के बीच द्वन्द्वात्मक सम्बन्ध स्पष्ट होता है तो दूसरी ओर भाषा-प्रयोग के सामान्य पक्ष और विशिष्ट पक्ष के बीच सन्तुलन की स्थिति उभरकर सामने आती है।

7. अनुवाद में, दो भाषाओं की विशिष्ट प्रयुक्तियों के दो विशिष्ट पाठों के बीच विभिन्न स्तरों और आयामों पर समायोजन अपेक्षित होता है। ये स्तर/आयाम

हैं—व्याकरणिक गठन, शब्दभण्डार के पक्ष, शब्दक्रम की व्यवस्था, सहप्रयोग, शब्दार्थ-व्यवस्था, भाषाशैली की रूढ़ियाँ, भाषा-प्रकार्य, पाठ प्रकार, साहित्यिक रूढ़ियाँ, सामाजिक-सांस्कृतिक रूढ़ियाँ।

8. गुणात्मक दृष्टि से अनुवाद में विविध प्रकार के सन्तुलन दिखाई देते हैं। किसी भी पाठ का सब स्तरों/आयामों पर पूर्ण अनुवाद असम्भव है, परन्तु सब प्रकार के पाठों का अनुवाद सम्भव है। एक सफल अनुवाद में निम्नलिखित युग्मों के घटक सन्तुलन की स्थिति में दिखाई देते हैं—विशुद्धता और सम्प्रेषणीयता, रूपनिष्ठता और प्रकार्यात्मकता, शाब्दिकता और स्वतन्त्रता, मूलनिष्ठता और सुन्दरता (रोचकता), और उद्रिक्तता तथा सामासिकता। तदनुसार सामान्य रूप से, एक सफल अनुवाद जितना सम्भव हो उतना विशुद्ध, रूपनिष्ठ, शाब्दिक, और मूलनिष्ठ होता है तथा जितना आवश्यक हो उतना सम्प्रेषणीय प्रकार्यात्मक, स्वतन्त्र, और सुन्दर (रोचक) होता है। इसी प्रकार एक सफल अनुवाद में उद्रिक्तता (सूचना की दृष्टि से मूलपाठ की अपेक्षा लम्बा होना) की प्रवृत्ति होती है परन्तु लक्ष्यभाषा प्रयोग के कौशल की दृष्टि से उसका संक्षिप्त होना वांछनीय होता है।

9. कार्यप्रणाली की दृष्टि से, क्षतिपूर्ति के नियम के अनुसार अनुवाद में मुख्यतया निम्नलिखित युग्मों के घटकों में सह-अस्तित्त्व दिखाई देता है : छूटना-जुड़ना (सूचना के स्तर पर) और आलंकारिकता-सुबोधता (अभिव्यक्ति के स्तर पर)। लक्ष्यभाषा में व्यक्त सन्देश के सौष्ठवपूर्ण पुनर्गठन के लिए मूल पाठ में से कुछ छूटना तथा लक्ष्यभाषा पाठ में कुछ जुड़ना प्रायः अवश्यम्भावी है। यदि कुछ छूटेगा तो कुछ जुड़ेगा भी; विशेष बात यह है कि न छूटने लायक यथासम्भव छूटे नहीं तथा न जुड़ने लायक जुड़े नहीं। मूलपाठ की कुछ आलंकारिक अभिव्यक्तियाँ, जैसे रूपक, अनुवाद में जब लक्ष्यभाषा में संक्रान्त नहीं हो पातीं तो अनलंकृत अभिव्यक्तियों का प्रयोग करना होता है—अलंकार की प्रभावोत्पादकता का स्थान सामान्य कथन की सुबोधता ले लेती है। यही बात विपरीत ढंग से भी हो सकती है—मूल की सुबोध अभिव्यक्ति के लिए लक्ष्यभाषा में एक अलंकृत अभिव्यक्ति का चयन कर लिया जाता है, बशर्ते वह लक्ष्यभाषा की बहुप्रचलित रूढ़ि हो जो प्रभावोत्पादक होने के साथ-साथ सुबोध भी हो।

द्वन्द्वात्मकता के विभिन्न आयामों के विवेचन से अनुवादसापेक्ष सम्प्रेषण की प्रकृति पर व्यापक प्रकाश पड़ता है। यह सन्तुलन जितना सधेगा, अनुवाद उतना ही सफल माना जाएगा।

अनुवाद परिवृत्ति : अनुवाद कार्य में अनुवाद परिवृत्ति एक अवश्यम्भावी तथा वांछनीय एवं स्वाभाविक स्थिति है। परिवृत्ति से अभिप्राय है दोनों भाषाओं के बीच विभिन्न स्तरीय संवादिता से विचलन। विचलन की दो स्थितियाँ हो सकती हैं—अनिवार्य तथा ऐच्छिक। अनिवार्य विचलन भाषा की शब्दार्थगत एवं व्याकरणिक

संरचना का अन्तरंग है; उदाहरण के लिए मराठी नपुंसक लिंग संज्ञा हिन्दी में पुल्लिंग या स्त्रीलिंग संज्ञा के रूप में ही अनूदित होगी। कुछ इसी प्रकार की बात अंग्रेज़ी वाक्य I have fever के हिन्दी अनुवाद 'मुझे बुखार है' के लिए कही जा सकती है, क्योंकि 'मैं बुखार रखता हूँ' हिन्दी में सम्प्रेषणात्मक तथ्य के रूप में स्वीकृत नहीं। ऐच्छिक विचलन में विकल्प की व्यवस्था होती है। अंग्रेज़ी The rule states that... को हिन्दी में दो रूपों में कहा जा सकता है–'इस नियम में यह व्यवस्था है कि/कहा गया है कि...' या 'यह नियम कहता है कि...।' इन दोनों में पहला वाक्य हिन्दी में जितना स्वाभाविक प्रतीत होता है, उतना दूसरा नहीं यद्यपि अब यह भी काफी प्रचलित हो गया है। एक उपयुक्त अनुवाद में पहले अनुवाद को प्राथमिकता मिलेगी। अनुवाद के सन्दर्भ में ऐच्छिक विचलन की विशेष प्रासंगिकता इस दृष्टि से है कि इससे अनुवाद को स्वाभाविक बनाने में सहायता मिलती है। अनिवार्य विचलन, तुलनात्मक-व्यतिरेकी भाषा विश्लेषण का एक सामान्य तथ्य है जिसमें अनुवाद का प्रयोग एक उपकरण के रूप में किया जाता है।

अनुवाद-परिवृत्ति की संकल्पना का सम्बन्ध प्रधान रूप से व्याकरण के साथ माना गया है (कैटफोर्ड 1965 : 73-82)। यह दो रूपों में दिखाई देता है–व्याकरणिक शब्दों की परिवृत्ति तथा व्याकरणिक कोटियों की परिवृत्ति। व्याकरणिक शब्दों की परिवृत्ति का एक उदाहरण उपर्युक्त वाक्ययुग्म में दिखाई देता है। अंग्रेज़ी का निर्धारक या निश्चयात्मक आर्टिकल the हिन्दी में (सार्वनामिक) संकेतवाचक विशेषण 'यह/इस' हो गया है यद्यपि यह अनिवार्य विचलन के अन्तर्गत है।

व्याकरणिक कोटियों की परिवृत्ति में हम दो भेदों की ओर विशेष ध्यान दे सकते हैं–व्याकरणिक कोटियों की परिवृत्ति तथा श्रेणी-परिवृत्ति। वाक्य में व्याकरणिक कोटियों की विन्यासक्रमात्मक संरचना में परिवृत्ति का उदाहरण है अंग्रेज़ी के सकर्मक वाक्य में प्रकार्यात्मक कोटियों के क्रम, कर्ता + क्रिया + कर्म, का हिन्दी में बदलकर कर्ता + कर्म + क्रिया हो जाना। यह परिवृत्ति के अनिवार्य विचलन के अन्तर्गत है; अतः व्यतिरेक है। श्रेणी परिवृत्ति का प्रसिद्ध उदाहरण है मूलभाषा के पदबन्ध का लक्ष्यभाषा में उपवाक्य हो जाना या उपवाक्य का पदबन्ध हो जाना। अंग्रेजी-हिन्दी अनुवाद में इस प्रकार की परिवृत्ति के उदाहरण प्रायः मिल जाते हैं–भारतीय रेलों में सुरक्षा सम्बन्धी निर्देशावली के अंग्रेजी पाठ का शीर्षक है : Travel safel (उपवाक्य) और हिन्दी पाठ का शीर्षक है : 'सुरक्षा के उपाय' (पदबन्ध), जबकि अंग्रेज़ी में भी एक पदबन्ध हो सकता है–Measures of safety. इसी प्रकार पदस्तरीय, विशेषतः समस्त पद के स्तर की, इकाई का एक पदबन्ध के रूप में अनूदित होने के उदाहरण भी प्रायः मिल जाते हैं–अंग्रेज़ी She is a good natured girl = 'वह अच्छे स्वभाव की लड़की है' ('वह एक सुशील लड़की है' में परिवृत्ति नहीं है।) श्रेणी परिवृत्ति के दोनों उदाहरण ऐच्छिक विचलन के अन्तर्गत हैं। अंग्रेज़ी से हिन्दी के अनुवाद के

सन्दर्भ में, विशेषतया प्रशासनिक पाठों के अनुवाद के सन्दर्भ में, पाई जाने वाली प्रमुख अनुवाद परिवृत्तियाँ निम्नलिखित हैं (सुरेश कुमार 1980 : 28) :

(1) अं. निर्जीव कर्त्ता युक्त सकर्मक संरचना = हि. अकर्मकीकृत संरचना : The rule states that...=इस नियम में यह व्यवस्था है कि...।

(2) अं. कर्मवाच्य/कर्तृवाच्य = हि. कर्तृवाच्य/कर्मवाच्य : The meeting was chaired by X = क्ष ने बैठक की अध्यक्षता की। I cannot drink milk now= मुझसे अब दूध नहीं पिया जाएगा।

(3) अं. पूर्वसर्गयुक्त/वर्तमानकालिक कृदन्त पदबन्ध = हि. उपवाक्य : (They are further requested) to issue instruction = (उनसे अनुरोध है कि) वे अनुदेश जारी करें।

(4) अं. उपवाक्य = हि. पदबन्ध : (This may be kept pending) till a decision is taken on the main file = मुख्य मिसिल पर निर्णय होने तक (इसे रोक रखिए)।

अनुवाद की पाठसंकेतविज्ञान समर्थित मान्यता के अनुसार अनुवाद परिवृत्ति की धारणा को केवल उपर्युक्त तक सीमित रखना संगत न होगा। व्याकरण पक्ष में ही, मूल से लक्ष्य में वाच्य परिवर्तन, मूल के एक वाक्य के लिए लक्ष्यभाषा में एक से अधिक वाक्यों की योजना, मूल के एक जटिल वाक्य के उपवाक्यों का अनुवाद में क्रमविपर्यय आदि भी इसके अन्तर्गत हैं। इसी प्रकार, भाषा का अर्थपक्ष और शैली का आयाम भी इसके अन्तर्गत है। नारी सौन्दर्य के वर्णन के लिए हिन्दी की साहित्यिक परम्परा में प्रचलित 'कमल' उपमान के लिए अंग्रेज़ी में 'रोज़' का प्रयोग करना, अनुवाद के सन्दर्भ में शैलीगत (सांस्कृतिक) अनुवाद परिवृत्ति का उदाहरण है। वस्तुतः अनुवाद परिवृत्ति की संकल्पना अनुवाद विश्लेषण की एक समर्थ युक्ति है जिसके द्वारा अनुवाद-प्रक्रिया की व्यापक सन्दर्भ में व्याख्या की जा सकती है। इस संकल्पना को पाठ संरचना की संकल्पना के अनुसार एक ऐसे माडल के रूप में प्रस्तुत किया जा सकता है जिसके विभिन्न सोपानों को एक लचीले अधिक्रम में संयोजित दिखाया जा सकता है :

पाठ का गुणात्मक पक्ष	=	(सौन्दर्यात्मक, बौद्धिक आदि)
↑		
पाठ की विधा	=	(गद्य-पद्य, साहित्यिक-साहित्येतर, कहानी-कविता-नाटक-निबन्ध आदि)
↑		
पाठ प्रकार	=	(अभिव्यंजक, विवरणात्मक, विचारात्मक, निर्देशात्मक, वर्णनात्मक आदि)
↑		
पाठ भाषा प्रकार्य	=	(अभिव्यंजक, सूचनात्मक, प्रभावपरक, तथा काव्यात्मक, निरूपक, सामाजिक सम्बोधपरक)
↑		

पाठगत गठन	=	(विषयवस्तु और ब्यौरे, या कथावस्तु पात्रथीम आदि)
↑		
पाठगत बुनावट	=	(बिम्ब, बल, अलंकृत अभिव्यक्तियाँ आदि)
↑		
पाठगत व्याकरणिक संरचना तथा शब्दार्थव्यवस्था	=	(वाक्य-उपवाक्य आदि, तथा सामान्यविशेष, मूर्त-अमूर्त, पर्यायता आवृत्ति आदि)

अनुवाद के सन्दर्भ में एक ही सोपान की विविध कोटियों में मात्रा या गुण या दोनों दृष्टियों से परिवृत्ति हो सकती है। उदाहरण के लिए, मूल गद्य को लक्ष्यभाषा में पद्य में या इसके विपरीत अनूदित किया जा सकता है; मूल में बल की अधिकता अनुवाद में कम हो सकती है और इस क्षति की पूर्ति के लिए अनुवादक किसी अलंकृत अभिव्यक्ति का प्रयोग कर सकता है, इत्यादि।

इस सन्दर्भ में पापोविच (1976) के योगदान की चर्चा करना उपयुक्त होगा। उन्होंने अनुवाद-परिवृत्ति के निम्नलिखित पाँच प्रकारों की चर्चा की है :

(क) संरचनात्मक परिवृत्ति : दो भाषाओं की संरचना, शैली आदि में मौलिक भिन्नता होने के कारण होने वाली अनिवार्य परिवृत्ति।

(ख) विधा परिवृत्ति : साहित्यिक विधाओं में होने वाली अनिवार्य परिवृत्ति; जैसे अंग्रेज़ी सानेट या ओड का हिन्दी में सामान्य प्रगीत के रूप में अनुवाद।

(ग) व्यक्तिनिष्ठ परिवृत्ति : अनुवादक की अपनी शैली के वैशिष्ट्य से निष्पन्न, तथा फलस्वरूप मूलपाठ की शैली से विचलित, परिवृत्ति।

(घ) निषेधात्मक परिवृत्ति : मूलभाषा की संरचना से अपरिचय या न्यून परिचय के कारण मूल कथ्य में परिवर्तन।

(ङ) सूचनापरक परिवृत्ति : मूल के सूचनापरक बिन्दुओं को किन्हीं कारणों से अनुवाद में परिवर्तित कर देना।

हमने अनुवाद प्रक्रिया की प्रकृति के अन्तर्गत उपर्युक्त तीन तत्त्वों की जो चर्चा की है वह प्रक्रिया के स्वरूप को समझने में सुविधा की दृष्टि से की है। ये तीन तत्त्व वस्तुतः प्रक्रिया रूपी एकान्वित सत्ता के घटक न होकर विविध दृष्टियों से प्रत्यक्ष होने वाले तीन पहलू मात्र हैं जिनमें परस्पर सम्बद्धता के साथ-साथ अन्योन्यात्मकता भी है। हम इनमें से किसी एक के आधार पर या किसी एक को केन्द्र में रखकर और शेष को उसके अधीन बनाकर अनुवाद प्रक्रिया की प्रकृति की व्याख्या कर सकते हैं। इसके अतिरिक्त, इन आयामों को अनुवाद प्रक्रिया के तीन गुणात्मक पहलुओं के रूप में भी देखा जा सकता है। सममूल्यता एक अनुकूल गुण है जो लक्ष्य है, अनुवाद-परिवृत्ति ऋणात्मक है जो अपरिहार्य है परन्तु इस दृष्टि से वांछनीय है कि इससे सममूल्यता की निष्पत्ति में सहायता पहुँचती है। द्वन्द्वात्मकता को एक

संतुलनकारी मध्यस्थ पक्ष के रूप में देखा जा सकता है जिसमें पूर्वोक्त दोनों का सतही अन्तर अप्रासंगिक हो जाता है।

प्रसंगतः यह निर्देश करना उचित होगा कि कुछ विद्वानों ने अनुवाद प्रक्रिया की प्रवृत्ति के स्पष्टीकरण के लिए 'अर्थहानि' की संकल्पना प्रस्तुत की जो हमारी अनुवाद-परिवृत्ति की संकल्पना में अर्थ-परिवृत्ति के समकक्ष है। अनुवाद में अर्थहानि सामान्यतया अवश्यम्भावी है। इसे नापने के लिए जिस मापनी का प्रयोग किया जाता है इसके दो ध्रुव बिन्दु हैं–अधिकानुवाद और न्यूनानुवाद। अधिकानुवाद से तात्पर्य है अपेक्षित से अधिक अन्तर हो जाना तथा न्यूनानुवाद से तात्पर्य है अपेक्षित से कम अन्तर होना। अंग्रेज़ी Nephew के लिए हिन्दी में दो शब्द 'भतीजा' और 'भानजा' उपलब्ध होना, अंग्रेज़ी-हिन्दी अनुवाद के सन्दर्भ में, अधिकानुवाद के उदाहरण हैं तथा हिन्दी 'भतीजा' और 'भानजा' के लिए अंग्रेज़ी में एक ही शब्द Nephew उपलब्ध होना, हिन्दी-अंग्रेज़ी अनुवाद के सन्दर्भ में, न्यूनानुवाद का उदाहरण है।

इसी स्थिति को अधिक सरल शब्दावली से प्रस्तुत करते हुए अर्थयोग, अर्थहानि तथा अर्थान्तरण की तीन-सूत्री मापनी भी प्रस्तावित की गई है। इसमें अर्थयोग है अवांछित अर्थच्छाया का जुड़ जाना, अर्थहानि है वांछित अर्थच्छाया का छूट जाना, तथा अर्थान्तरण का अर्थ है अर्थच्छाया के स्वरूप में परिवर्तन। सुविधानुसार इन दोनों प्रारूपों का भी यथायोग्य उपयोग किया जा सकता है।

अनुवाद का पाठक

अनुवाद-सम्बन्धी चिन्तन में पाठक का महत्त्वपूर्ण स्थान है, तथा सैद्धान्तिक धरातल पर पाठक सम्बन्धी प्रश्न अनुवाद प्रक्रिया का महत्त्वपूर्ण पक्ष है।

अनुवादक अनुवाद क्यों करता है, इसके पीछे दो प्रेरणाएँ काम करती हैं–आवश्यकता और रुचि। आवश्यकता मुख्य रूप से पाठकगत प्रेरणा है और रुचि का सम्बन्ध अनुवादक के साथ है। पाठक की आवश्यकता की पूर्ति के लिए अनुवाद किया जाता है, जिसमें पाठक का महत्त्व प्रत्यक्ष है। यही कारण है कि पाठक कौन है (उसका शैक्षिक-सांस्कृतिक स्तर क्या है) और उसे किसलिए अनुवाद की आवश्यकता है–इन सबके आधार पर अनुवाद की कार्यनीति तैयार की जाती है। जब अनुवादक अपनी रुचि से अनुवाद करता है तब पाठक का महत्त्व परोक्ष हो जाता है; वह पूर्णतया तिरोहित नहीं होता। इस स्थिति के आधार पर सेवरी (1968 : 58-59) ने पाठकों के चार वर्ग निर्धारित किए : (1) मूलभाषा से अनभिज्ञ पाठक, जो अपनी उत्कण्ठा या जानकारी की आवश्यकता की पूर्ति के लिए अनुवाद पढ़ता है; (2) अनुवाद की लक्ष्यभाषा सीखने वाला छात्र, जो अनुवाद की सहायता से मूलभाषा के साहित्य को पढ़ना चाहता है; (3) वह पाठक जिसने पहले मूलभाषा सीखी थी परन्तु अनभ्यास के कारण उसे अब कुछ भूल गया है और अनुवाद के

माध्यम से मूलभाषा के साथ अपने सम्पर्क को पुनरुज्जीवित करना चाहता है जिससे वह मूलभाषा में रचनाओं का आस्वाद कर सके; (4) विद्वान् पाठक जो लक्ष्यभाषा तथा मूलभाषा दोनों से परिचित हैं, और अपने बौद्धिक सन्तोष एवं विषय सम्बन्धी सिद्धान्त चिन्तन को पुष्ट करने के लिए या अनुवाद शिक्षण के लिए अनुवाद-विश्लेषण तथा समीक्षा के कार्य में प्रवृत्त होता है।

नाइडा ने उपर्युक्त प्रश्न को सम्प्रेषण सिद्धान्त के ढाँचे में देखा है। सम्प्रेषण को लक्ष्य मानकर वे पाठकों की तीन श्रेणियाँ निर्धारित करते हैं : (1) मूल भाषा का पाठक जो समसामयिक भी हो सकता है, अतीतकालीन भी; यह एक भाषा भाषी होता है--केवल मूलभाषा जानता है; इसे 'पहला पाठक' कहा है। (2) लक्ष्यभाषा का पाठक, जो केवल समसामयिक होता है। यह भी एक भाषा भाषी होता है--केवल लक्ष्यभाषा जानता है; तथा मूलभाषा से अनभिज्ञ होने के कारण ही अनुवाद का सहारा लेता है; इसे 'दूसरा पाठक' कहते हैं। (3) दोनों भाषाओं का पाठक, जो वस्तुतः अनुवादक या/और अनुवाद का शिक्षक या समीक्षक होता है। अनुवादक के समान यह भी द्विभाषी होता है, और अनुवाद की स्वीकार्यता, उपयुक्तता, और सफलता की परीक्षा करने के लिए अनुवाद पढ़ता है। इसे 'तीसरा पाठक' कहते हैं। पहले पाठक का सम्बन्ध मूलभाषा पाठ (सोर्सटेक्स्ट) के साथ होता है, दूसरे का लक्ष्यभाषा पाठ (टार्गेट टेक्स्ट) के साथ, और तीसरे का उपर्युक्त दोनों के अलावा निरूपक भाषा पाठ (मेटाटेक्स्ट) के साथ जिसमें वह विश्लेषण की प्रक्रिया और उसके परिणामों का वर्णन करता है। इनमें से पहले दो पाठ भाषिक कोड की दृष्टि से एक-दूसरे से भिन्न होते हैं तो तीसरा शेष दोनों से प्रकार्य की दृष्टि से भिन्न होता है, यद्यपि कोड की दृष्टि से वह उन दोनों में से किसी एक या दोनों से अभिन्न हो सकता है (जैसे अंग्रेज़ी-हिन्दी अनुवाद की समीक्षा हिन्दी या अंग्रेज़ी में प्रस्तुत करना) या तीसरे कोड में व्यक्त होकर उनसे भिन्न भी हो सकता है (उक्त समीक्षा के लिए अंग्रेज़ी और हिन्दी से भिन्न भाषा का प्रयोग करना।)

अनुवाद का उद्दिष्ट पाठक दूसरा पाठक ही है जिसे हम 'अनुपाठक' कह सकते हैं। पहले पाठक का अनुवाद से कोई सम्बन्ध नहीं और तीसरे पाठक के लिए अनुवाद का महत्त्व केवल साधन की दृष्टि से है। साध्य की दृष्टि से अनुवाद का उपयोग करने वाला पाठक दूसरा पाठक ही है। यदि हम सेवरी द्वारा प्रतिपादित दूसरे और तीसरे वर्ग के पाठकों को नाइडा की योजना के दूसरे पाठक के उपभेदों को स्वीकार कर लें तो हम इस प्रश्न पर अधिक खुले ढंग से चर्चा कर सकते हैं। तदनुसार मूलभाषा से अनभिज्ञ व्यक्ति, अनुवाद की लक्ष्यभाषा को सीखने वाला छात्र, तथा मूलभाषा का विगत अध्येता ये तीन अनुवाद के उद्दिष्ट पाठक हैं, जिनकी आवश्यकता तथा क्षमता को देखकर अनुवादक अनुवाद की तथा अनुवाद-समीक्षक अनुवाद-समीक्षा की कार्यनीति निश्चित करता है।

अनुवाद : कला-कौशल-विज्ञान

अनुवाद प्रक्रिया के सम्बन्ध में सैद्धान्तिक स्तर पर विचारणीय बिन्दु है, अनुवाद कला के रूप में, अनुवाद कौशल (या शिल्प) के रूप में, या/और अनुवाद विज्ञान के रूप में। इस चिन्तन के दो चरण हैं : (क) विकल्प दृष्टि और (ख) पूरक दृष्टि।

विकल्प दृष्टि के अनुसार, समस्या का रूप होगा, 'अनुवाद कला है या कौशल है या विज्ञान है?' यह भेदवादी दृष्टि विषयवस्तु के अन्तर से अनुशासित प्रयुक्ति भेद की संकल्पना पर आधारित है तथा परम्परागत है। साहित्यिक रचनाओं के अनुवादक अनुवाद को कला मानते हैं, अन्य भाषा के शिक्षक उसे कौशल समझते हैं, तथा वैज्ञानिक एवं प्रौद्योगिकीय विषयों के अनुवादक अनुवाद को विज्ञान मानते हैं।

'अनुवाद कला है' के अनुसार, अनुवाद के लिए उसी प्रकार सहज प्रतिभा तथा अन्तर्ज्ञान अपेक्षित है जिस प्रकार सर्जनात्मक लेखन के लिए। यह धारणा साहित्यिक कृतियों की प्रकृति के विषय में परम्परागत चिन्तन के अनुकूल है जिसके अनुसार कवि 'उत्पन्न' होते हैं, 'निर्मित' नहीं किए जाते।

'अनुवाद कौशल है' के अनुसार अनुवाद एक अभ्यासमूलक संज्ञानात्मक कौशल है जिसे परिश्रम और प्रशिक्षण से विकसित किया जा सकता है। अनुवाद प्रक्रिया में सतही और दृश्यमान स्तर पर प्रभावित होने वाला पक्ष भाषा ही है। यह अनुवाद-व्यापार का प्रवर्तन बिन्दु है तथा यही विराम बिन्दु भी है। यह तथ्य अनुवाद कार्य की प्रकृति का अन्तरंग है कि इसमें अनुवादक का अन्य भाषा ज्ञान–बोधन तथा अभिव्यक्ति–पुष्ट होता चलता है। अन्य भाषा अधिगम तथा अनुवाद कार्य के सम्बन्ध की विशिष्ट प्रकृति को देखते हुए यदि एक ओर भाषाशिक्षक भाषा सिखाने के लिए अनुवाद विधि का प्रयोग करता है तो वहीं अनुवाद शिक्षक भाषाशिक्षण भी करता चलता है–दोनों व्यापारों का क्रम से साधन तथा साध्य बनना स्पष्ट ही है। शिक्षार्थी अनुवाद विधि से भाषा सीखते-सीखते गौण रूप में अनुवाद करना भी सीखता जाता है। यदि भाषा (व्यवहार) एक कौशल है तो अनुवाद (कार्य) भी एक कौशल है।

'अनुवाद विज्ञान है' के अनुसार अनुवाद एक वैज्ञानिक प्रक्रिया है। इसमें अनुवाद पर्यायों का निर्धारण भाषाबाह्य के यथार्थ के ज्ञान के माध्यम से प्राक्कल्पना तथा परीक्षण पुष्टि के द्वारा किया जाता है। यह ऐसी प्रक्रिया है जिसमें काफ़ी सामान्यता होती है तथा भावी पर्यायों का पूर्वकथन भी किया जा सकता है क्योंकि वे अपरिवर्तनीय होते हैं। विज्ञान तथा प्रौद्योगिकीय विषयों के अनुवादों पर यह बात काफ़ी सीमा तक लागू भी होती है। इन विषयों का स्वरूप अपनी प्रकृति से तथ्यात्मक तथा परीक्षणीय होता है, अतः इनका अनुवाद भी व्यवस्थित और क्रमबद्ध रीति से होता है। इन विषयों के पाठों की मशीन अनुवाद के लिए उपयुक्तता भी इस धारणा के अनुरूप है।

पूरक दृष्टि के अनुसार, समस्या का स्वरूप होगा 'अनुवाद कला भी है, कौशल भी है, विज्ञान भी है।' यह पूरकतावादी दृष्टि पाठसंकेतविज्ञान की मान्यता पर आधारित है जिसमें एक सामान्य पाठ सिद्धान्त की कल्पना प्रस्तुत की गई है। एक पाठ स्पष्टतया लेखक प्रसूत वस्तु है जिसके विषय में सबसे आधारभूत तथा पहला विचारणीय बिन्दु है पाठ का सुरचित या अपरचित (शिथिल) होना। उसकी विषयवस्तु और विधा क्या है, वह किसके लिए लिखा गया है, वह क्यों लिखा गया है, आदि का स्थान इसके बाद आता है। अनुवाद सिद्धान्त का सम्बन्ध पाठक सम्बन्धो इसी मौलिक धारणा—सुरचित या अपरचित होना—से है तथा इसी के सन्दर्भ में हम प्रस्तुत प्रश्न पर विचार करेंगे, जिसके लिए हम सैद्धान्तिक आवश्यकता के अनुसार सुरचित पाठ को 'फ़्रेम आफ़ रेफ़रेंस' मानकर चलेंगे। तदनुसार अनूदित पाठ एक सुरचित पाठ है जिसकी निष्पत्ति में वैकल्पिक अनुवाद-पर्यायों में से उपयुक्त (सन्दर्भानुकूल) के चयन का निर्णय एक आधारभूत बात है। परन्तु सर्वत्र चयन की समस्या नहीं होती। सब प्रकार के पाठों में एक अंश ऐसा होता है जो सन्दर्भ बदलने पर भी स्थिर रहता है—व्यक्तिवाचक शब्द, पारिभाषिक शब्द, व्याकरणिक शब्द आदि। इनका अनुवाद भी परिवर्तनशील नहीं होता। इनसे भिन्न भाषायी अंशों का अनुवाद सन्दर्भ की परिवर्तनशीलता से प्रभावित होता है तथा उसमें चयन एवं विन्यास के निर्णय का अवकाश है। प्रायः प्रत्येक पाठ में ये दोनों अंश संश्लिष्ट रूप में रहते हैं और वही स्थिति अनूदित पाठ में बनी रहती है। इसी के साथ यह भी सत्य है कि अनुवादक सतत अभ्यास के द्वारा ही सुरचित पाठ की निष्पत्ति कर पाता है। इस प्रकार सुरचित अनूदित पाठ की निष्पत्ति में, परिवर्तनशील भाषापक्ष में उपयुक्त अनुवाद पर्याय की चयन प्रक्रिया का अभ्यास कौशल है, तथा अपरिवर्तनशील भाषापक्ष विज्ञान है। ये तीनों इतने संश्लिष्ट हैं कि इनके पार्थक्य की अनुभूति प्रायः नहीं हो पाती।

इस सम्बन्ध में उल्लेखनीय बातें तीन हैं : (1) अनुवाद कला है—यह सर्जनात्मक तथा अनुकरणमूलक के मध्य की कला है; यह अनुसर्जनात्मक कला है। अनुवाद कौशल है—यह संज्ञानात्मक कौशल है जो अभ्यासमूलक कौशल से विकसित होता है। अनुवाद विज्ञान है—प्रत्येक पाठ में एक ऐसा अंश होता है जो सन्दर्भ की परिवर्तनशीलता से प्रभावित नहीं होता। उसके अनुवाद-पर्याय निश्चित होते हैं तथा उनका पूर्वकथन किया जा सकता है। (2) इन तीनों में एक अधिक्रम भी माना जा सकता है। निम्नतम बिन्दु से चलें तो अनुवाद प्रक्रिया में पाठ के उस अंश को अनुवाद का विज्ञान कहा जाएगा जिसके अनुवाद-पर्याय सन्दर्भ बदल जाने पर भी नहीं बदलते। पारिभाषिक शब्द, व्याकरणिक शब्द, व्यक्तिवाचक संज्ञाएँ आदि इसी प्रकार की अभिव्यक्तियाँ हैं। इसके बावजूद भी अनुवाद एक अभ्यासमूलक तथा उससे व्युत्पन्न संज्ञानात्मक कौशल है क्योंकि अपरिवर्तनीय अभिव्यक्तियों से भिन्न

भाषा सामग्री में चयन तथा विन्यास की विशेषता, अतएव सन्दर्भानुकूल परिवर्तनशीलता, होती है जिस पर अधिकार करना अपेक्षित है। अन्ततोगत्वा, अनुवाद कला है, क्योंकि लक्ष्यभाषा में उपयुक्त, प्रभावशाली तथा विशद अभिव्यक्ति ही अनुवाद का अन्तिम रूप है। (३) एक सीमा तक तथा कुछ शिथिल रूप में कहा जा सकता है कि अनुवाद प्रक्रिया का प्रथम सोपान, विश्लेषण-बोधन, विज्ञान है; दूसरा सोपान, संक्रमण, कौशल है; तथा तीसरा सोपान, पुनर्गठन-अभिव्यक्ति, कला है।

उपर्युक्त विवेचन से यह स्पष्ट हो जाता है कि इस सम्बन्ध में विकल्पवादी दृष्टिकोण की तुलना में पूरकतावादी दृष्टि मान्य है।

5

अनुवाद के प्रकार

अनुवाद के प्रकारों की चर्चा अनुवाद-विषयक चर्चा का एक आवश्यक पक्ष है। अतः अनुवाद के प्रकारों की नामावली को अनुवाद सिद्धान्त की निरूपक भाषा का अन्तरंग समझना चाहिए, जिसकी सहायता से अनूदित पाठों तथा अनुवाद प्रणालियों की विविधता का निर्देश किया जाता है। इससे यह भी स्पष्ट हो जाता है कि अनुवाद के प्रकार जहाँ एक ओर अनुवाद प्रणालियों के प्रकार हैं वहाँ दूसरी ओर अनूदित पाठों के भी प्रकार हैं। यह स्थिति वस्तुतः दोनों के बीच विशिष्ट सम्बन्ध की द्योतक है। एक विशिष्ट प्रणाली से अनुवाद करने पर एक विशिष्ट प्रकार का अनूदित पाठ निष्पन्न होता है। जैसे, शाब्दिक अनुवाद प्रणाली से निष्पन्न पाठ को शाब्दिक अनुवाद कहा जाएगा। परन्तु सर्वत्र ऐसा नहीं है। अनुवाद के प्रकारों में कुछ नाम ऐसे भी हैं जो अनूदित पाठों का ही प्रधान रूप से निर्देश करते हैं। यह अन्तर अनुवाद के प्रकारों की चर्चा के पाठगत सन्दर्भ से यथास्थान स्पष्ट हो जाएगा। निरूपण की सुविधा के अतिरिक्त वर्गीकरण का एक अन्य प्रयोजन है स्पष्टीकरण। अनूदित पाठों तथा अनुवाद प्रणालियों के विविध प्रकारों के बीच यथासम्भव स्पष्ट विभाजक रेखा खींचने में 'लेबल' सहायक होते हैं जिससे अनुवाद विषयक चर्चा की भाषा (निरूपक भाषा) में विशदता भी आती है।

अनुवाद की बहुपक्षीयता के अनुरूप अनुवाद के वर्गीकरण के भी अनेक आधार हैं जिन्हें तीन शीर्षकों में रखा जा सकता है : भाषाकेन्द्रित, भाषाबाह्य, तथा मिश्रित। इनमें भाषाकेन्द्रित आधार पर वर्गीकृत अनुवाद के प्रकारों को मुख्य तथा शेष को गौण समझा जाता है।

भाषाबाह्य अनुवाद प्रकार

इस वर्ग में दो अनुवाद प्रकार आते हैं : (1) पाठ के आकार की दृष्टि से—पूर्ण तथा आंशिक। मूलभाषा पाठ के प्रत्येक अंश का अनुवाद हो जाने पर अनूदित पाठ को

पूर्ण अनुवाद कहते हैं। यदि मूल के कुछ अंश अनूदित न हों तो निष्पन्न पाठ को आंशिक (अपूर्ण) अनुवाद कहा जाता है। (2) अनुवाद के अभिकर्त्ता की दृष्टि से—मानव अनुवाद और मशीन अनुवाद। मानव अनुवाद में अनुवाद की सम्पूर्ण प्रक्रिया—बोधन, संक्रमण, तथा अभिव्यक्ति—मानव अनुवादक द्वारा सम्पादित होती है। इसमें भी दो स्थितियाँ होती हैं—एकाकी मानव अनुवाद तथा सहयोगात्मक मानव अनुवाद। एकाकी प्रकार में अनुवाद की सम्पूर्ण प्रक्रिया एक ही व्यक्ति पूरी करता है। सहयोगात्मक में प्रायः दो व्यक्ति मिलकर काम करते हैं। इसमें एक भाषाविशेषज्ञ (वस्तुतः शैलीकार) होता है, दूसरा विषयविशेषज्ञ। सहयोग की स्थिति मूलभाषा पाठ के बोधन के सोपान पर ही विशेष रूप से होती है। अभिव्यक्ति तथा अन्त में सम्पादन का काम एक ही व्यक्ति, भाषाविशेषज्ञ, करता है और उसी का मुख्य दायित्व भी माना जाता है। विज्ञान तथा प्रौद्योगिकी सम्बन्धी लेखन में सहयोगात्मक अनुवाद का प्रचलन है। बाइबिल के अनुवाद भी सहयोगात्मक रीति से हुए हैं; एक में तो चालीस तक व्यक्तियों ने मिलकर कार्य किया है।

मशीनी अनुवाद कम्प्यूटर के द्वारा होता है। कम्प्यूटरों में निरन्तर सुधार होने से मशीनी अनुवाद की तकनीक में भी सुधार हो रहा है, तथा अधिकाधिक कार्य कम्प्यूटर द्वारा किए जा रहे हैं। अतः मशीनी अनुवाद का तथ्यपूर्ण एवं वास्तविक परिचय इस बात पर निर्भर है कि हम किस पीढ़ी (दूसरी पीढ़ी (1959-65), तीसरी पीढ़ी (1965-71)—सेकण्ड जनरेशन, थर्ड जनरेशन, आदि) के कम्प्यूटर द्वारा मशीनी अनुवाद किए जाने का परिचय प्राप्त कर रहे हैं। तथापि सामान्य रूप से कहा जा सकता है कि इसमें कुल चार सोपान होते हैं—(क) दोनों भाषाओं के वाक्यपरक तथा अर्थपरक तुलनात्मक विश्लेषण पर आधारित द्विभाषिक शब्दावली तैयार करना; यह काम भाषाविज्ञानी (अनुवादक) करता है जो प्रोग्रामिंग नहीं जानता; (ख) द्विभाषिक शब्दावली की कम्प्यूटर में प्रोग्रामिंग; यह काम प्रोग्रामर करता है जो भाषाविज्ञान से प्रायः परिचित नहीं होता; (ग) कम्प्यूटर द्वारा अनुवाद-पर्यायों की आपूर्ति; और (घ) अनूदित पाठ का सम्पादन। इसमें (क), (ख) तथा (घ) का कर्त्ता मानव होता है (परन्तु उसे मानव अनुवादक न कहना ही उपयुक्त होगा), और (ग) का कर्त्ता कम्प्यूटर; इसीलिए इसे मशीनी अनुवाद कहते हैं। मशीनी अनुवाद के लाभ हैं अनुवाद में विशुद्धता तथा एकरूपता, और निष्पादन में त्वरा तथा परिमाण की विपुलता। बड़ी मात्रा में त्वरित गति से तीन लाख शब्द प्रति घण्टा विशुद्ध और एकरूप अनुवाद चौथी पीढ़ी (1971-81) के कम्प्यूटरों से होता रहा है। विज्ञान तथा प्रौद्योगिकी के प्रारम्भिक स्तरीय लेखन, जिनमें व्याकरणिक संरचना तथा शब्दकोश की विविधता तथा विस्तार को नियन्त्रित किया जा सके तथा अन्य ऐसे लेखन जिनके अनुवाद पर्याय विकल्पनशील नहीं होते (जैसे, सामाजिक अभिव्यक्तियाँ—'कैसे हैं?', 'कितने बजे हैं?', 'नमस्कार', 'मौसम बढ़िया है', इत्यादि), मशीनी अनुवाद के

उपयुक्त माने जाते हैं। कम्प्यूटर की यान्त्रिक सीमाओं से अनुशासित भाषा के भाषावैज्ञानिक विश्लेषण के प्रारूप का निर्धारण भाषावैज्ञानिक अनुसन्धान की दृष्टि से एक रोचक और उर्वर क्षेत्र हो सकता है और भाषाविज्ञानी इस दिशा में काम भी कर रहे हैं, परन्तु मशीनी अनुवाद की व्यावहारिक सम्भावनाएँ निम्नलिखित दो कारणों से सीमित मानी गई हैं—(1) यदि अनुवाद की सामग्री आकार की दृष्टि से विपुल नहीं तो मशीनी अनुवाद महँगा पड़ता है, और (2) उन भाषाभेदों के अनुवाद की सुविधा कम्प्यूटर में सामान्यतया नहीं हो पाती जिनकी अभिव्यक्तियों में भाषागत तथा उससे अधिक भाषाबाह्य सामाजिक-सांस्कृतिक सन्दर्भों के कारण अर्थसम्बन्धी विकल्पनशीलता की मात्रा अधिक होती है, क्योंकि इसमें एक ओर तो भाषाविज्ञानी तथा प्रोग्रामर का काम बहुत बढ़ जाता है तथा दूसरी ओर ऐसी सामग्री को इतनी बड़ी मात्रा में अनूदित करने की व्यावहारिक आवश्यकता नहीं होती जिससे वह आर्थिक दृष्टि से अलाभप्रद न हो। प्रायः सुरक्षा कार्य से सम्बन्धित विज्ञान और प्रौद्योगिकी के लेखनों का बड़ी मात्रा में विशुद्ध तथा एकरूप अनुवाद करने के लिए कम्प्यूटरों का प्रयोग हो रहा है, वह भी विशेष रूप से आर्थिक-वैज्ञानिक दृष्टि से विकसित देशों द्वारा। (विशिष्ट विवरण के लिए देखें, ब्रिसलिन 1976 में संकलित पीटर टोमा का लेख, 247-60)

कम्प्यूटर विज्ञान में विगत दो दशकों में तेजी से प्रगति हुई है। इसके फलस्वरूप 1981 से कतिपय सीमाओं के होते हुए भी मशीन-समर्थित (कंम्प्यूटर साधित) अनुवाद के क्षेत्र में भी काफी प्रगति हुई है। अनेक आधारभूत मुद्दे स्पष्ट हुए हैं तथा अनुवाद योग्य सामग्री की परिधि का विस्तार हुआ है। (विवरण के लिए, नगेन्द्र (सं.) 1993 : लेख सं. 37, 38)

मशीनी अनुवाद प्रणाली की जटिलता के मुख्य स्रोत हैं मूलभाषा तथा लक्ष्यभाषा के व्याकरणिक स्तर, भाषिक पक्ष, और शब्दावली। इसलिए सजात (समान) भाषाओं, जैसे हिन्दी-मराठी, के लिए जो विधि प्रयुक्त होगी वह असमान भाषाओं, जैसे हिन्दी-अंग्रेज़ी, के लिए प्रयुक्त विधि से भिन्न होगी। यही कारण है कि सजात भाषाओं में अनुवाद के लिए एक मध्यवर्ती भाषा का विकास कर उसका प्रयोग किया जा सकता है। भारतीय आर्यभाषाओं (सजात भाषाओं) में परस्पर अनुवाद के लिए मध्यवर्ती भाषा के रूप में आइआइटी कानपुर में संस्कृत का कम्प्यूटरोचित विकास इसी दिशा में एक प्रयास है।

मशीनी अनुवाद की सीमित सफलता का मुख्य कारण यह रहा कि ऐसी तकनीकें उपलब्ध नहीं थी जिसकी सहायता से अर्थगत तथा सन्दर्भगत संदिग्धताओं को समझा जा सके। किन्तु अब यान्त्रिक बुद्धिमत्ता (आर्टिफ़िशियल इंटेलिजेन्स) के अन्तर्गत विकसित ज्ञान-निरूपण (नॉलेज रिप्रेज़ेंटेशन) की विधियों में एक विधि, संकल्पनात्मक निर्भरता (कन्सेप्चुअल डिपेंडेन्सी) से वाक्यपरक, अर्थपरक और

सन्दर्भपरक संदिग्धताओं के अलावा मुहावरेदार अभिव्यक्तियों की समस्याओं को भी सुलझाया जा सकता है।

"मशीनी अनुवाद प्रणाली के मुख्य उपादान हैं—पूर्व संसाधित्र, पदनिरूपक (पार्सर) और शाब्दिक विश्लेषक, शब्दसंचय, क्रियापदबन्धं विश्लेषक, अनुवादक और जनित्र। सर्वप्रथम पूर्व संसाधित्र मूलभाषा पाठ के वाक्यों का विश्लेषण करता है ताकि यह सुनिश्चित किया जा सके कि निविष्ट वाक्य सही है या नहीं। इसका दूसरा कार्य है जटिल वाक्यों को सरल वाक्यों में बदलना। यदि मध्यवर्ती भाषा की विधि अपनाई गई है तो पूर्व संसाधित्र, निविष्ट वाक्यों की वाक्य संरचना को सन्दर्भ संरचना में बदल देता है। पदनिरूपक मूलभाषा के व्याकरण के आधार पर निविष्ट वाक्यों की पदसंरचना करता है और फिर व्याकरणिक दृष्टि से सही और गलत वाक्यों का भी पता लगाता है, और फिर शाब्दिक तत्त्वों की खोज करके व्याकरणिक दृष्टि से सही वाक्यों का पदनिरूपक वृक्ष बना देता है। पदनिरूपक वृक्ष, मूलभाषा के वाक्य की वाक्यपरक और शब्दपरक संदिग्धताओं को बहुत हद तक कम कर देता है।

शाब्दिक विश्लेषक मूलभाषा के पदनिरूपण के लिए आवश्यक शाब्दिक तत्त्वों का विश्लेषण करता है। अनुवाद के लिए लक्ष्यभाषा के पर्यायों के साथ उनका मिलान भी करता है। शब्दसंचय (डाटाबेस फॉर लेक्सिकॉन) एक द्विभाषी या बहुभाषी शब्दकोश होता है जिसमें शब्दों के साथ उनके भाषिक पक्षों का भी समावेश होता है।

प्रकृत भाषाओं के वाक्यों में क्रिया का महत्त्व सबसे अधिक माना जाता है। जैसे ही शब्दविश्लेषक किसी शब्द को क्रिया के रूप में पहचान लेता है, क्रियापदविश्लेषक उसकी धातु, काल, पक्ष आदि का विश्लेषण कर देता है। अनुवादक द्विभाषी कोश से पर्याय ढूँढ़ने का काम करता है, और अंत में जनित्र लक्ष्यभाषा के व्याकरण के आधार पर वाक्य का अनुवाद कर देता है।"

मशीनी अनुवाद का चरम लक्ष्य है सामान्य उद्देश्यपरक और उच्च गुणवत्तायुक्त अनुवाद तंत्रों का विकास। परंतु अब यह मान लिया गया है कि विशिष्ट परिवेश और सीमित भाषाव्यवहार क्षेत्र में ही मशीनी अनुवाद सफल है। यह भी मान लिया गया है कि पूर्णतया स्वतः कार्यक्षम मशीनी अनुवाद की अपेक्षा 'अनुवादकों के लिए सहायता उपकरण' के रूप में मशीनी अनुवाद-तंत्रों का विकास व्यावहारिक है।

मशीनी अनुवाद तंत्रों के विकास की शुरुआत विदेश में हुई। फिर स्वदेश में भी इस दिशा में गंभीर प्रयत्न किये गये। विदेशी परिदृश्य : मूलतः इस दिशा में 1933 से छुटपुट प्रयास आरंभ हो गये थे। परंतु गंभीर प्रयास 1947 से शुरू हुए। पहली उपलब्धि है रूसी-अंग्रेज़ी मशीनी अनुवाद के SYSTRAN तंत्र का विकास जिसका उद्देश्य था अंतरिक्ष विज्ञान संबंधी महत्त्वपूर्ण सूचनाएँ उपलब्ध कराना। दूसरा मील पत्थर है 1966 में ALPAC समिति का गठन जिसकी सिफ़ारिशों के अनुसरण में विभिन्न

भाषा-विश्लेषकों (लैंग्वेज पार्सर्स) का विकास हुआ। तदनंतर 1976 में कनाडा प्रसारण सेवा द्वारा विकसित TAUM-METEO अनुवाद तंत्र केवल मौसम विज्ञान संबंधी सूचनाओं के अंग्रेज़ी-फ्रेंच दुतरफ़ा अनुवाद के लिए सफल तथा नवप्रवर्तनकारी माना जाता है। इस दिशा में कार्य को आगे बढ़ाते हुए ARIANE, METAL, SUSY, MU आदि अनुवाद तंत्र विकसित हुए। विकास की प्रक्रिया जारी है।

भारतीय परिदृश्य : 'भारतीय भाषाओं में प्रौद्योगिकी विकास' परियोजना के अन्तर्गत भारतीय भाषाओं में परस्पर तथा अंग्रेज़ी से हिन्दी में मशीनी अनुवाद के तंत्रों की विकास-कथा 1980 के दशक में आरंभ हुई। तेलुगु, कन्नड़, पंजाबी, मराठी और बांग्ला से हिन्दी में मशीनी अनुवाद के लिए 'अनुसारक' साफ्टवेयर विकसित हुए। तदनंतर 1990 के दशक में 'आंग्लभारती' और 'अनुभारती' साफ़्टवेयर उदाहरण-आधारित मशीनी अनुवाद की दिशा में उपलब्धि के रूप में सामने आए। अन्य उल्लेखनीय अनुवाद तंत्र हैं 'मात्रा' और 'मंत्रा'। भाषाव्यवहार के निम्नलिखित क्षेत्रों में इन्हें प्रयोग में लाया जा रहा है—स्वास्थ्य मंत्रालयों की वार्षिक रिपोर्टें, अंग्रेज़ी समाचार कथाएँ, तथा भारत सरकार के मंत्रालयों कार्यालयों द्वारा जारी सूचनाएँ, आदेश, अधिसूचनाएँ आदि। ये सभी अंग्रेज़ी से हिन्दी में अनुवाद से सम्बन्धित हैं।

नवीनतम : इंटरनेट के विकास से मशीनी अनुवाद को 'वेब अनुवाद' के रूप में विकसित होने का अवसर मिला है। पश्चिम में विकसित विभिन्न अनुवाद तंत्रों के वेब संस्करण तैयार किये गये तथा 'आल्ताविस्ता' वेबसाइट के माध्यम से 150 शब्दों तक सीमित पाठ के विभिन्न यूरोपीय भाषाओं में परस्पर अनुवाद की सुविधा प्राप्त हुई। वेब-आधारित अनुवाद के विकास से मशीनी अनुवाद के उद्देश्यों में महत्त्वपूर्ण परिवर्तन हुआ है। पहले यह 'अनुवाद सहायक उपकरण' था। अब यह 'सम्प्रेषण-सहायक उपकरण' माना जाने लगा है। अब अनुवाद की शुद्धता नहीं, सम्प्रेषणीयता पर अधिक ध्यान दिया जाता है। भाषिक समस्याओं में कंप्यूटरलक्षी प्रकृत भाषा संसाधन के अन्तर्गत अनेकार्थता का समाधान तथा कोशीय संसाधनों का विकास मुख्य मुद्दे हैं। (रवीन्द्रनाथ श्रीवास्तव 1994; ठाकुरदास 1994 तथा 2002, सूरज भान सिंह 2003)

भाषा केन्द्रित अनुवाद प्रकार

इन प्रकारों को निम्नलिखित वर्गों में रखा जा सकता है—(1) भाषा-संरचना; (2) भाषाशैली; (3) भाषामाध्यम; (4) भाषा-प्रतीक; और (5) भाषापाठ प्रकार।

भाषा-संरचना : इसका आधार संरचनात्मक भाषाविज्ञान की मान्यताएँ हैं जिन्हें कठोरता से लागू किया गया है (विस्तार के लिए देखें, कैटफोर्ड 1965; 20-26; 56-7)। इसके दो पक्ष हैं; (क) भाषा संरचना के विश्लेषणात्मक स्तर, (ख) स्तरों की, विशेषतया व्याकरणिक स्तर की, श्रेणियों का अधिक्रम। पहले **विश्लेषणात्मक स्तरों** को लें। यदि मूल भाषा संरचना के सब स्तर लक्ष्यभाषा के सब सममूल्य स्तरों

से प्रतिस्थापित हो जाएँ तो उसे 'समग्र' अनुवाद कहेंगे। परन्तु संरचनात्मक भाषाविज्ञान की मान्यताओं के अनुसार दो भाषाओं की समस्त व्यवस्थाओं में सममूल्यता नहीं होती क्योंकि प्रत्येक भाषा स्वनिष्ठ होती है और उनकी इकाइयों तथा श्रेणियों की सार्थकता प्रत्येक भाषा के भीतर पारस्परिक सम्बन्धों पर आधारित होती है। एक भाषा की पाठ्यसामग्री दूसरी भाषा में स्थानान्तरित तो हो सकती है परन्तु दोनों भाषाओं में संरचना की समग्रता के स्तर पर सममूल्यता स्थापित नहीं हो सकती। अतः व्यवहार में कोई भी अनुवाद समग्र अनुवाद नहीं होता; इस कोटि का निर्धारण केवल सैद्धान्तिक आवश्यकता की दृष्टि से किया गया है। यदि मूल पाठ की भाषा-संरचना के किसी एक स्तर के स्थान पर लक्ष्यभाषा पाठ की भाषा-संरचना के संवादी स्तर को स्थापित किया जा सके तो उसे 'परिसीमित' अनुवाद कहेंगे। परिसीमित अनुवाद के चार भेद होते हैं : स्वानिमिक, लेखिमीय, व्याकरणिक, और शब्दकोशीय।

स्वानिमिक अनुवाद : इसका सम्बन्ध केवल उच्चारण से है जिसमें मूलभाषा की स्वनिम व्यवस्था के स्थान पर लक्ष्यभाषा की स्वनिम व्यवस्था आ जाती है परन्तु सामान्यतया व्याकरण तथा शब्दकोश अप्रभावित रहते हैं। इसका आधार है मूलभाषा तथा लक्ष्यभाषा के समान स्वनिक अभिलक्षणों—घोषत्व, प्राणत्व आदि—वाली स्वानिमिक इकाइयाँ। मूलभाषा की उन स्वानिमिक इकाइयों के स्थान पर लक्ष्यभाषा की वे स्वानिमिक इकाइयाँ आ जाती हैं जिनमें स्वनिक अभिलक्षणों की अधिकतम समानता मिलती है; जैसे अंग्रेज़ी (फ़) के स्थान पर मराठी (फ)—अं. फ़ार्मेसी > म. फार्मेसी। स्वानिमिक अनुवाद का स्वेच्छा से व्यवहार करने वालों में उल्लेखनीय है अभिनेता और विदूषक लोग, जब वे कला प्रदर्शन के दौरान विदेशी भाषा या बोली की ध्वनियों का सायास अनुकरण (उच्चारण) करते हैं। वे लक्ष्यभाषा की उच्चारण व्यवस्था को स्वभाषा में ले आते हैं—स्वभाषा में उसका अनुवाद (ट्रांसफ़र-संक्रमण) कर देते हैं। यही स्थिति विदेशी भाषा सीखने वाले छात्रों के अशुद्ध उच्चारणों में होती है जो वे अनायास तथा सतर्कता के अभाव में करते हैं। दूसरी स्थिति को भाषा-अधिगम के प्रसंग में स्वानिमिक व्याघात कहा जाता है—मातृभाषा की व्यवस्था का अन्य भाषा (लक्ष्यभाषा) की स्वनिम व्यवस्था पर आरोप। परन्तु अनुवाद विमर्श की शब्दावली में इसे हम अन्य भाषा (लक्ष्यभाषा) से मातृभाषा में स्वानिमिक अनुवाद कहेंगे। वक्ता ने जो अन्य भाषा (लक्ष्यभाषा) को मातृभाषा की उच्चारण पद्धति से उच्चारित किया तो उसने लक्ष्यभाषा की उच्चारण व्यवस्था का मातृभाषा में अनुवाद (संक्रमण) कर दिया।

स्वानिमिक अनुवाद के उपर्युक्त प्रसंगों में व्याकरण तथा शब्दकोश अप्रभावित रहते हैं। परन्तु कुछ ऐसी परिस्थितियाँ भी हैं जिनमें लक्ष्यभाषा के ऐसे शब्दों का चयन किया जाता है जिनकी स्वनिक संरचना में मूलभाषा के शब्दों की स्वनिक संरचना से अधिकतम निकटता होती है। ऐसी परिस्थितियाँ हैं फिल्म डबिंग तथा कविता का अनुवाद (कविता के स्वानिमिक अनुवाद का श्रेष्ठ उदाहरण है ब्रिसलिन 1976 में

संकलित लीला राय का लेख, पृ. 261-78)। इन सब प्रसंगों की स्वानिमिक विशेषताओं को स्वानिमिक अनुवाद के नाम से निर्दिष्ट किया जा सकता है।

लेखिमीय अनुवाद : इसका सम्बन्ध किसी लिपि के चिह्नों (लेखिमों/वर्णों) की केवल आकृति से है, उच्चारण से बिल्कुल नहीं। किसी एक लिपि के किन्हीं चिह्नों को किसी अन्य लिपि के समान या लगभग समान चिह्नों से प्रतिस्थापित करना लेखिमीय अनुवाद कहलाता है। उदाहरण के लिए :

देवनागरी	गुरुमुखी
म उ भ	म उ भ

यह समानता शत-प्रति-शत नहीं। गुरुमुखी चिह्नों में कुछ अन्तर है, परन्तु वे देवनागरी चिह्नों के निकटतम हैं। दोनों चिह्नों के उच्चारण मूल्यों में अन्तर है जैसा कि निर्दिष्ट किया जा चुका है।

लेखिमीय अनुवाद का अपने विशुद्ध रूप में व्यावहारिक उपयोग नहीं होता। यह अपने आंशिक रूप में दो स्थितियों में दिखाई देता है। पहली है विज्ञापन की स्थिति। भारतीय जीवन बीमा निगम के निम्नलिखित विज्ञापनों में 'ईद मुबारक' को देवनागरी तथा रोमन में इस प्रकार लिखा गया है कि उनमें अरबी लिपि के समान आकृति वाले चिह्नों की झलक भी दीखती है :

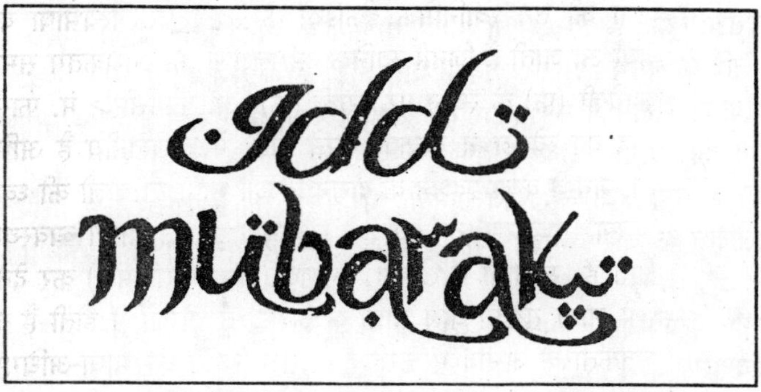

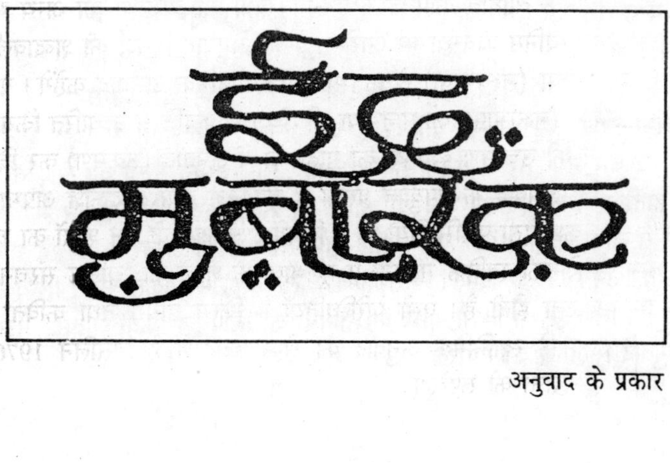

'इस्लाम' शब्द के रोमन प्रतिलेखन में आंशिक लेखिमीय अनुवाद प्रायः दिखाई देता है।

होटल 'सुदर्शन' के रोमन लिप्यन्तरण में रोमन चिह्नों में से तमिल लिपि के चिह्न दिखाई देते हैं :

दूसरी स्थिति है अन्य भाषा सीखने के क्रम में उसकी लिपि सीखते समय पहले सीखी लिपि के लगभग समान आकृति वाले चिह्नों को लिखने की प्रवृत्ति। अन्य भाषा शिक्षार्थियों के लेखन में इस प्रकार के उदाहरण प्रायः मिल जाते हैं जिन्हें मातृभाषा की लिपि का व्याघात कहकर निर्दिष्ट किया जाता है।

लिप्यन्तरण तथा लेखिमीय अनुवाद में अन्तर है। लिप्यन्तरण में लिपिचिह्नों से उपलक्षित उच्चारण मूल्य भी समाविष्ट है। लिप्यन्तरण की प्रक्रिया इस प्रकार है :

मूल लिपिचिह्न → मूल → उच्चारण → लक्ष्य उच्चारण → लक्ष्य लिपिचिह्न।

उदाहरण के लिए :

देवनागरी	गुरुमुखी	
म उ भ	म उ भ	(लेखिमीय अनुवाद)
	स त म	(लिप्यन्तरण)

लिप्यन्तरण अभ्यास-रूढ़ प्रक्रिया है जो अनुवाद की सीमा में नहीं आती। अनुवाद हर बार नये सिरे से करना होता है चाहे उसमें समान तत्त्वों की आवृत्ति ही क्यों न होती रहे। लिप्यन्तरण व्यवस्था को योजनाबद्ध रीति से निश्चित कर रूढ़ रूप में प्रयोग में लाया जाता है। लिप्यंकन और लिप्यन्तरण में भी अन्तर है। किसी भाषा के स्वनों को उनके उच्चारण मूल्य से सहसम्बद्ध लिपिचिह्नों में अंकित करना लिप्यंकन कहलाता है। लिप्यंकन में किसी भाषा के स्वनिमों को लिपिबद्ध किया जाता है परन्तु

लिप्यन्तरण में दो भाषाओं के लिपिचिह्नों (जिनमें उनका उच्चारण मूल्य भी समाविष्ट है) के बीच 'एक के लिए एक' के आधार पर संवादिता (समानता) निश्चित हो जाती है। लिप्यंकन पूर्ववर्ती स्थिति है और भाषा से जुड़ी है; लिप्यंतरण परवर्ती स्थिति है जिसका भाषांतरण/अनुवाद में उपयोग है। मूलभाषापाठ की कुछ इकाइयाँ, अपनी स्वनिमाकृति में, लक्ष्यभाषापाठ में लिप्यंतरित होकर प्रयुक्त होती हैं।

व्याकरणिक अनुवाद : इसमें मूलभाषा पाठ की व्याकरणिक इकाइयों के स्थान पर लक्ष्यभाषापाठ की समानार्थक व्याकरणिक इकाइयों का प्रयोग किया जाता है, परन्तु शब्दकोश मूलभाषा पाठ का रहता है। उदाहरण :

मूल अंग्रेज़ी : ही विल ट्रैवल बाइ स्पेशल ट्रेन।

लक्ष्य हिन्दी : वह स्पेशल ट्रेन से ट्रैवल कर-एगा।

द्विभाषिकता की स्थिति में इसी को 'कोडमिश्रण' कहते हैं जो एक सामान्य और वास्तविक स्थिति है।

शब्दकोशीय अनुवाद : मूलभाषा पाठ के शब्दकोश के स्थान पर लक्ष्यभाषा पाठ का शब्दकोश आ जाता है, परन्तु व्याकरण मूल का ही रहता है। उदाहरण :

मूल अंग्रेज़ी : ही विल ट्रैवल बाइ स्पेशल ट्रेन।

लक्ष्य हिन्दी : ही विल जा बाइ विशेष रेलगाड़ी।

यह भी द्विभाषिकता से सम्बन्धित कोडमिश्रण का एक रूप है परन्तु इसका व्यवहार अत्यन्त सीमित है। महानगरवासी कालेज छात्रों की 'स्लैंग' में इसके उदाहरण प्रायः मिल जाते हैं। दोनों कोटियों के अनुवाद अनौपचारिक सन्दर्भ में ही अधिक होते हैं।

अब व्याकरणिक स्तर की श्रेणियों के अधिक्रम के अनुसार अनुवाद प्रकारों की चर्चा करें। तदनुसार मूलभाषा पाठ से लक्ष्यभाषा पाठ में वाक्य-प्रति-वाक्य, उपवाक्य-प्रति-उपवाक्य, पदबन्ध-प्रति-पदबन्ध, पद-प्रति-पद, और रूप-प्रति-रूप/प्रत्यय-प्रति-प्रत्यय अनुवाद होता है। यह वर्गीकरण, विशेषतया अन्तिम दो कोटियाँ, अनुवाद सम्बन्धी चर्चा के लिए विशेष रूप से प्रासंगिक हैं। मानव अनुवाद में भी एक सीमा तक यह पाया जाता है, परन्तु व्यवस्थित रूप में न होकर जहाँ-तहाँ। इसे 'श्रेणीबद्ध अनुवाद' (श्रेणी-प्रति-श्रेणी) कहते हैं। जहाँ यह स्थिति न हो—मूल पदबन्ध का अनुवाद उपवाक्य में हो या इसके विपरीत हो—उसे 'मुक्त अनुवाद' कहते हैं। इसमें श्रेणी-परिवृत्ति एक सामान्य स्थिति है।

उपर्युक्त कोटियों में एक वाक्य की सीमा के भीतर पद-प्रति-पद तथा प्रत्यय-प्रति-प्रत्यय अनुवाद भाषा की संरचनात्मक विश्लेषण पद्धति का अंग है जिसका प्रधान उपयोग तुलनात्मक-व्यतिरेकी विश्लेषण में तथा नृजातिवैज्ञानिक भाषाविज्ञान के सन्दर्भ में अल्पज्ञात भाषाओं की संरचना को समझने में किया जाता है।

उपर्युक्त कोटियों को निर्धारित करने का एक सैद्धान्तिक लाभ यह है कि इसकी सहायता से शाब्दिक (लिटरल) अनुवाद तथा स्वतन्त्र (फ्री) अनुवाद नाम से परम्परा में प्रचलित अनुवाद प्रकारों का भाषाविश्लेषणात्मक स्पष्टीकरण प्रस्तुत किया जा सकता

है जिससे इन नामों से निर्दिष्ट लेबलों के बोधन में विशदता आ सके। तदनुसार, हम एक अविच्छिन्न रेखा की कल्पना करेंगे जिसके एक छोर पर शब्द-प्रति-शब्द अनुवाद है जो श्रेणीबद्ध है, दूसरे छोर पर स्वतन्त्र अनुवाद है जो मुक्त है, तथा इन दोनों के बीच शाब्दिक अनुवाद की स्थिति है जिसके लिए श्रेणीबद्धता तथा श्रेणीमुक्तता की संकल्पनाओं की प्रासंगिकता या अप्रासंगिकता विचारणीय नहीं मानी जाती :

शब्द-प्रति-शब्द अनुवाद (श्रेणीबद्ध अनुवाद)	शाब्दिक अनुवाद (मूलभाषा की संरचना के अनुरूप)	स्वतन्त्र अनुवाद (मुक्त अनुवाद)

एक उदाहरण से इसे स्पष्ट किया जा सकता है :

मूल अंग्रेज़ी	:	द मीटिंग वाज चेयर्ड बाइ द प्राइम मिनिस्टर (कर्म.)।
शब्द-प्रति-शब्द अनुवाद	:	निर्देशक तत्त्व/बैठक/है + भूतकाल/अध्यक्षता/कर + भूतकाल। द्वारा/निर्देशक तत्त्व/प्रधानमंत्री

शाब्दिक अनुवाद : प्रधानमंत्री द्वारा बैठक की अध्यक्षता की गई (कर्म.)।

स्वतन्त्र अनुवाद : प्रधानमंत्री ने बैठक की अध्यक्षता की (कर्तृ.)।

भाषाशैली या प्रयुक्ति : समाज में भाषा-व्यवहार के प्रसंग तथा उद्देश्य के अनुसार जो भाषाप्रयोग के प्रतिमान निर्धारित हो जाते हैं उन्हें प्रकार्यमूलक भाषाभेद या भाषाभेद या भाषाशैली या प्रयुक्ति कहा गया है। उदाहरण के लिए, साहित्यिक, शास्त्रीय, तकनीकी, वाणिज्यिक, जनसंचारीय (रेडियो, दूरदर्शन, समाचार पत्र आदि जनसंचार माध्यमों से सम्बन्धित), बोलचाल की प्रयुक्तियाँ या भाषाशैलियाँ या कुछ शिथिल रूप में 'भाषाएँ'। भाषा-संरचना के विश्लेषणात्मक स्तरों—विशेषतया व्याकरण तथा शब्दकोश—की इकाइयों तथा पैटर्नों की परिमाणगत तथा गुणात्मक प्रमुखता के द्वारा इन्हें पहचाना और पारिभाषित किया जाता है। तदनुसार, साहित्यिक प्रयुक्ति में वाक्यरचना की विविधता, अर्थगत सम्बन्धों की विविधता, अमूर्त शब्दार्थ की प्रधानता आदि अन्य प्रयुक्तियों की तुलना में प्रमुखता से मिलती हैं। इन प्रयुक्तियों के आधार पर 'साहित्यिक अनुवाद', 'शास्त्रीय अनुवाद', 'तकनीकी अनुवाद', आदि संज्ञाओं का प्रयोग किया जाता है जिन्हें अनुवाद प्रणाली के प्रकार की अपेक्षा अनूदित पाठ के प्रकार कहना उपयुक्त होगा।

भाषामाध्यम : भाषामाध्यम से तात्पर्य है भाषिक अभिव्यक्ति का माध्यम, जो दो हैं—मौखिक (श्रव्य) और लिखित (दृश्य)। इनके अनुसार अनुवाद की निम्नलिखित

सम्भावनाएँ हो सकती हैं :

	मूलभाषा	लक्ष्यभाषा
(क)	लिखित	लिखित
(ख)	लिखित	मौखिक
(ग)	मौखिक	लिखित
(घ)	मौखिक	मौखिक

(क) अर्थात् लिखित अनुवाद एक सामान्य स्थिति है और व्यवहार में 'अनुवाद' (विशेषणरहित पद) से इसी का संकेत होता है। (ख) तथा (ग) कुछ असाधारण स्थितियाँ ही होती हैं तथा कभी-कभी आती हैं। (घ) अर्थात् मौखिक अनुवाद (अनुभाषण) के अवसर बढ़ते जा रहे हैं। ऐसी बैठकें जिनमें एक से अधिक भाषाओं के प्रयोग की सुविधा होती है, मौखिक अनुवाद के सहारे ही चलती हैं। सम्मेलनों में होने वाले मौखिक अनुवाद की समस्याएँ तथा उसके प्रशिक्षण के मुद्दों पर शोधकार्य अनुवाद सिद्धान्त का अन्यतम विशिष्ट क्षेत्र है। मौखिक अनुवाद के भी दो मुख्य रूप होते हैं : आशु मौखिक अनुवाद (अनुभाषण) और क्रमिक मौखिक अनुवाद। इन दोनों की समस्याओं में अन्तर है। मौखिक अनुवाद के दोनों रूपों तथा मौखिक अनुवादक (या दुभाषिये) की समस्याओं पर विचार हुआ है तथा रोचक परिणाम सामने आए हैं।

मौखिक अनुवाद की समस्याओं का मूल स्रोत है मौखिकता जिससे निष्पन्न अतिशीघ्रता की स्थिति का निर्देश करने के लिए कहा जाता है कि दुभाषिये के पास 'पूर्ण समयाभाव से भी कम समय' (लेस टाइम दैन नो टाइम एट ऑल) होता है। उसे बहुत शीघ्रता में मौखिक पाठ का बोधन कर उसे लक्ष्यभाषा में प्रस्तुत कर देना होता है।

आशु दुभाषिये (= आ. दु.) की दक्षता गति पर आधारित है और क्रमिक दुभाषिये (= क्र. दु.) की स्मृति पर। आ. दु. के लिए प्रायः 'वाक्य' अनुवाद की इकाई होता है और क्र. दु. के लिए 'अनुच्छेद' जो कई बार काफी लम्बा होता है। यही कारण है कि क्र. दु. के लिए विशेष प्रकार की नोटेशन पद्धति विकसित हुई जिसके सहारे वह मौखिक अभिव्यक्ति की अपेक्षाकृत अधिक मात्रा को सँभाल लेता है। क्र. दु. विभिन्न प्रकार की संक्षिप्तियाँ, आद्याक्षर शब्द और चित्रलिपि-चिह्नों की सहायता से सन्देश को स्मृतिबद्ध रखने की चेष्टा करता है जिससे वह अनुच्छेद की समाप्ति पर यथासम्भव मूल के समान सन्देश की पुनरावृत्ति कर सकें। दोनों प्रकार के दुभाषियों के सामने खण्डेतर ध्वनियों (बल, अनुतान आदि) तथा अंग विक्षेप की विविध योजनाओं द्वारा प्रकट व्यंजनाओं को सम्प्रेषित करने की समस्या आती है। क्र. दु. अर्थानुगामी अनुवाद पद्धति का विशेष रूप से आश्रय लेता है और इस कारण मूल पाठ के कुछ अंग (अधिक आवश्यक या कम आवश्यक) अनूदित होने से छूट भी सकते हैं। प्रायः शैली वैशिष्ट्य संक्रान्त नहीं हो पाता।

बैरिक (1972) ने आ. दु. की कुछ विशिष्ट समस्याओं की चर्चा की है। आ. दु. की भाषा में उसी पाठ के लिखित अनुवाद की अपेक्षा अधिक शब्दों की प्रयोग प्रवृत्ति मिलती है जिससे उसकी शैली में अपेक्षाकृत अधिक शिथिलता अनुभव होती है। आ. दु. मूलपाठ में जितना अंश जोड़ता है उससे अधिक अंश उससे छूट जाता है। मूल वक्ता और आ. दु. की अभिव्यक्तियों में समय का अन्तर सामान्यतया 3 से 4 सेकण्ड और अधिकतम 10 सेकण्ड पाया गया है (यह मान लिया गया है कि आ. दु. अपने कार्य में बहुत कुशल है)। यह भी पाया गया है कि अनुच्छेद की अपेक्षा वाक्य को अनुवाद की इकाई बनाने पर मूल सन्देश की अधिकतम रक्षा होती है।

मौखिक अनुवाद के दोनों रूपों की इस विशेषता का भी संकेत किया गया है कि उनमें 'व्याख्यात्मक' होने की प्रवृत्ति होती है। मूलपाठ को तथावत् सुरक्षित न रख पाने की विवशता के कारण प्रायः दुभाषिये कुछ अंशों की व्याख्या (इंटरप्रिटेशन) कर देते हैं। दुभाषियों की विशेषताओं में उल्लेखनीय है विषयवस्तु का अच्छा ज्ञान। प्रायः दुभाषियों को एक से अधिक विषयों के मौखिक अनुवाद की परिस्थितियों में काम करना पड़ता है। अतः प्रायः उन्हें एक से अधिक विषयों का अच्छा तथा अधुनातन ज्ञान रखने के लिए प्रयत्नशील होना पड़ता है। इसका लाभ यह होता है कि शीघ्रता से बोले जा रहे भाषण में कोई अंश अस्पष्ट हो या छूट जाए तो दुभाषिये अपने विषयज्ञान से उसे, कामचलाऊ और पर सही, पूरा कर लेते हैं। दूसरी विशेष बात यह है कि अनेक दुभाषिये एक से अधिक (मूल) भाषाओं से अनुवाद करते हैं परन्तु उनकी लक्ष्यभाषा प्रायः एक रहती है।

मौखिक अनुवाद की विशिष्ट स्थिति है 'डबिंग'; विशेषतया फिल्म 'डबिंग।' बहुभाषिकता की परिस्थिति में एक भाषा में बनी फिल्मों को दूसरी भाषा में 'डब' करना अब एक सामाजिक-सांस्कृतिक आवश्यकता बन गई है जिसका आर्थिक पक्ष भी है। तकनीकी दृष्टि से समस्या है फिल्म अभिनेताओं की मूलभाषा व्यवहारकालीन तथा लक्ष्यभाषा व्यवहारकालीन मौखिक अभिव्यक्तियों में ओष्ठसंचालन की दृष्टि से कालगत सामंजस्य बैठाना—दोनों उन्हीं क्षणों में हों तथा मूल एवं अनूदित अभिव्यक्तियों की कालावधि भी समान हो। डब किए गए पाठ के लेखक को इस सहकालिकता को निष्पन्न करने के प्रति सावधान रहना पड़ता है, अन्यथा संवादों की विदेशीयता के पकड़ में आ जाने की आशंका उत्पन्न हो जाती है जिससे दर्शक का ध्यान बँट सकता है और उसे झुँझलाहट हो सकती है। (विस्तार के लिए देखें लावेन्डोव्स्की 1978, तथा ब्रिसलिन 1976 में संकलित लेख संख्या 2, 5, 6)

फिल्मों के सन्दर्भ में आशु मौखिक अनुवाद की उपर्युक्त से संबंधित दूसरी स्थिति है 'सब-टाइटलिंग।' जिन विदेशी फिल्मों की डबिंग नहीं होती उनमें 'सब-टाइटलिंग' की व्यवस्था होती है—पात्रों के संवादों तथा अंशतः सूच्य कथानक का पट्टियों पर लिखा अनुवाद पर्दे पर आ जाता है। इसमें मुख्य रूप से दो समस्याएँ

आती हैं। पहली है स्थान की। पट्टी में स्थान सीमित होता है; अतः फिल्म के प्रति फुट पर एक सीमित संख्या में वर्णों का प्रयोग करना होता है। पट्टी पर इतना लिखा जाए कि दर्शक उसे शीघ्रता से पढ़कर समझ लें—एक अध्ययन के अनुसार यह वाचन अवधि अधिकतम 8 अक्षर (सिलेबल) होती है—क्योंकि दृश्य बदलते ही पट्टी भी बदलनी होती है। किसी पात्र का भाषण यदि लम्बा हो तो उसे एक से अधिक पट्टियों पर दिखाना पड़ता है; उसमें यह ध्यान रखना होता है कि भाषण के विराम स्थल पट्टियों के हिसाब से हों—एक पट्टी में एक इकाई आ जाए—और भाषण के आरम्भ तथा अन्त के बिन्दुओं का पट्टियों के आरम्भ तथा अन्त के बिन्दुओं से तालमेल बैठ जाए। दूसरी समस्या माध्यम-परिवर्तन की है। हमारी पूर्वोक्त तालिका में यह (ग) वर्ग में आता है—मौखिक से लिखित। इस घटक के कारण पट्टियों की भाषा में औपचारिकता और कसावट आ जाती है। प्रायः संवादों का संक्षेप देने की आवश्यकता के कारण भाषा प्रयोग में उपरोक्त दो विशेषताएँ आने से असहजता-सी अनुभव होने लगती है। अपरिचित विदेशी भाषाओं के फिल्मों के शौकीन दर्शकों को यह मूल्य चुकाना ही पड़ता है।

मौखिक अनुवाद की ये दोनों विशिष्ट स्थितियाँ—डबिंग, सब-टाइटलिंग—क्रमशः प्रच्छन्न अनुवाद और प्रकट अनुवाद की उदाहरण हैं। डबिंग में प्रकट रूप से पता नहीं चलता कि अनुवाद हुआ है (प्रच्छन्न), जबकि सब-टाइटलिंग में मूल तथा अनुवाद दोनों सामने रहते हैं (प्रकट)। इनका विशेष क्षेत्र फिल्म है परंतु अब टीवी पत्रकारिता में भी दोनों का प्रचुर प्रयोग दिखाई देता है।

अधुनातन प्रवृत्ति है 'वायस ओवर' या सहस्वर जिसका व्यवहार टीवी पत्रकारिता में होता है। मूल तथा लक्ष्य दोनों भाषाएँ श्रोता-दर्शक को एक साथ इस तरह सुनाई पड़ती हैं (सहस्वर) कि मूल भाषा पर लक्ष्यभाषा का स्वर हावी रहता है (वायस ओवर)। सहस्वर यों तो सब-टाइटलिंग का विकल्प है तथापि सुविधानुसार दोनों का व्यवहार होता है।

भाषाप्रतीक : इस दृष्टि से तीन अनुवाद प्रकार होते हैं—समभाषिक, अन्य भाषिक और अन्तरसंकेतपरक। इनकी चर्चा हो चुकी है।

भाषापाठ प्रकार : इस दृष्टि से गद्य और पद्य को प्रतिनिध पाठ प्रकार के रूप में ग्रहण करते हुए गद्यानुवाद और पद्यानुवाद ये दो भेद किए जाते हैं। मूल गद्य को गद्य में और अनेक बार मूल पद्य को भी गद्य में अनूदित करने की प्रवृत्ति पाई जाती है। स्टेनली बर्नशा द्वारा सम्पादित **दि पोयम इटसेल्फ़** (पेंग्विन, 1960) में यूरोपीय भाषाओं की कविताओं (जिनमें से अनेक पद्यबद्ध हैं) के अंग्रेज़ी अनुवाद में गद्यात्मक होने की प्रवृत्ति दिखाई देती है। मूल पद्य को पद्य में अनूदित करने के भी अनेक उदाहरण मिलते हैं। मूल गद्य को पद्य में अनूदित करना एक दुर्लभ प्रवृत्ति है।

गौण अनुवाद प्रकार

अब हम अनुवाद के ऐसे प्रकारों की चर्चा करेंगे जिन्हें गौण वर्ग में रखा जा सकता है। ये प्रकार अनुवाद प्रणाली के भेद के द्योतक अधिक हैं, अनूदित पाठ के भेद के द्योतक कम। दूसरे, ये मुख्य प्रकारों की धारणा में थोड़े-बहुत परिवर्तन या उसके किसी पक्ष पर अधिक बल देने के परिणामस्वरूप विकसित हुए हैं जिन्हें समझने के लिए मुख्य प्रकारों की जानकारी आवश्यक है। ये अनुवाद प्रकार विशेष उद्देश्य से प्रेरित हैं तथा इनका व्यवहार भी सीमित पैमाने पर होता है।

परोक्ष अनुवाद : सीधे मूलभाषा से अनुवाद न कर मध्यवर्ती पाठ से अनुवाद करना परोक्ष अनुवाद कहलाता है। इसमें अनुवाद से अनुवाद किया जाता है। मूलभाषा के पाठ के लक्ष्यभाषा पाठ-1 से लक्ष्यभाषा पाठ-2 की निष्पत्ति होती है। जैसे, मूल रूसी के अंग्रेज़ी अनुवाद से हिन्दी में किया गया अनुवाद परोक्ष है। प्रायः अप्रधान या अल्प-परिचित भाषाओं की रचनाओं के प्रधान भाषाओं में किए गए अनुवाद से अनुवाद करने की प्रवृत्ति दीखती है। मूल रचनाओं से दूसरी लक्ष्यभाषा के पाठकों को परिचित कराना परोक्ष अनुवाद का उद्देश्य है। उदाहरण के लिए, हमारे देश में स्वाधीनता प्राप्ति से पहले तथा उसके बाद कुछ समय तक रूसी भाषा का अध्ययन-अध्यापन अत्यन्त सीमित था। तब रूसी भाषा के अंग्रेज़ी अनुवादों से हिन्दी (तथा सम्भवतः अन्य भारतीय भाषाओं में) अनुवाद होते थे। परोक्ष अनुवादों में व्याख्यात्मक होने की प्रवृत्ति होती है परन्तु यदि प्रत्यक्ष अनुवाद सफल है तो परोक्ष अनुवाद भी इतना सफल हो सकता है कि वह प्रत्यक्ष जैसा प्रतीत हो।

पुनरनुवाद : मूलभाषा पाठ के अनुवाद की मूलभाषा में पुनरावृत्ति करना पुनरनुवाद है। इसमें अनुवाद कार्य दो बार होता है—पहली बार में जो लक्ष्यभाषा पाठ निष्पन्न होता है वही दूसरी बार में मूलभाषा पाठ बन जाता है, और जो भाषा पहली बार में मूलभाषा होती है वह दूसरी बार में लक्ष्यभाषा बन जाती है; जैसे, एक अंग्रेज़ी पाठ का हिन्दी में अनुवाद और फिर उस हिन्दी पाठ का अंग्रेज़ी में अनुवाद। यह आवश्यक है कि अनुवादक तथा पुनरनुवादक अलग-अलग व्यक्ति हों तथा पुनरनुवादक मूलपाठ से परिचित न हो। इसका उद्देश्य है प्रथम अनुवाद की विशुद्धता की जाँच करना। पुनरनुवाद में निष्पन्न पाठ से मूलपाठ की सर्वतोमुखी निकटता की मात्रा के अनुसार प्रथम अनुवाद की विशुद्धता की मात्रा निर्धारित होगी।

सूचनानुवाद : मूलपाठ की विधा सम्बन्धी विशेषता की उपेक्षा कर केवल विषयवस्तु का अनुवाद करना सूचनानुवाद है। यह सारांश और संक्षेप से लेकर अविकल अनुवाद तक हो सकता है। यह प्रायः व्याख्यात्मक हो जाता है। प्राचीन शास्त्रीय ग्रन्थों का समसामयिक भाषाओं में सूचनानुवाद करने की प्रवृत्ति दिखाई देती है। प्राचीन भाषाओं के माध्यम से प्रस्तुत ज्ञान से समसामयिक पाठकों को परिचित

कराना इसका उद्देश्य है।

सामान्य गद्यानुवाद : मूल भाषाओं की गंद्य-पद्य रचनाओं का लक्ष्यभाषा में गद्यानुवाद, जिससे पाठक मूलपाठ तक, जिसकी भाषा से वह कुछ-कुछ परिचित है, पहुँच सके।

शैक्षिक अनुवाद : अमानक तथा अर्ध-साहित्यिक मूल रचनाओं का (लोक साहित्य को उसमें लिया जा सकता है) मानक साहित्यिक शैली में अनुवाद जिससे शिक्षित वर्ग मूल रचनाओं का कुछ आस्वाद कर सके।

रूपप्रधान अनुवाद : इसमें मूल के अर्थपक्ष की उपेक्षा कर उसके ध्वनि-योजना पक्ष (रूपपक्ष) को संरक्षित रखते हुए लक्ष्यभाषा में संक्रान्त किया जाता है। प्रायः बाल कविताओं के अनुवाद के लिए इस प्रणाली का प्रयोग किया जाता है। लीला राय (1976 : 265; ब्रिसलिन 1976 में संकलित) ने इस प्रकार का प्रयास किया है :

मूल अंग्रेजी : हिकरी डिकरी डौक।
लक्ष्य बंगला : दूयाखो रे दूयाखो रे दूयाख।

अनुवादिका के अनुसार, मूल तथा लक्ष्य पाठों की समानता ध्वनियोजना की दृष्टि से है। दोनों में 7-7 स्वर तथा 8-8 व्यंजन हैं तथा दोनों के ध्वनिगत पैट्नों में भी सनानता है। अर्थ की समानता (या असमानता) यहाँ प्रासंगिक नहीं।

सारानुवाद : मूलभाषा पाठ का लक्ष्यभाषा पाठ में सार-संक्षेप प्रस्तुत करना जिससे पाठक मूल वक्तव्य के आवश्यक ब्यौरों की जानकारी प्राप्त कर सके।

वर्गीकरण का विशिष्ट सन्दर्भ

यह उचित होगा कि अनुवाद प्रकारों के वर्गीकरण पर अनुवाद प्रक्रिया की निजी प्रकृति के विशिष्ट सन्दर्भ में विचार किया जाए। यह विशिष्ट सन्दर्भ है द्वन्द्वात्मकता का। अनुवाद अपनी प्रकृति से एक सन्तुलन या समझौता होने से द्वन्द्वात्मक व्यापार है। अतः अनुवाद प्रकारों को द्वन्द्वात्मक परिप्रेक्ष्य में देखने से अनुवाद प्रणाली के मुद्दे स्पष्टता से उभरकर सामने आते हैं। मुख्य युगल इस प्रकार हैं :

(क) भाषिक अनुवाद : सांस्कृतिक अनुवाद—मूलभाषा पाठ को भाषिक निष्पत्ति मानकर अनूदित करना भाषिक अनुवाद है और सांस्कृतिक निष्पत्ति मानकर अनूदित करना सांस्कृतिक अनुवाद है।

(ख) अर्थकेन्द्रित अनुवाद : सम्प्रेषणकेन्द्रित अनुवाद—मूलभाषा पाठ के अर्थपक्ष पर केन्द्रित अनुवाद अर्थकेन्द्रित अनुवाद है, तथा सम्भावित/उद्दिष्ट पाठक के अर्थबोध की सुविधा से अनुशासित अनुवाद सम्प्रेषणकेन्द्रित अनुवाद है।

(ग) शाब्दिक अनुवाद : स्वतन्त्र अनुवाद—मूलपाठ के प्रत्येक शब्द (उसके व्याकरणिक तथा अर्थगत पक्ष) का अनुवाद करना शाब्दिक अनुवाद है, और ऐसा

न कर पाठ के सन्देश की सम्पूर्णता पर आधारित मौलिकप्राय रीति से लक्ष्यभाषा में पुनर्लेखन स्वतन्त्र अनुवाद (भावानुवाद) है।

(घ) संघटनाप्रधान अनुवाद : प्रकार्यप्रधान अनुवाद—मूलपाठ की व्याकरणिक संघटना को सुरक्षित रखते हुए अनुवाद करना संघटनाप्रधान अनुवाद है, तथा व्याकरणिक संघटना के सन्दर्भनिष्ठ प्रकार्य को प्रधानता देते हुए अनुवाद करना प्रकार्यप्रधान अनुवाद है।

(ङ) निकट अनुवाद : दूरस्थ अनुवाद—मूलपाठ के सब पक्षों के निकट रहने वाला अनुवाद निकट अनुवाद कहलाता है तथा मूलपाठ से दूर जाकर लक्ष्यभाषा की प्रकृति के अनुरूप निष्पन्न होने वाला अनुवाद दूरस्थ अनुवाद है।

(च) मूलनिष्ठ अनुवाद : सुन्दर अनुवाद-मूल पाठ के भाषिक तथा सन्देशगत पक्षों के प्रति निष्ठाशील अनुवाद मूलनिष्ठ अनुवाद है तथा लक्ष्यभाषा की प्रकृति के अनुरूप सहज तथा प्रवाहशील भाषा में मूल के सन्देश की पुनरावृत्ति सुन्दर (रोचक) अनुवाद है।

इन युगलों में (ख) से लेकर (च) तक पाँच युगलों को स्थूल रूप से एक ही समस्या—शब्दानुगामी अनुवाद : अर्थानुगामी अनुवाद—के रूपान्तरों के रूप में देखा जा सकता है जिनमें प्रवर्तन बिन्दु तथा बल का अन्तर है।

अनुवादधर्मिता के प्रकार

औपचारिक भाषाप्रयोग के क्षेत्र में अनेक पाठकेन्द्रित व्यापार ऐसे हैं जिन्हें अनुवादधर्मी व्यापार कहा जा सकता है। इसका तात्पर्य यह है कि उनके निष्पादन में अनुवाद के किसी-न-किसी प्रकार—समभाषिक, अन्यभाषिक, शाब्दिक, स्वतन्त्र, आदि—का अंग रूप में उपयोग होता है। यह उपयोग आंशिक ही होता है और इस आंशिकता की सीमा का निर्धारण करना उन व्यापारों की प्रवृत्ति से अनुशासित होता है। ये व्यापार हैं **सारांश, संक्षेप, टीका या व्याख्या, अर्थनिरूपण और परिभाषा।** 'सारांश' में पाठ के बीजतत्त्व को एक या दो (कभी-कभी कुछ अधिक) वाक्यों या पदबन्धों में प्रस्तुत किया जाता है जिसमें सारानुवाद का विशेष उपयोग होता है। 'संक्षेप' में, पाठ के प्रतिपाद्य की इकाइयों को पुनर्गठित रूप में इस प्रकार प्रस्तुत किया जाता है कि निष्पन्न पाठ का आकार मूलपाठ के आकार से कम हो; आकार के अनुपात का निर्धारण मूलपाठ के सन्देश की प्रकृति से अनुशासित होता है। सारानुवाद की प्रणाली का इसमें भी उपयोग होता है। 'टीका' या 'व्याख्या' में मूलपाठ के उन अंशों का अर्थप्रकाशन तथा पारिभाषिक स्पष्टीकरण किया जाता है जो सम्भावित या उद्दिष्ट पाठक के लिए अर्थबोध की समस्या उत्पन्न कर सकते हैं। इसमें शब्दों और शब्द-शृंखलाओं का अनुवाद अपेक्षित होता है, जो आकार की दृष्टि से कुल मिलाकर मूल से अधिक हो जाता है। 'अर्थनिरूपण' में मूलपाठ की कम

परिचित अभिव्यक्तियों के स्थान पर अधिक परिचित अभिव्यक्तियों का प्रयोग कर अर्थ का स्पष्टीकरण किया जाता है। 'परिभाषा' में मूलपाठ की विशिट अभिव्यक्ति का ऐसा परिचय दिया जाता है जो मूल अभिव्यक्ति के विषय में हमारी जानकारी को तो बढ़ाता है परन्तु वास्तविक भाषा व्यवहार में वह परिचायक अभिव्यक्ति मूल अभिव्यक्ति का स्थान नहीं ले पाती। समभाषिक और द्विभाषिक कोशों में अनेक प्रविष्टियों की, उनके पर्याय के स्थान पर, या/और अतिरिक्त रूप से, परिभाषाएँ दी जाती हैं।

अनुवादधर्मिता का एक विशिष्ट रूप है **अनुकूलन**। यह समभाषिक भी हो सकता है, अन्यभाषिक भी; यह ऐसा अनुवादधर्मी व्यापार है जो दो रूपों में प्रत्यक्ष होता है–**विधान्तरण** तथा **अनुकृति**। विधान्तरण में रूपविधा बदलती है परन्तु विषयवस्तु वही रहती है–कहानी को नाटक बनाकर प्रस्तुत करना, समाचार पत्र में प्रकाशित किसी घटना को कहानी का रूप दे देना, आदि। अनुकृति में लेखक अपनी ही रचना प्रस्तुत करता है; मूलपाठ से उसकी समानता प्रायः रचना के शीर्षक और प्रस्थानबिन्दु के स्तर पर दीखती है और इसी अंश में वह अनुकृति कहलाती है। आचार्य हजारीप्रसाद द्विवेदी की रचना 'मेघदूत : एक पुरानी कहानी' को कालिदास के 'मेघदूतम्' की अनुकृति कहा जा सकता है। तुलनात्मक साहित्य विवेचन में इसकी विशेष प्रासंगिकता है।

6

अनुवाद की प्रणाली

हम पहले स्पष्ट कर चुके हैं कि अनुवाद सिद्धान्त का अन्यतम केन्द्रबिन्दु है अनुवाद प्रणाली का निर्धारण, जिसके द्वारा पाठ प्रकारों की विविधता की यथासम्भव दीर्घतम श्रृंखला के अनुवाद के लिए सैद्धान्तिक स्तर पर किसी परिणाम पर पहुँचा जा सके। इसके लिए अनुवाद की प्रक्रिया तथा अनुवाद के प्रकार, इन दो की जानकारी सहायक रहती है और यही कारण है कि अनुवाद प्रणाली के बारे में विचार करते हुए उपर्युक्त दोनों बिन्दुओं के क्षेत्र में भी प्रवेश हो जाता है। अतः इन तीनों को युक्तिसंगत रूप से सम्बद्ध रूप में देखना उचित होगा।

अनुवाद प्रणाली के नियामक तत्त्व

अनुवाद प्रणाली के निर्धारण पर जिन परिस्थितियों का नियन्त्रण होता है उन्हें इस प्रकार निरूपित किया जा सकता है। (क) मूलपाठ की प्रकृति—उसकी सन्देशगत तथा भाषिक संरचना। सन्देश कैसा है—विवरणात्मक, वर्णनात्मक, अभिव्यंजक, निर्देशात्मक, विचारात्मक आदि; या साहित्यिक होने पर साहित्य विधाओं की शब्दावली में कविता, कथा, नाटक, निबन्ध आदि; या विषयवस्तु आदि की दृष्टि से दार्शनिक, धार्मिक, सांस्कृतिक, ऐतिहासिक, भौगोलिक, वैज्ञानिक, प्रौद्योगिकीय आदि; या समय और स्थान की दृष्टि से प्राचीन-विदेशी, प्राचीन-स्वदेशी, अर्वाचीन-विदेशी, अर्वाचीन-स्वदेशी आदि। भाषा सम्बन्धी चिन्तन-बिन्दु शब्दकोश और व्याकरण से सम्बन्धित होंगे। इसमें भाषा-संरचना की समस्याएँ भी आएँगी, भाषाप्रयोग की भी। शब्दकोश में विविध कोटियों के शब्दों का समावेश है—सामान्य, पारिभाषिक, अमूर्त, अनेकार्थक, आदि। व्याकरणिक गठन के भी अपने-अपने वैशिष्ट्य हैं—हिन्दी और अंग्रेज़ी में पक्ष, वृत्ति और वाच्य की समस्या। इसी प्रकार भाषाप्रयोग के प्रतिमान की दृष्टियों से प्रयुक्तियों का बिन्दु विचारणीय है—तकनीकी, गैरतकनीकी, साहित्यिक, वाणिज्यिक आदि। इसी के अन्तर्गत यह भी विचारणीय है कि मूलपाठ लिखित

माध्यम में है या मौखिक माध्यम में। यदि पाठ लिखित है तो हस्तलेखन या मुद्रण की त्रुटियों से मुक्त है या नहीं और यदि मौखिक है तो टेपांकन (यदि वह टेपांकित है) या भाषण सुश्राव्य है या नहीं। ये सब बातें उपयुक्त प्रणाली के निर्धारण को प्रभावित करती हैं। **(ख) अनुवादक**—अनुवाद किए जानेवाले पाठ के सब पक्षों की अच्छी जानकारी, पाठ के सन्देश के प्रति निष्ठा, तथा लक्ष्यभाषा में उसे संक्रान्त करने की स्वैच्छिक तत्परता, ये अनुवादक सम्बन्धी ऐसी बातें हैं जो अनुवाद प्रणाली के निर्धारण में एक घटक बनती हैं। इन सबकी अनुकूलता अनुवाद प्रणाली की व्यापक स्वीकार्यता का आधार है। **(ग) अनुवाद का उद्देश्य**—यह निर्णय भी अपेक्षित है कि पाठक को केवल सूचित करना लक्ष्य है या उसे प्रभावित कर अपने अनुकूल बनाना या दोनों। इसके अतिरिक्त मूलपाठ की सन्देश तथा अभिव्यक्ति सम्बन्धी विशेषताओं को तथावत् लक्ष्यभाषा में व्यक्त कर देना भी उद्देश्य हो सकता है। **(घ) पाठक**—अनुवाद के सम्भावित/उद्दिष्ट पाठक की अर्थबोध-क्षमता, जो उसके शैक्षिक-सांस्कृतिक स्तर से निर्धारित होती है, अनुवाद प्रणाली के निर्धारण का एक प्रमुख घटक है। लक्ष्यभाषा की बोधगम्यता की मात्रा—सहजता तथा दुर्बोधता के ध्रुव-बिन्दुओं की मध्यवर्ती स्थितियाँ; दूसरे शब्दों में, कम बोधगम्य या अधिक बोधगम्य—का इसी से सीधा सम्बन्ध है। **(ङ) भाषाप्रयोग का व्यावहारिक सन्दर्भ**—यह सन्दर्भ औपचारिक है या अनौपचारिक (और अर्ध-औपचारिक), यह विचार इसके अन्तर्गत आता है।

अनुवाद प्रणाली के निर्धारण की परिस्थितियों का उपर्युक्त विवरण सामान्य कोटि का है जिसके आधार पर आगामी चिन्तन को अधिक स्पष्टता से समझा जा सकता है।

अनुवाद प्रणाली सम्बन्धी चिन्तन : अतीत और वर्तमान

उन्नीसवीं शताब्दी में अनुवाद प्रणाली सम्बन्धी चिन्तन जिस विवाद पर केन्द्रित था उसे इस प्रकार प्रस्तुत किया जा सकता है :

(क)	(ख)
(1) अनुवाद मूलभाषा के निकट हो।	(1) अनुवाद में लक्ष्यभाषा की प्रकृति को संरक्षित रखने पर विशेष ध्यान दिया जाए।
(2) अनुवाद मूलनिष्ठ हो।	(2) अनुवाद सुन्दर हो।
(3) अनुवाद शाब्दिक हो।	(3) अनुवाद स्वतन्त्र हो।
(4) अनुवाद मूलभाषा के रूप पक्ष का अनुगामी हो।	(4) अनुवाद मूलभाषा के अर्थपक्ष का अनुगामी हो।
(5) अनुवाद, पाठक को मूलभाषा पाठ के संसार में ले जाए।	(5) अनुवाद, मूलभाषा पाठ के संसार को पाठक के निकट ले आए।

इस तालिका से यह स्पष्ट हो जाता है कि इसमें अनुवाद व्यापार की

बहुपक्षीयता का सन्तोषजनक निर्वाह नहीं हुआ—अनुवाद प्रणाली के नियामक तत्त्वों का सन्तुलन दिखाई नहीं देता। यह केवल मूलपाठ के भाषिक तथा सन्देशगत पक्षों तक सीमित है। अनुवाद का उद्देश्य, अनुवाद का सम्भावित/उद्दिष्ट पाठक, अनुवादक की स्थिति, मूलभाषा पाठ के सर्जन का व्यावहारिक सन्दर्भ आदि के सम्बन्ध में इन दृष्टिकोणों में कुछ नहीं मिलता। इसका मुख्य कारण यही प्रतीत होता है कि उस समय न तो लेखन सम्बन्धी इतनी विविधता थी तथा न तदनुसार अनुवाद सम्बन्धी चिन्तन की वह बहुपक्षीयता ही जो वर्तमान युग में लेखन सम्बन्धी विविधता के साथ अनुवाद कार्य की बढ़ती हुई सामाजिक आवश्यकता की चेतना के फलस्वरूप विकसित हो गई है।

वर्तमान चिन्तन में **प्रभावसमता** की धारणा को अनुवाद प्रणाली के निर्धारण की मुख्य कसौटी माना जाता है। इसे ही नाइडा ने प्रकार्यात्मक (या गतिशील) मूल्यसमता कहा है। इसका तात्पर्य यह है कि अनुवाद को पढ़कर अनुवाद के पाठक पर वही प्रभाव पड़े जो मूलपाठ को पढ़कर मूलपाठ के पाठक पर पड़ा था या पड़ता है; दोनों (पहले और दूसरे) पाठकों पर पड़ने वाले प्रभावों में समानता हो। नाइडा ने इसे मूल्यगत समानता के रूप में देखा जो सन्दर्भनिष्ठ होने से प्रकार्यात्मक या गतिशील होती है—सन्दर्भ से निर्धारित होने के कारण प्रकार्य (प्रभाव) गतिशील होता है; सन्दर्भ बदलने से प्रकार्य भी बदलता है। इस प्रकार की गतिशील मूल्यसमता अनुवाद प्रणाली के निर्धारण की कसौटी है—मूलभाषा तथा लक्ष्यभाषा के सन्दर्भों की परिवर्तनशीलता को ध्यान में रखते हुए अभिव्यक्ति-मूल्यों की समानता को बनाए रखना अनुवाद प्रणाली का मूल तत्त्व है।

प्रभावसमता की धारणा की विशेषता यह है कि इसमें उपर्युक्त विवाद-तालिका की प्रासंगिकता समाप्त हो जाती है, क्योंकि इसमें पाठक को कसौटी माना गया है। पाठक के महत्त्व को केन्द्रीय स्थान देने से अनुवाद प्रणाली सम्बन्धी चिन्तन में एक महत्त्वपूर्ण मोड़ आया जो बीसवीं शताब्दी के उत्तरार्ध में विशेष रूप से उभरा। अनुवाद, दूसरे पाठक के लिए किया जाता है जो मूलभाषा से अपरिचित होता है। पाठक के स्तर अलग-अलग हो सकते हैं, इसलिए एक ही मूलपाठ के अनुवाद भी अलग-अलग हो सकते हैं। 'नो एडमिशन' के लिए हिन्दी में 'प्रवेश वर्जित है' और 'अन्दर आना मना है' दोनों ही अनुवाद स्वीकार्य हैं। प्रभावसमता की धारणा में यह भी अन्तर्भूत है कि मूलभाषा के पाठक पर विशेष प्रभाव डालने के लिए यदि मूल लेखक ने भाषिक प्रतिमानों का अतिक्रमण किया है तो अनुवादक को भी वैसा ही करना चाहिए। इस प्रकार प्रभावसमता की निष्पत्ति के लिए सन्दर्भानुसार शब्दानुगामिता और अर्थानुगामिता दोनों का आश्रय लेना उचित है; यहाँ अर्थानुगामिता में वाच्यार्थ के साथ लक्ष्यार्थ एवं व्यंग्यार्थ भी अन्तर्भूत हैं। यह भी द्रष्टव्य है कि पाठक प्रधानता की संकल्पना के साथ अनुवाद में लक्ष्यभाषानिष्ठता की धारणा भी जुड़ी हुई है—अनुवाद लक्ष्यभाषा की

प्रकृति के अनुकूल हो तथा इस प्रकार पाठक को स्वाभाविक तथा उपयुक्त प्रतीत हो। सामान्य रूप से अधिकतम विविधतापूर्ण पाठों के लिए प्रभावसमता की धारणा पर केन्द्रित अनुवाद प्रणाली का सफलतापूर्वक प्रयोग किया जाता है।

इसके बावजूद भी प्रभावसमता के सिद्धान्त की कुछ सीमाएँ हैं जिन्हें उपेक्षित नहीं किया जा सकता। पहली बात यह है कि यह मानसवाद पर आधारित है। प्रभावसमता की प्राप्ति के लिए अनुवादक को अपनी कल्पनाशक्ति का विशेष प्रयोग करना पड़ेगा। उसे मूलपाठ के माध्यम से उस प्रभाव की कल्पना करनी पड़ेगी जो मूलपाठ के पाठकों पर पड़ा होगा और जिसे अब अनुवाद के पाठकों के लिए निष्पन्न किया जाना है। मूल प्रभाव क्या था—पहले पाठक ने मूलपाठ को पढ़कर क्या सोचा, उसमें क्या प्रतिक्रिया हुई, इत्यादि को जानने का कोई विश्वसनीय साधन, सिवाय अपनी कल्पना से, अनुवादक के पास नहीं। इसके अतिरिक्त मूलपाठ के अनेक पहलू ऐसे हैं जिनका प्रभावसमता से सामंजस्य नहीं बन पाता : (1) भाषा की रूपात्मक विशिष्टताएँ—मूल पाठ की शब्दालंकार प्रधान अभिव्यक्तियाँ ऐसा ही एक क्षेत्र है। यदि समान प्रभाव की निष्पादक युक्ति लक्ष्यभाषा में नहीं है तो कठिनाई होगी; या फिर मूल युक्ति इतनी दुर्बल हो कि उसे अनुवाद में उपेक्षित किया जा सके। (2) सांस्कृतिक वैशिष्ट्य—ऐसे सांस्कृतिक वैशिष्ट्य को लक्ष्यभाषा में समान प्रभाव के साथ प्रस्तुत नहीं किया जा सकता जो केवल मूलभाषा तक सीमित है तथा जिसके समकक्ष सांस्कृतिक वैशिष्ट्य लक्ष्यभाषा में नहीं है। यदि वह वैशिष्ट्य केवल पहले पाठक के लिए ही अभिप्रेत है तो कठिनाई अधिक होगी। मूलभाषा का प्रयोग करने वाले देश के कानून को लक्ष्यभाषा का प्रयोग करने वाले देश के पाठकों के लिए प्रभावसमता की प्राप्ति के उद्देश्य से विकृत करना उचित न होगा; हिन्दू कोड बिल का विवरण इसी प्रकार का मूलपाठ है। (3) स्थानीयता/आंचलिकता की निष्पत्ति करने वाले शब्द तथा अभिव्यक्तियाँ—प्रभावसमता की प्राप्ति के लिए लक्ष्यभाषा में इन्हें संक्रान्त इसलिए नहीं किया जा सकता क्योंकि उनकी सार्थकता मूलभाषा तक ही सीमित है। एक विशिष्ट ऐतिहासिक युग तक सीमित होने के कारण वे स्थान के साथ-साथ समय की दृष्टि से लक्ष्यभाषा के पाठक से, जो सामान्यतया समसामयिक होता है, दूर और अतएव उसके लिए अप्रासंगिक हो जाती हैं। (4) आत्माभिव्यक्ति प्रधान सर्जनात्मक रचनाएँ—ये रचनाएँ मूलभाषा में भी पाठक को ध्यान में रखकर नहीं लिखी जातीं। यही कारण है कि उनके अनुवाद में भी लक्ष्यभाषा के पाठक को ध्यान में रखना प्रासंगिक न होगा और अतएव प्रभावसमता की निष्पत्ति/अनिष्पत्ति की समस्या भी प्रासंगिक न होगी।

वस्तुतः इन सब प्रसंगों में शाब्दिकता की अनुवाद प्रणाली मान्य होगी जो पहले उल्लिखित तालिका के स्तम्भ (क) को ज्ञापित करती है। अनुवाद प्रणाली के रूप में शाब्दिकता की धारणा व्यापक है जिसमें मूलभाषा के पाठ का व्याकरणिक

गठन, शब्द की इकाई, अर्थ की परास, स्वनिक गठन का वैशिष्ट्य (शब्दालंकारों की विविधता), विशिष्ट शब्दसमूह (पारिभाषिक, सांस्कृतिक, वैचारिक, आंचलिक) आदि का अन्तर्भाव है। शाब्दिकता के अनुकूल स्थलों को तथावत् लक्ष्यभाषा में संक्रान्त करना होता है तथा इसके लिए लिप्यन्तरण और उसके साथ पादटिप्पणी, व्याख्यात्मक अनुवाद आदि पद्धतियों का आश्रय लेना होता है। इस तथ्य को ध्यान में रखकर यह सामान्य अनुवाद सूत्र बना कि **एक सफल अनुवाद जितना सम्भव हो उतना शाब्दिक तथा जितना आवश्यक हो उतना स्वतन्त्र (प्रभावसमता का उपलक्षण)** होता है। जिस मूलभाषा पाठ में मानवीय अनुभवों की प्रधानता होती है उसका अनुवाद समान एवं सन्तुलित रूप से शाब्दिक भी होता है, प्रभावसम भी।

अनुवाद प्रणाली और भाषा सिद्धान्त

अनुवाद प्रणाली सम्बन्धी चिन्तन के पूर्वोक्त विवरण में किसी सुनिश्चित भाषा सिद्धान्त का आधार दिखाई नहीं देता जबकि समसामयिक अनुवाद सिद्धान्त की यह विशेषता है वह सुपरिभाषित भाषा सिद्धान्त को लेकर चलता है। इस दिशा में न्यूमार्क का योगदान उल्लेखनीय है उन्होंने भाषा चिन्तन की पीठिका पर अनुवाद प्रणाली की समस्या का विश्लेषण किया है तथा एक व्यापक एवं यथासम्भव सन्तुलित योजना प्रस्तुत की है। इस योजना के तीन पक्ष हैं जो परस्पर सम्बद्ध हैं : भाषाप्रकार्य, पाठ संरचना, और संकेतवैज्ञानिक स्वरूप।

भाषाप्रकार्य : ब्यूलर के अनुसार प्रत्येक भाषापाठ में तीन प्रकार्यों की सत्ता दिखाई देती है : (क) अभिव्यंजक—यह लेखक केन्द्रित होता है; भाषा का वैयक्तिक, आत्माभिव्यंजक, सर्जनात्मक या आत्मनिष्ठ प्रयोग इसका लक्षण है। कोई प्रगीत, निजी पत्र, आत्मकथा, आत्मस्वीकृति आदि, जिसके बीजवाक्य का कर्ता उत्तम पुरुष पुरुषवाचक सर्वनाम 'मैं' हो, इसके उदाहरण हैं। (ख) सूचनात्मक—यह विषयवस्तु केन्द्रित होता है; भाषाबाह्य यथार्थ से सम्बद्ध रहता है; भाषा का निर्वैयक्तिक प्रयोग इसका लक्षण है। कोई तकनीकी रिपोर्ट, विज्ञान की पुस्तक आदि, जिसके बीजवाक्य का कर्ता (प्रकट या प्रच्छन्न) अन्यपुरुष संज्ञा या पुरुषवाचक सर्वनाम 'वह' हो, इसके उदाहरण हैं। इसकी प्रकृति को निर्दिष्ट करने के लिए निम्नलिखित शब्दों का प्रयोग भी किया जाता है—संज्ञानात्मक, मुख्यार्थप्रधान, निर्वचनात्मक, बौद्धिक, सन्दर्भगत, वर्णनात्मक, वस्तुनिष्ठ, आदि। (ग) प्रभावपरक—यह पाठक केन्द्रित होता है; लेखक भाषा का ऐसा प्रयोग करता है कि पाठक को अभीष्ट सन्देश मिल जाए। कोई विज्ञापन, अपील, प्रचार सामग्री, घोषणा, नियम-विनियम, सिफ़ारिशी अभिव्यक्ति, जिसके बीजवाक्य का तार्किक, तथा कहीं-कहीं व्याकरणिक, कर्ता मध्यम पुरुष पुरुषवाचक सर्वनाम 'आप' या 'तुम' हो, इसके उदाहरण हैं। इसकी प्रकृति को

निर्दिष्ट करने के लिए निम्नलिखित शब्दावली का भी प्रयोग किया जाता है—सम्बोधनात्मक, सामाजिक, आदेशात्मक, आलंकारिक, प्रभावात्मक, उत्कण्ठाजनक, अनुनयात्मक, प्रेरणात्मक, निर्देशात्मक, लक्ष्यार्थ-व्यंग्यार्थ प्रधान, सम्मोहक, उद्दीपक, परामर्शपरक, उपदेशात्मक, भावोच्छ्वासक आदि। इस शब्दावली से इस कोटि के भाषाव्यवहार की अर्थव्यंजना का काफ़ी स्पष्ट आभास होता है। भाषाप्रकार्य योजना के उपर्युक्त मानचित्र में याकोबसन की मान्यताओं को जोड़ देने से तीन प्रकार्य और जुड़ जाते हैं—सौन्दर्यात्मक, जो अभिव्यंजक का विशिष्ट भेद है; निरूपक, जो सूचनात्मक का विशिष्ट भेद है; तथा सामाजिक सम्बोधात्मक, जो प्रभावपरक का विशिष्ट भेद है। कल्पनाप्रसूत, सर्जनात्मक, साहित्यिक रचनाओं में सौन्दर्यात्मक प्रकार्य की प्रधानता होती है। भाषा के स्वपर्यालोचनात्मक विवेचन में निरूपक प्रकार्य की सत्ता होती है--उदा. 'संज्ञा उस शब्दवर्ग को कहते हैं जो भाषा में भाषाबाह्य यथार्थ का प्रतिनिधित्व करता है और एक वाक्य में कर्ता, कर्म या पूरक का स्थान लेता है।' सामाजिक सम्बोधात्मक प्रकार्य उन अभिव्यक्तियों में होता है जो वक्ता-श्रोता/लेखक-पाठक के बीच औपचारिक/अनौपचारिक सम्बन्ध का संकेत करती हैं परन्तु विषयवस्तु के विकास में उनका योगदान नहीं होता—'आप सच मानिए', 'आप कहेंगे कि...', 'आप समझ गए?', 'ठीक है न!', 'अच्छा!', 'बस!', 'मेरी कसम', 'तुम्हारी कसम', 'निस्सन्देह', 'यह स्पष्ट है कि...' आदि।

पाठ के भाषाप्रकार्यमूलक विवेचन के बाद अब अनुवाद पक्ष को लें। अनुवाद के तीन स्तर माने जा सकते हैं : (क) सन्दर्भगत—भाषाबाह्य यथार्थ, जो विश्वकोशीय ज्ञान से सम्बन्धित है तथा जिसकी भाषानिरपेक्ष स्वनिष्ठ सत्ता होती है। (ख) पाठगत—सन्दर्भगत स्तर की भाषागत सत्ता पाठ में दिखाई देती है। अनुवादक का सम्पर्क पाठ से ही होता है, वह पाठ से ही जूझता है—बोधन के स्तर पर भी और अभिव्यक्ति के स्तर पर भी। (ग) आत्मगत--अनुवादक के व्यक्तित्त्व का स्तर है। अनुवादक का पाठबोधन, उसके मानस पर बना पाठ का बिम्ब, उसके प्रति अनुवादक की भावनात्मक प्रतिक्रियाएँ (अनुकूल या प्रतिकूल), इस स्तर के अन्तर्गत हैं। संक्षेप में, अनुवादक मूल पाठ का अनुवाद करता है (मूलभाषा पाठ के सन्देश की लक्ष्यभाषा पाठ में आवृत्ति करता है) जिसकी विषयवस्तु से वह परिचित है तथा जिसका अर्थबोध उसके व्यक्तित्त्व की सीमाओं और शक्तियों से प्रभावित है।

अनुवाद प्रणाली सम्बन्धी मुद्दों को स्पष्ट करने के लिए उपर्युक्त दोनों पक्षों को एक साथ इस प्रकार संयोजित कर प्रस्तुत किया जा सकता है।

पाठ के प्रकार्य

क	ख	ग
अभिव्यंजक	सूचनात्मक	प्रभावपरक

अनुवाद के स्तर

(अ)	सन्दर्भगत
(ब)	पाठगत
(स)	आत्मगत

(न्यूमार्क 1981 : 14 से उद्धृत)

इस स्थिति को लाक्षणिक शैली में समझना होगा। अनुवादक 'अबस' नाम उपकरण से पाठ 'कखग' को देखता है—'अबस' तीन स्तरों से निर्मित अखण्ड उपकरण है, तथा 'कखग' एक अखण्ड पाठ है जिसमें तीन प्रकार्य अलग-अलग मात्राओं में मिलते हैं। एक उपयुक्त प्रणाली निर्धारित करने के लिए अनुवादक, पाठ की भाषा प्रकार्य प्रधान प्रकृति के अनुसार अपने उपकरण को परिचालित करता रहता है।

एक आत्माभिव्यक्ति प्रधान कविता के अनुवाद के लिए वह अनुवाद उपकरण को 'क' पर रखता है, एक तकनीकी रिपोर्ट के अनुवाद के लिए 'ख' पर, और एक विज्ञापन के अनुवाद के लिए 'ग' पर। मिश्रित कोटियों के लिए भाषाप्रकार्यों के अनुवाद उपकरण को तदनुसार मध्यवर्ती बिन्दुओं पर रखना होगा। जैसे, आत्माभिव्यक्ति प्रधान कविता में प्राप्त प्रकृति वर्णन का अनुवाद करने के लिए उपकरण को 'क' और 'ख' के मध्यवर्ती बिन्दु पर रखना होगा; तकनीकी रिपोर्ट के संस्तुति वाले अंश के अनुवाद के लिए उपकरण को 'ख' और 'ग' के मध्यवर्ती बिन्दु पर स्थापित करना होगा, इत्यादि। दूसरी बात यह है कि अनुवादक मूलपाठ के सोपान पर 'अ' (यथार्थज्ञान) से 'ब' (पाठगत भाषाज्ञान) को नियन्ति तथा सन्तुलित करता है तथा लक्ष्यभाषा में अभिव्यक्ति के सोपान पर 'क' (लेखक की आत्माभिव्यक्ति) तथा 'स' (अनुवादक की आत्माभिव्यक्ति) में इस प्रकार सामंजस्य स्थापित करने का प्रयत्न करता है कि 'क' पर 'स' हावी न होने पाए। इस प्रकार दोनों सोपानों और स्तरों पर सन्तुलन और सामंजस्य की स्थिति निष्पन्न होती है जो अनुवाद प्रणाली का आधार है।

भाषाप्रकार्यमूलक अनुवाद प्रणाली की योजना को अधिक स्पष्ट करते हुए न्यूमार्क ने सब आवश्यक मुद्दों को एक समेकित तालिका में प्रस्तुत किया है (तालिका पृष्ठ 97 पर देखिए।)

		(क) अभिव्यंजक	(ख) सूचनात्मक	(ग) प्रभावपरक
1.	प्रतिनिधि उदाहरण	साहित्यिक रचनाएँ, प्रामाणिक (लेखक द्वारा प्रमाणित) पाठ	वैज्ञानिक और तकनीकी रिपोर्ट तथा पाठ्यपुस्तकें	विवादप्रधान लेखन, प्रचार सामग्री नोटिस, नियम-विनियम, लोकप्रिय रचनाएँ
2.	आदर्श शैली	व्यक्तिनिष्ठ	निर्वैयक्तिक, वस्तुनिष्ठ	परामर्शप्रधान या निर्देशप्रधान
3.	भाषानिष्ठता	मूलभाषा	लक्ष्यभाषा	लक्ष्यभाषा
4.	केन्द्रबिन्दु	लेखक (उत्तम पुरुष)	सन्दर्भ (अन्य पुरुष)	पाठक (मध्यम पुरुष)
5.	प्रणाली	शाब्दिक अनुवाद	प्रभावसम अनुवाद	प्रभावसम अनुवाद
6.	अनुवाद की इकाई :	लघु	मध्यम	बृहत्
	अधिकतम	सहप्रयोग (मुहावरा)	वाक्य	पाठ (सम्पूर्ण पाठ)
	न्यूनतम	शब्द	सहप्रयोग (मुहावरा)	अनुच्छेद
7.	सामान्य भाषाशैली	अलंकार प्रधान	तथ्यप्रधान	ध्यानाकर्षक
8.	अर्थहानि	पर्याप्त	अल्प	संस्कृतियों के अन्तर पर निर्भर
9.	नए शब्द तथा अर्थ	अनिवार्य, यदि मूल भाषा पाठ में भी हो	अनपेक्षित, जब तक कोई विशेष कारण न हो	स्वीकार्य, यदि मूलभाषा पाठ में रूपपक्ष की प्रधानता नहीं
10.	उन्मीलक शब्द (संरक्षण की दृष्टि से)	शैलीगत उपकरण (के रूप में उपलब्ध)	प्रतिपाद्यसूचक शब्द	संकेत शब्द
11.	असामान्य लाक्षणिक प्रयोग	अनुवाद किया जाए	अर्थ दिया जाए	अनुसर्जित किया जाए
12.	मूलपाठ के अनुपात में आकार	लगभग वही	कुछ अधिक	अनिश्चित

(न्यूमार्क 1981 : 15 से उद्धृत)

पाठसंरचना : अनुवाद प्रणाली की चर्चा के सन्दर्भ में संरचना की दृष्टि से प्रत्येक पाठ को दो खण्डों में बाँटा जा सकता है : (क) वे अभिव्यक्तियाँ जिनका अनुवाद सभी पाठों में अपरिवर्तित रहता है, और (ख) वे अभिव्यक्तियाँ जिनका अनुवाद पाठभेद तथा सन्दर्भभेद से परिवर्तित हो जाता है। प्रत्येक पाठ इन दोनों प्रकारों की अभिव्यक्तियों की एकान्वित इकाई है। इनमें से (क) को अनुवाद प्रणाली का वैज्ञानिक पक्ष और (ख) को कलात्मक पक्ष कहा जा सकता है। जिसके पीछे धारणा यह है कि स्थितिशीलता का प्रत्यक्ष विज्ञान का क्षेत्र है तथा परिवर्तनशीलता का प्रत्यक्ष कला का विषय है। इसे ही क्रमशः 'अनुवाद विज्ञान है' और 'अनुवाद कला है' की व्याख्या के रूप में ग्रहण किया जा सकता है।

अनुवाद प्रणाली के वैज्ञानिक पक्ष में अनेक प्रकार की अभिव्यक्तियों का समावेश है जिनके अनुवाद पर्याय निश्चित हैं–क्रियाविशेषण पदबन्ध (के अनुसार=According to), पारिभाषिक शब्द, रूढ़ एवं बहुप्रचलित लाक्षणिक प्रयोग (सूई की आँख = Eye of the needle), मुहावरे, कहावतें, सार्वजनिक सूचनाएँ (अन्दर आना मना है = No Admission), सामाजिक अभिव्यक्तियाँ ('कहिए, कैसे हैं?' = Hello, how are you?), अपशब्द (हरामी = Bastard), दिन और समय तथा नापतोल आदि पूछने और बताने के लिए प्रयुक्त वाक्य ('आज क्या वार है?' 'कितने बजे हैं?' 'इसका क्या भाव है?' = What is the day today?, What is it time? How much is this?), सूत्रात्मक आदेश वाक्य ('शान्त हो जाइए' = Silence Please), कुछ बड़े आकार-स्तर की परिसीमित प्रयुक्तियाँ भी इसी के अन्तर्गत हैं–मौसम की रिपोर्ट, खाद्य पदार्थों को तैयार करने के नुस्खे, खेलों की भाषा, कम्पनी की तथा लेखा की रिपोर्टें, बैठकों की कार्यसूची और कार्यवृत्त, मेडिकल रिपोर्ट, शैक्षिक तथा चिकित्सकीय प्रमाणपत्र आदि। इसी प्रकार कम्पनियों तथां प्रतिष्ठानों के नाम (Life Insurance Corporation of India = भारतीय जीवन बीमा निगम), पुस्तकों के नाम बशर्ते उनके स्वीकृत अनुवाद उपलब्ध हों (Arabian Nights = सहस्र रजनी चरित्र), प्राधिकृत अनुवादों से उद्धरण (संविधान के अंश), व्यावसायिक भाषाभेद की शब्दावली, आदि का भी इसी में समावेश है। व्यावसायिक तथा औद्योगिक संगठन, नौकरशाही, प्रौद्योगिकी, जनसंचार माध्यम (रेडियो, दूरदर्शन, अखबार आदि), आदि की गतिविधियों से इस प्रकार की अपरिवर्तनशील अभिव्यक्तियों का दायरा बढ़ता जाता है तथा साथ ही स्थिर होता जाता है।

शेष अभिव्यक्तियाँ अनुवाद प्रणाली के कलात्मक पक्ष के अन्तर्गत हैं। इनकी प्रकृति सर्जनात्मक होती है तथा इनमें सीमित मात्रा में चयन का अवकाश भी होता है। इस पक्ष की दृष्टि से अनुवाद उसी प्रकार से चयनात्मक प्रक्रिया है जिस प्रकार सर्जनात्मक मौलिक लेखन। चुने हुए अनुवाद-पर्याय विशुद्धता, उपयुक्तता, और स्वाभाविकता की कसौटी पर उसी प्रकार खरे उतरें जिस प्रकार मौलिक लेखन में।

सब प्रकार के अनुवाद का अन्ततोगत्वा रूप यह है कि लक्ष्यभाषा का कितना दक्षतापूर्ण प्रयोग किया गया है। कलात्मक दृष्टि से कोई अनुवाद कभी अन्तिम नहीं होता; उसमें सुधार तथा परिवर्तन की गुंजाइश बनी रहती है। गुणवत्ता सम्बन्धी अन्तर्ज्ञान तथा रुचि की शर्तें अनुवाद पर भी लागू होती हैं तथा इस विषय में विवाद की स्थिति भी रहती है; यह विवादशीलता इसकी प्रकृति में है। अन्त में अनुवादक की व्यक्तिनिष्ठता ही निर्णय करती है।

पाठ की संरचनात्मक प्रकृति के अनुसार अनुवाद के वैज्ञानिक एवं कलात्मक पक्षों में सन्तुलन स्थापित करना अनुवाद प्रणाली का समुचित रूप है। सैद्धान्तिक स्तर पर इसकी चेतना अनुवादक को न केवल अनेक भूलों से बचा सकती है अपितु वह अनुवाद पर्यायों के निर्धारण और चयन पर तर्क-वितर्क भी कर सकता है, यद्यपि यह सच है कि व्यवहार के स्तर पर अनुवाद कुल मिलाकर लक्ष्यभाषा का कौशलपूर्ण व्यवहार ही है।

संकेतवैज्ञानिक स्वरूप : अनुवाद सिद्धान्त के संकेतवैज्ञानिक आधार की चर्चा पहले की जा चुकी है; वही आधार अनुवाद प्रणाली पर भी लागू होता है। अनुवाद प्रणाली सम्बन्धी चिन्तन के पहले चरण में 'रूपपक्ष की प्रधानता बनाम विषयवस्तु पक्ष की प्रधानता' का प्रश्न था। इसमें अनुवाद के पाठक का कोई स्थान न था और अनुवाद का उद्देश्य आदि अन्य घटकों की भी कोई चेतना न थी। दूसरे चरण में इस प्रश्न ने 'शाब्दिकता बनाम प्रभावसमता' का रूप ले लिया जिसमें पाठक का पक्ष उपस्थित तो हुआ परन्तु पहले पाठक की प्रतिक्रिया की अपरीक्षणीयता के कारण अस्पष्टता बनी रही। अनुवाद प्रणाली के अन्य नियामक तत्त्वों की उपस्थिति भी स्पष्ट नहीं। तथापि व्यवहार में यह काफी सफल रहा।

इस दिशा में न्यूमार्क के योगदान की चर्चा अपेक्षित है। उन्होंने संकेतविज्ञान का सामान्य आधार ग्रहण करते हुए अनुवाद प्रणाली के दो पक्ष निर्धारित किए—अर्थकेन्द्रित अनुवाद प्रणाली तथा सम्प्रेषण केन्द्रित अनुवाद प्रणाली, तथा दोनों के बीच सैद्धान्तिक औचित्य की दृष्टि से संज्ञानात्मक अनुवाद प्रणाली (मूल की शैली सम्बन्धी विशेषताओं—अर्थच्छाया, बल, टोन, व्यंग्य, आदि—से रहित केवल वाच्यार्थ निरूपक अनुवाद) की कोटि स्थापित की, जिसका उद्देश्य पूर्वोक्त दोनों प्रणालियों का संकेतवैज्ञानिक स्पष्टीकरण है, परन्तु जो वास्तविक व्यवहार में एक उपयुक्त अनुवाद प्रणाली के रूप में मान्य नहीं—संज्ञानात्मक अनुवाद हीन कोटि का अनुवाद है। वस्तुतः संज्ञानात्मक अनुवाद का वही स्थान है जो भाषाविश्लेषण में बीजवाक्यों का, जो वास्तविक भाषाव्यवहार के अंग नहीं।

शाब्दिकता प्रधान अनुवाद तथा अर्थकेन्द्रित अनुवाद (= अ. के. अ.) की संकल्पनाओं में निकटता होते हुए भी अन्तर है। शाब्दिक अनुवाद के दो रूप हैं : (क) शब्द-प्रति-शब्द अनुवाद—मूलपाठ के प्रत्येक शब्द का उसी क्रम से, सन्दर्भ को

उपेक्षित करते हुए, मुख्यार्थ कथन, जिसका प्रायः उद्देश्य होता है मूल पाठ की वाक्यरचना को समझना। (ख) शब्दानुगामी (या शाब्दिक) अनुवाद–सन्दर्भ की उपेक्षा करते हुए मूलपाठ के शब्दों का मुख्य अर्थ प्रतिपादित करना, परन्तु मूलभाषा के वाक्यरचना सम्बन्धी नियमों का परिपालन। इनकी तुलना में अ. के. अ. सन्दर्भनिष्ठ होने के साथ-साथ कभी-कभी व्याख्यात्मक भी हो जाता है जिससे समुचित अर्थ प्रकाशन हो सके। इसके अतिरिक्त शाब्दिक अनुवाद मूलभाषा के सामान्य प्रतिमानों का अनुसरण करता है जबकि अ. के. अ. लेखक की भाषा (वस्तुतः, शैली-विशिष्ट प्रतिमान) का। कुल मिलाकर अ. के. अ. मूलभाषा पाठ के सन्दर्भनिष्ठ अर्थ की उस सीमा तक यथातथ अभिव्यक्ति करने का प्रयत्न करता है जिस सीमा तक लक्ष्य भाषा की अर्थगत और वाक्यगत संरचना के प्रतिबन्धों के साथ उसका सामंजस्य हो सके।

सम्प्रेषण केन्द्रित अनुवाद (= सं. के. अ.) और प्रभावसम अनुवाद में काफ़ी निकटता है। प्रभावसम अनुवाद के समान सं. के. अ. भी दूसरे पाठक पर लगभग वही प्रभाव अंकित करने का प्रयत्न करता है जो मूल के पाठक पर हुआ था। अन्तर केवल इतना है कि देश और काल की दृष्टि से दूरस्थ मूलभाषा पाठ के अनुवाद के सम्बन्ध में प्रभावसमता की अनुवाद प्रणाली इसलिए अविचारणीय है कि मूलभाषा पाठ के पाठक (मूल पाठक) पर पड़े प्रभाव की हम केवल कल्पना ही कर सकते हैं--कल्पना के द्वारा उसका अनुमान भर लगा सकते हैं। परन्तु सं. के. अ. सभी पाठों के विषय में केवल समसामयिक पाठक (दूसरे पाठक) के हितों को ही ध्यान में रखता है। जिन पाठों के विषय में–जैसे देश या काल या दोनों की दृष्टि से दूरस्थ पाठ रामायण, इलियड आदि–मूल पाठक पर पड़े प्रभाव की जानकारी का कोई साधन नहीं उनके विषय में उस जानकारी को सं. के. अ. प्रासंगिक नहीं मानता तथा केवल समसामयिक पाठक को केन्द्रबिन्दु मानकर प्रवृत्त होता है।

सिद्धान्त के स्तर पर दोनों प्रणालियों में काफ़ी अन्तर है। सं. के. अ. केवल पाठक को ध्यान में रखकर किया जाता है; इसका सांस्कृतिक परिवेश लक्ष्यभाषा की संस्कृति का होता है (संस्कृति-संक्रमण वस्तुतः संस्कृति-परिवर्तन हो जाता है।) अनुवाद में कोई दुर्बोधता नहीं होती। वह अधिक-से-अधिक पाठकों की सुविधा को ध्यान में रखकर किया जाता है। सामान्यतया यह अनुवाद अ. के. अ. की तुलना में अधिक सुबोध, सरल, स्पष्ट, प्रत्यक्ष, लक्ष्यभाषा की अभिव्यक्ति-रूढ़ियों के अनुकूल तथा एक विशिष्ट प्रयुक्ति से बँधा हुआ होता है। अ. के. अ. में जटिलता, दुर्बोधता, उलझाव तथा शब्दों की मितव्ययिता होती है। इसमें मूलपाठ में प्रतिफलित लेखक की व्यक्तिनिष्ठता (लेखक द्वारा किया गया वैयक्तिक भाषाप्रयोग जो एक सीमा तक सामान्य भाषा के प्रतिमान से हटा हुआ होता है) को सुरक्षित रखने की प्रवृत्ति होती है। इसमें अनुवाद की इकाई का आकार छोटा होता है, मूलभाषा पाठ

के रूप पक्ष से सम्बन्धित विशेषताओं तथा लाक्षणिक प्रयोग की विशेषताओं को संरक्षित रखने का प्रयत्न किया जाता है। इस अनुवाद का 'पाठक' भी एक ही होता है, और वह है स्वयं मूल लेखक, मानो लेखक को ही यह निर्णय करना है कि उसके लेखन का लक्ष्यभाषा पाठान्तर सफल अनुवाद है या नहीं। संक्षेप में, अ. के. अ. मूल लेखक के प्रति वफ़ादार रहता है, और सं. के. अ. अनुवाद के पाठक के प्रति। अ. के. अ. अधिक सूक्ष्म, पैना और व्यापक क्षेत्र का स्पर्श करने वाला होता है। इसकी प्रक्रिया में कठोरता नहीं, अपितु वस्तुनिष्ठता होती है। इसलिए यदि मूलपाठ सरल है तो उसका अ. के. अ. भी सरल होगा और यदि वह कठिन है तो अनुवाद भी कठिन होगा। परन्तु सं. के. अ. सदा सरल, सुबोध तथा स्वाभाविक होता है। संक्षेप में अ. के. अ. एक 'अनुवाद' प्रतीत होता है, और सं. के. अ. 'स्वतन्त्र' लेखन।

दोनों प्रणालियों की प्रकृति में उपर्युक्त भिन्नताओं के स्पष्ट परिणाम भी दीखते हैं जिन्हें सम्प्रेषण के सन्दर्भ में समझना उचित होगा। यह माना जाएगा कि अ. के. अ. अपने मूल से हीन कोटि का होगा क्योंकि उसमें अर्थहानि अवश्यम्भावी है। परन्तु सं. के. अ. मूल से बेहतर भी हो सकता है, क्योंकि अर्थहानि की पूर्ति की प्रक्रिया में उसमें स्पष्टता तथा अर्थकान्ति आ जाती है। इस प्रणाली में अनुवादक अपनी ही भाषा में (लक्ष्यभाषा में) मूल की अपेक्षा बेहतर अभिव्यक्ति के लिए प्रयत्नशील रहता है। इसी का यह आनुषंगिक परिणाम भी है कि अनुवादक अपने अनुवाद में मूलपाठ की अपेक्षा सुधार ला सकता है—अभिव्यक्ति को अधिक आकर्षक, समर्थ, तथा प्रभावशाली बना सकता है—मूल की भूल-चूक को दूर कर सकता है (पाद टिप्पणी में संकेत करते हुए), वाक्यविन्यास की जटिलता, दुर्बोधता, अकारण आवृत्ति आदि का परिहार कर सकता है, अनभीष्ट अनेकार्थता का समाधान कर सकता है, तथा भाषाप्रयोग की असामान्यताओं का उपचार कर सहज भाषा में सन्देश की पुनरावृत्ति कर सकता है। हमने सं. के. अ. के बेहतर होने की सम्भावना मात्र व्यक्त की है। हम इस पर बल नहीं देना चाहते कि सं. के. अ. हमेशा अ. के. अ. से बेहतर ही होता है, क्योंकि प्रश्न उपयुक्तता का है, एक-दूसरे से बेहतर होने का नहीं। इसके अतिरिक्त सं. के. अ. की सीमाएँ भी हैं। अनुवादक को यह तय करना होता है कि वह सन्देश का किस सीमा तक सरलीकरण करे। दूसरे, उसे औसत पाठक की बोधनक्षमता का भी अनुमान करना होगा। कहीं ऐसा न हो कि वह सन्देश को इतना सरल कर दे कि पाठक क्षुब्ध हो उठे, जैसा कि जन संचार के माध्यमों (रेडियो, दूरदर्शन, अखबार) में कभी-कभी होता है। इस अनुवाद की सबसे बड़ी समस्या है इसकी अन्तर्ज्ञान प्रधान प्रकृति, जिसे नापने का कोई तत्काल उपलब्ध पैमाना नहीं। उद्दिष्ट पाठकों की प्रतिक्रियाओं की खोजबीन करके ही इसकी सफलता की मात्रा को मापा जा सकता है। सामान्य रूप से कहा जा सकता है कि अधिकांश साहित्येतर लेखन, पत्रकारिता के लेखन, विज्ञापन,

सूचनाप्रधान लेख और पुस्तकें, पाठ्यपुस्तकें, रिपोर्टें, वैज्ञानिक और प्रौद्योगिकी-सम्बन्धी लेखन, निर्वैयक्तिक पत्राचार, प्रचार एवं प्रसार सामग्री, सार्वजनिक सूचनाएँ, परिसीमित प्रयुक्तियाँ, लोकप्रिय कथासाहित्य, तथा रोज़मर्रा की गतिविधियों से सम्बन्धित लेखन (हैंडबिल आदि) के अनुवाद के लिए सम्प्रेषण केन्द्रित अनुवाद प्रणाली उपयुक्त रहती है। इससे भिन्न, आत्मकथा, निजी पत्राचार, मौलिक अभिव्यक्ति के लिए—जिसमें भाषा भी उतनी ही महत्त्वपूर्ण है जितना कथ्य, चाहे उसका सम्बन्ध दर्शन, धर्म, राजनीति, विज्ञान, शास्त्र या साहित्य में से किसी से भी हो—अर्थकेन्द्रित अनुवाद प्रणाली उपयुक्त रहती है। मोटे तौर पर कहा जाए तो कथ्यप्रधान लेखन के लिए सं. के. अ. तथा भाषा एवं कथ्य की समान प्रधानता वाले लेखन के लिए अ. के. अ. उपयुक्त रहता है। कथ्यप्रधान लेखनों में प्रायः भाषा और कथ्य के पारस्परिक विलय की स्थिति में शिथिलता होती है, तथा दोनों के समान महत्त्व वाले पाठों में दोनों, अधिकतम विलय की स्थिति में होने के कारण, 'सुरचित' पाठ माने जाते हैं। भाषाप्रकार्य की शब्दावली में, अभिव्यंजक पाठों के लिए अ. के. अ. तथा सूचनात्मक एवं प्रभावपरक पाठों के लिए सं. के. अ. उपयुक्त होता है।

एक सीमा तक विभाजक रेखा होने पर भी सार्वभौम कथ्यवाली रचनाएँ—जैसे वैज्ञानिक सिद्धान्त, प्रकृति वर्णन, आदि—तथा मूल एवं लक्ष्य भाषाओं में समान सांस्कृतिक पृष्ठभूमि वाली रचनाएँ (यह बात सांस्कृतिक दृष्टि से निकट भाषाओं पर लागू होती है) दोनों ही प्रणालियों के लिए उपयुक्त हैं; अपितु यह कहना उपयुक्त होगा कि उन पर दोनों प्रणालियाँ समान रूप से लागू होती हैं; इन दोनों का अन्तर इन रचनाओं के लिए प्रासंगिक नहीं रह पाता।

परन्तु क्या यह बात सामान्य रूप से नहीं कही जा सकती कि सभी अनुवाद अनुपातभेद से अर्थकेन्द्रित भी होते हैं और सम्प्रेषण केन्द्रित भी? यह बात इस कथन से भिन्न है कि अ. के. अ. को सं. के. अ. भी होना चाहिए और इसी प्रकार सं. के. अ. को अ. के. अ. भी होना चाहिए। दोनों का सहअस्तित्त्व तथा सामंजस्य पाठसंरचना की प्रकृति में निहित है। अन्तर है मुख्यतः बल की मात्रा का, जिसके लिए अनुवादक को गौण भाव से विश्लेषणात्मक दृष्टि का भी सहारा लेना होता है। उसे यह देखना होता है कि कौन-सा अंश अ. के. अ. के उपयुक्त है और कौन-सा सं. के. अ. के। उदाहरण के लिए, एक सूचनात्मक पाठ के अनुवाद में संस्तुति, निर्देश, मूल्यांकन आदि के अंश सं. के. अ. प्रणाली के अधिक उपयुक्त होते हैं तथा शेष वर्णनात्मक और विवरणात्मक अंश अ. के. अ. की प्रणाली के अनुकूल रहते हैं। पाठ के वे भाषिक अंश जो स्थितिशील होते हैं, सं. के. अ. प्रणाली द्वारा अनूदित होते हैं। विधि साहित्य के अनुवाद की समस्याएँ अपने ढंग की हैं। इसके पारिभाषिक शब्द अ. के. अ. का क्षेत्र है तथा सामान्य भाषा सं. के. अ. के उपयुक्त है।

हम पाठभेद से दोनों प्रणालियों को अनुपातभेद से प्रयुक्त करते हैं। परन्तु एक

बिन्दु ऐसा है जिससे विचलित होने की ढील नहीं दी जा सकती। वह है विशुद्धता। सन्देश के रंगों की गहराई में फर्क पड़ सकता है, पर रंग बदल नहीं सकते। किसी पाठ के लिए अनुवाद-प्रणाली चाहे सम्प्रेषण-केन्द्रित हो या अर्थ-केन्द्रित, सन्देश की विशुद्धता दोनों में समान रूप से संरक्षित रहेगी।

यह विवरण अनुवाद प्रणाली की समस्या के संकेतवैज्ञानिक स्वरूप को स्पष्ट करता है। सं. के. अ. सन्दर्भमीमांसा से जुड़ा है तथा अ. के. अ. अर्थविचार और वाक्यविचार से। यह संकल्पनागत विशदता ही न्यूमार्क के चिन्तन की विशेषता और अनुवाद सिद्धान्त को उनका योगदान है।

अन्त में एक और बात की ओर ध्यान आकृष्ट करना उचित होगा। जिस प्रकार यह माना जा सकता है कि अनुपात भेद से सभी अनुवाद अ. के. अ. भी होते हैं और सं. के. अ. भी, उसी प्रकार यह भी माना जा सकता है कि सभी पाठ या अधिकतर पाठ अ. के. अ. की प्रणाली से भी अनूदित किए जा सकते हैं और सं. के. अ. की प्रणाली से भी। इसमें अनुवादक द्वारा स्वेच्छा से निर्धारित अनुवाद का उद्देश्य नियामक तत्त्व बनता है। इसका महत्त्व परीक्षणात्मक भी हो सकता है, शिक्षणात्मक भी। हम अनुवाद प्रणालियों के अनुप्रयोग को उदाहृत करने के लिए एक ही पाठ के दोनों प्रणालियों के अनुवाद प्रस्तुत कर सकते हैं। (इसके लिए देखिए अगले अध्याय में 'अनुवाद कार्य का नमूना' शीर्षक उपखण्ड।)

7

अनुवाद कार्य

अनुवाद एक विशिष्ट प्रकार का भाषा व्यवहार है—व्यवहार एक कार्य है; विशिष्ट होने के कारण सरल न होकर एक जटिल कार्य है, और इस रूप में सैद्धान्तिक स्तर पर इसके अनेक विचारणीय पक्ष हैं : अनुवाद करने वाला (अनुवादक); अनुवादक अनुवाद क्यों करता है (अनुवाद के उद्देश्य); अनुवाद में वह किन साधनों को काम में लाता है (अनुवादक के उपकरण); अनुवादक को अपने कार्य के निष्पादन में किन युक्तियों का आश्रय लेना होता है (अनुवाद की युक्तियाँ); वे कौन-से बिन्दु हैं जिनका अनुवादक भाषान्तरण नहीं कर पाता (अनुवाद की सीमाएँ); वे कौन-सी विधियाँ हैं जिनका प्रयोग कर अनुवाद की सफलता की जाँच और माप की जाती है (अनुवाद परीक्षण की विधियाँ); वे कौन-से तथ्य हैं जिनकी जानकारी से अनुवादक को अनुवाद कार्य में सफलता मिलती है (अनुवाद के सूत्र); और अन्त में अनुवाद कार्य का एक नमूना। स्पष्ट है कि अनुवाद कार्य का निष्पादक अनुवादक है, अतः अनुवाद कार्य सम्बन्धी विमर्श का केन्द्रबिन्दु भी अनुवादक है। हमने अनुवाद कार्य की जटिलता के जिन पक्षों को ऊपर निर्धारित किया है उनका अनुवादक से प्रत्यक्ष या परोक्ष सम्बन्ध है।

अनुवादक

अनुवादक ही अनुवाद कार्य करता है। दूसरे पाठक को जो अनुवाद पढ़ने को मिलता है वह अनुवादक द्वारा मूलभाषा पाठ के बोधन का परिणाम होता है—अनुवादक के बदलने से बोधन में भी यत्किंचित् अन्तर आ सकता है जिसके फलस्वरूप अनूदित पाठ में कुछ अन्तर आ सकता है; उसके अवधारण के (बल के) केन्द्रबिन्दु बदल सकते हैं, व्यंग्यार्थ की गहनता की मात्रा में अन्तर आ सकता है, इत्यादि। अतः अनुवादक का अनुवाद सम्बन्धी आदर्श, भाषा एवं विषय के बोधन की क्षमता का उसका स्तर, अभिव्यक्ति-सम्बन्धी उसकी अभिरुचियाँ-प्राथमिकताएँ-धारणाएँ-अभ्यास,

उसकी सांस्कृतिक-शास्त्रीय-वैचारिक पृष्ठभूमि, अनुवाद कार्य सम्बन्धी उसका अभिप्रेरण आदि सभी पक्ष समान महत्त्व के हैं तथा सैद्धान्तिक स्तर पर विचारणीय हैं।

अनुवादक के प्रकार : अनुवादक की दृष्टि से, अनुवादपरक सम्प्रेषण प्रारूप इस प्रकार होगा :

मूल लेखक → मूलभाषा पाठ → पाठक 1 =
अनुवादक → लक्ष्यभाषा पाठ → पाठक 2

इस प्रारूप के अन्तर्गत अनुवादकों के दो वर्ग बनते हैं : (1) स्वभाषा अनुवादक, जो द्विभाषिक स्थिति में कार्य करते हैं—लक्ष्यभाषा उनकी स्वभाषा होती है; जैसे हिन्दी भाषी अनुवादक का अंग्रेज़ी से हिन्दी में अनुवाद करना; (2) परभाषा अनुवादक, जो त्रिभाषिक स्थिति में काम करते हैं—लक्ष्यभाषा उनकी स्वभाषा नहीं होती, जैसे हिन्दीज्ञाता मराठीभाषी अनुवादक का अंग्रेज़ी से हिन्दी में अनुवाद करना। ऐसी स्थिति में अनुवादक की हिन्दी पर उसकी मराठी का प्रभाव असम्भावित नहीं होगा; इस स्थिति की तुलना अन्यभाषा अधिगम में मातृभाषा के प्रभाव/व्याघात से की जा सकती है। सामान्य स्थिति यही है कि स्वभाषा अनुवादक अधिक विषय क्षेत्रों में अनुवाद करने में सफ़ल रहता है जबकि परभाषा अनुवादक के विषय क्षेत्र, जिनमें सफलता सम्भावित होती है, अपेक्षाकृत कम रहते हैं। इसी से यह अनुवाद सूत्र निर्धारित हुआ कि अनुवादक को सामान्यतया स्वभाषा में अनुवाद करना चाहिए।

अनुवादक की क्षमताएँ : अनुवादक की व्यक्तिगत क्षमताओं को हम दो वर्गों में रख सकते हैं—तकनीकी तथा अन्य। तकनीकी में उसका भाषाज्ञान, विषयज्ञान, तथा अनुवाद सिद्धान्त से परिचय आते हैं। आदर्श स्थिति यह है कि अनुवादक को मूलभाषा तथा लक्ष्यभाषा दोनों पर समान अधिकार हो—वह पूर्ण द्विभाषिक हो। परन्तु व्यवहार में यह स्थिति नहीं आ पाती। व्यवहार की दृष्टि से यह वांछनीय है कि उसे मूल भाषा का 'पर्याप्त' और 'सन्तोषजनक' ज्ञान हो और लक्ष्यभाषा पर 'अच्छा' अधिकार हो—यह स्थिति बोधन और अभिव्यक्ति के क्रमशः अर्ध-सक्रिय तथा सक्रिय कौशल होने के अनुरूप है। विषयज्ञान की शर्त को दो सन्दर्भों में देखना होगा—(1) साहित्यिक रचनाओं में विधा-भेद का अभ्यास। कुछ लोगों को कविता के अनुवाद में विशेष सफलता मिलती है, कुछ को कथा साहित्य के अनुवाद में। दोनों में सफलता पाने वाले प्रायः कम होते हैं। अनुवादक एक विशेष विधा तथा उसकी विभिन्न प्रकारताओं से अधिक परिचित होगा तो उसे अपने कार्य में सफलता भी सम्भवतः अधिक मिलेगी। (2) साहित्येतर क्षेत्र में विविध विषयों—समाजशास्त्र, राजनीतिशास्त्र, भाषाशास्त्र आदि—का ज्ञान। यह ठीक है कि विषयज्ञान की (विशेष रूप से दूसरे वर्ग से सम्बन्धित) कमी को अनुवादक दूसरों की सहायता से पूरा कर सकता है। अनुवाद सिद्धान्त से परिचय का लाभ अनुवादक को इस रूप में मिलता है कि वह समस्या को उचित परिप्रेक्ष्य में समझ लेता है जिसके आधार पर

व्यावहारिक स्तर पर उपयुक्त समाधान ढूँढ़ने में वह समर्थ होता है। तथापि इस कारक को सर्वथा आवश्यक न मानकर वांछनीय मानना उचित होगा।

अन्य के अन्तर्गत ऐसी विशेषताएँ आती हैं जो प्रकृति से सामान्य कोटि की हैं। ये हैं कल्पनाशीलता, नवोन्मेषक्षमता, प्रतिभा, संवेदनशीलता, सहज बुद्धि (सूझबूझ) और लेखन कार्य में स्वाभाविक रुचि। ये अनुवादक की निजी विशेषताएँ हैं तथा सर्वोपरि हैं। इनमें किसी के अभाव की पूर्ति नहीं की जा सकती; इनमें न्यूनता होने का प्रभाव अनुवाद की गुणवत्ता पर पड़ता है। अनुवादक की भाषाप्रयोग (बोधन तथा अभिव्यक्ति) की क्षमता में लचीलापन होता है—वह मूलपाठ के बोधन तथा लक्ष्यभाषा में सन्देश की अभिव्यक्ति के दो ध्रुवों के बीच क्षिप्र तथा निरन्तर गति करता रहता है। अपने चरम रूप में समस्त अनुवाद लक्ष्यभाषा में कुशल अभिव्यक्ति ही है और यही अनुवादक की सफलता की कसौटी है। इसलिए अनुवादक को 'सर्जक' (वस्तुतः 'अनुसर्जक'), 'भाषा कलाकार' या 'शैलीकार' कहा गया है। अन्ततोगत्वा अनुवादक की व्यक्तिनिष्ठता का ही पलड़ा भारी रहता है—उसकी स्फुरणाएँ, अभिरुचियाँ तथा प्राथमिकताएँ अनूदित पाठ में झलकती हैं। 'अनुवादक जन्मजात होते हैं' यह कथन इस सीमित सन्दर्भ में मान्य हो सकता है।

अभी तक हमने अनुवादक की व्यक्तिगत क्षमताओं पर सकारात्मक दृष्टि से विचार किया है जो कुछ इकतरफ़ा-सा है। अब नकारात्मक दृष्टि से विचार करेंगे जिससे इस प्रसंग का सन्तुलित चित्र बन सके। विषय का पाण्डित्य अनुवादक की सफलता में बाधक हो सकता है। ऐसी अवस्था में उसकी वृत्ति, विषय की गहराई में जाने के कारण, पाण्डित्य-प्रदर्शन की ओर हो सकती है जो अनुवाद की सम्प्रेषणीयता में बाधक होगी। दूसरी सीमा है अनुवादाभास पर ध्यान न जाना। जब किसी भाषा को एक विशिष्ट विषय क्षेत्र के पाठों के अनुवाद के लिए प्रयोग में लाना आरंभ किया जाता है तो अनुवादाभास की स्थिति प्रायः आती है जिसकी ओर से अनुवादक इसलिए उदासीन हो सकता है कि मूल से परिचित होने के कारण उसे स्वयं लक्ष्यपाठ के अर्थबोध में बाधा अनुभव नहीं होती। तीसरी सीमा है मूलभाषा की 'रहस्यात्मकता' (अर्धस्पष्टता) को संरक्षित करने की लालसा। यह प्रवृत्ति प्रायः धार्मिक तथा दार्शनिक ग्रन्थों के अनुवाद में दिखाई देती है। धार्मिक तथा दार्शनिक महत्त्व की विषयवस्तु के प्रति आदर भाव होने के कारण उसकी अभिव्यंजक भाषा के प्रति भी सम्मान का भाव विकसित हो जाना तथा इसलिए उसकी रहस्यात्मकता को सुरक्षित रखने की लालसा उत्पन्न हो जाना एक असम्भावित स्थिति नहीं; परन्तु इसके फलस्वरूप अनुवाद की सम्प्रेषणीयता में बाधा उपस्थित होती है। बाइबिल, गीता आदि के कुछ अनुवादों में यह बात दीखती है। अन्तिम बात यह है कि अनुवादक का मूल लेखक से तादात्म्य स्थापित करना तो ठीक है, उससे अभेद प्रतिपत्ति (अपने को मूल लेखक समझना) ठीक नहीं। अभेद प्रतिपत्ति सम्प्रेषणीयता

में इसलिए बाधक होती है कि उसमें उद्दिष्ट पाठक अनुवाद का पाठक नहीं होता। मूल लेखक से तादात्म्य स्थापित कर अनुवादक अपने व्यक्तित्त्व को सुरक्षित रख सकता है और इस प्रकार मूल लेखक तथा दूसरे पाठक के बीच सम्प्रेषण का सेतु बन सकता है।

अनुवादक की भाषा शैली : इसके तीन पहलू हैं—मूल लेखक की भाषाशैली, अनुवादक की भाषाशैली, अनूदित पाठ की भाषाशैली। सामान्य सिद्धान्त यह है कि अनुवादक अपनी भाषाशैली में (भाषाप्रयोग के जिस प्रतिमान का वह अभ्यस्त है) अनुवाद करता है। परन्तु इसके प्रतिबन्ध भी हैं—उसे एक ओर तो मूल लेखक की भाषाशैली को आत्मसात् करना होता है और दूसरी ओर उसे अनुवाद के पाठक, अनुवाद के उद्देश्य आदि के अनुसार अपनी शैली को ढालना होता है। इसकी कसौटी है उपयुक्तता, जो अनुवादक द्वारा मूलभाषा पाठ के अर्थबोध से सम्बन्धित है। अनुवादक ने मूलपाठ को जैसा समझा है उसे अभिव्यक्त करने में वह जिस अभिव्यक्ति को स्वाभाविक, उपयुक्त और सम्प्रेषणीय मानता है उसका वह प्रयोग करता है। इस प्रक्रिया में जो चयन किए जाते हैं उनकी सामूहिकता से उसका शैलीय प्रतिमान निर्धारित होता है—यही अनुवादक की अपनी भाषाशैली है जो एक ओर तो मूलभाषा पाठ के माध्यम से मूल लेखक की शैली के साथ सामंजस्य की स्थिति में रहती है और दूसरी ओर उद्दिष्ट पाठक के उपयुक्त होती है। इन दो छोरों से निरन्तर बँधे रहना एक निर्वैयक्तिक (वस्तुनिष्ठ) स्थिति है जिसके भीतर से उभरकर उसकी वैयक्तिकता अपना रूप ग्रहण करती है—इसी सीमित अर्थ में वह अनुवादक की अपनी भाषाशैली है और इसी भाषाशैली में वह अनुवाद करता है।

अनुवादक के उपकरण

अनुवाद कार्य में अनुवादक को अनेक प्रकार के बाह्य उपकरणों का भी सहारा लेना पड़ता है जिनसे वह मूलपाठ की भाषा तथा विषयवस्तु के बोधन एवं लक्ष्यभाषा में अभिव्यक्ति को परिष्कृत कर सकता है। अधिकतर उपकरण बोधन से सम्बन्धित हैं क्योंकि वही मूल सोपान है। बोधन सफल होगा तो अभिव्यक्ति भी सफल होगी। बोधन में सहायक मुख्य उपकरण हैं—मूलभाषा का शब्दकोश (समभाषिक और द्विभाषिक), परस्पर सम्बद्ध भाषाओं के शब्दकोश, सन्दर्भ व्याकरण (रेफ़रेन्स ग्रामर); मूलभाषा पाठ की विषयवस्तु पर तथा मूलपाठ की प्रकारता में मूलभाषा में लिखित रचनाएँ। इनके अतिरिक्त अनुवादक को कभी-कभी मूलभाषा के मातृभाषी से, कभी व्यावसायिक सहकर्मी से, और कभी विषय विशेषज्ञ से भी सहायता लेनी होती है।

अभिव्यक्ति के सोपान से विशेष रूप में सम्बद्ध उपकरण ये हैं—लक्ष्य भाषा का पर्याय शब्दकोश, शैली पाठमाला, मूलपाठ की विषयवस्तु पर तथा मूलपाठ की प्रकारता में लक्ष्य भाषा में लिखित रचनाएँ (जिनसे लक्ष्यभाषा के विशिष्ट प्रतिमान का विश्वसनीय ज्ञान हो सके), तथा लक्ष्यभाषा का शैलीकार। इनकी सहायता से अनुवादक को अपना काम सफलतापूर्वक करने में उचित सहायता प्राप्त होती है।

अनुवाद के उद्देश्य

अनुवाद एक स्वैच्छिक तथा सहज स्थिति नहीं। आवश्यकता होने पर ही अनुवाद किया जाता है। अतः अनुवाद के अलग-अलग उद्देश्य होते हैं तथा तदनुसार ही अनुवाद की प्रणालियों (और प्रकारों) का निर्धारण होता है जिनके अनुसार अनुवाद किया जाता है और विशिष्ट प्रकार के पाठों की निष्पत्ति होती है। एक ही पाठ या विभिन्न पाठों को जिन विभिन्न उद्देश्यों से अनूदित किया जा सकता है वे निम्नलिखित हो सकते हैं : (1) मूलभाषा की संरचना और व्यवस्था को समझना। इसके लिए शब्द-प्रति-शब्द अनुवाद की प्रणाली को अपनाया जाता है। (2) मूलभाषा पाठ के मूल उद्देश्य को सम्प्रेषित करना; यह उद्देश्य आत्माभिव्यंजन, सूचना देना, या पाठक को प्रभावित करना, कुछ भी हो सकता है। इसके लिए यथोचित रूप से सम्प्रेषण केन्द्रित या अर्थकेन्द्रित या दोनों की सम्मिश्रित अनुवाद प्रणाली को अपनाया जाता है। (3) सामान्य पाठकों को (विशेषज्ञों को नहीं) मूलपाठ का सन्देश पहुँचाना। इसके लिए सम्प्रेषण केन्द्रित अनुवाद प्रणाली का आश्रय लिया जाता है। इसके अतिरिक्त भी पाठ की प्रकृति तथा अनुवाद की परिस्थितियों के अनुसार अनुवाद के उद्देश्य हो सकते हैं जो अनुवाद कार्य को प्रभावित करते हैं।

अनुवाद सन्दर्भ की पहचान

अनुवाद कार्य की पहली स्थिति है अनुवाद सन्दर्भ (ट्रांसलेशन सिचुएशन) की पहचान। इसमें कई बातों का समावेश है—अनुवाद कौन कर रहा है (क्या उसमें अपेक्षित क्षमताएँ हैं?), अनुवाद किस कोटि के पाठक के लिए किया जा रहा है (विशेषज्ञ, छात्र, या सामान्य जिज्ञासु), अनुवाद की पाठसामग्री किस प्रकार की है (साहित्यिक, प्रौद्योगिकीय, जनसंचारीय आदि), अनुवाद किस उद्देश्य से किया जा रहा है (मूल का यथासंभव अधिकतम आस्वाद कराना, या मूल से सामान्यतया परिचित कराना), अनुवाद का अभिप्रेरक तत्त्व क्या है (अनुवादक की आत्मतुष्टि, उसकी सामाजिक प्रतिबद्धता, अथवा मात्र धनार्जन की लालसा या विवशता), अनुवाद का प्रायोजक कौन है (अनुवादक स्वयं या कोई अन्य; अन्य में व्यक्ति या संस्था), अनुवाद किस माध्यम में किया जा रहा है (लिखित या मौखिक), अनुवाद का अभिकर्ता कौन है (मानव या मशीन; मानव में अनुवादक अकेला है या उसका कोई सहयोगी भी है), अनुवाद किन भौतिक-मानसिक परिस्थितियों में किया जा रहा है (शीघ्रता की स्थिति में या सामान्य स्थिति में; परिचित भौतिक-सामाजिक परिवेश में या अपरिचित परिवेश में), इत्यादि। इन सब बातों से अनुवाद की प्रक्रिया (अध्याय 4) प्रभावित होती है।

अनुवाद निष्पत्ति की संभावनाएँ

अनुवाद कार्य की प्रकृति और परिस्थिति के अनुसार अनुवाद निष्पत्ति (ट्रांसलेशन प्रोडक्ट) मूल से कुछ हीन भी हो सकता है, कुछ अधिक भी या लगभग बराबर भी। इन स्थितियों को हम अनुवाद सम्भावनाएँ (ट्रांसलेशन प्रोबेबिलिटीज़) कहते हैं। एक प्रारूप के अन्तर्गत इन्हें इस प्रकार प्रस्तुत किया जा सकता है :

1. अनुवाद, मूल से कमतर है : मूल की तुलना में अनुवाद में शैलीगत चयन उपयुक्त नहीं, अन्तर-वाक्य योजक मेल नहीं खाते (जिससे अनुवाद में 'सुरचित पाठ' की निष्पत्ति प्रतिकूल रूप से प्रभावित हुई है), प्रतिपाद्यगत प्रभाव संरक्षित नहीं रह पाए, शैलीय प्रतिमानों तथा विकल्पनों की संवादिता अधूरी है, इत्यादि। ऐसा अधिकतर होता है। अभिव्यंजक-भावात्मक पाठों (जैसे साहित्य) के विषय में यह अधिक संभावित है।

2. अनुवाद, मूल से बेहतर है : मूल की तुलना में अनुवाद अधिक स्पष्ट है (यद्यपि उतना अर्थगर्भ नहीं), अधिक मुहावरेदार है (यद्यपि उसमें उतनी सपाटबयानी नहीं), अधिक सुबोध और अतएव लोकप्रिय है (यद्यपि उतना प्रामाणिक नहीं), अधिक सुन्दर है (यद्यपि उतना मूलनिष्ठ नहीं), समसामयिक पाठकवर्ग के अधिक उपयुक्त है (मूल रचना के अधिक प्राचीन होने की स्थिति में)। ऐसा भी कभी-कभी होता है। श्रोता-दर्शक-पाठक सम्बोधित पाठों (जैसे जनसंचारीय अभिव्यक्ति) के विषय में इसकी संभावना अधिक है।

3. अनुवाद, मूल के बराबर है : दोनों समान रूप से अस्पष्ट हैं, अनेकार्थी हैं, उद्रिक्त हैं, और यह भी कि दोनों समान रूप से अच्छे हैं। ऐसा प्रायः होता है। वैज्ञानिक-प्रौद्योगिकीय पाठों पर यह संभावना अधिक लागू होती है।

प्रायः एक ही रचना के अनुवाद में तीनों स्थितियाँ कमोबेश मिल सकती हैं और यह भी हो सकता है कि कुल मिलाकर एक ही रचना को उक्त तीनों में से किसी एक कोटि में रखा जाए।

अनुवाद की युक्तियाँ

अनुवाद के पाठसंकेतवैज्ञानिक सिद्धान्त के अनुसार पूर्ण (परफ़ेक्ट) अनुवाद सम्भव नहीं, परन्तु प्रत्येक प्रकार के पाठ का अनुवाद सम्भव है। इस कार्य में अनुवाद की जिन युक्तियों को प्रयोग में लाया जाता है उन्हें दो वर्गों में रखा जा सकता है : सामान्य और विशिष्ट। सामान्य के अन्तर्गत हैं **आगम, लोप, स्थानविपर्यय,** और **रूपान्तरण**। इन सबका सम्बन्ध सूचना तत्त्व के साथ है—सूचना तत्त्व का आगम या लोप आदि होते हैं परन्तु सतही स्तर पर यह विविधस्तरीय भाषिक अभिव्यक्तियों के आगम या लोप आदि के रूप मे दिखाई देता है। आगम की युक्ति में मूलपाठ की लुप्त, अस्पष्ट तथा अपूर्ण अभिव्यक्तियों को सतही स्तर पर प्रस्तुत कर अनूदित

पाठ में समाविष्ट किया जाता है। लोप में मूलपाठ का कुछ भाषिक अंश छूट जाता है क्योंकि लक्ष्यभाषा पाठ में उसके प्रकार्य को अनूदित करना अनावश्यक या असम्भव होता है। स्थानविपर्यय में मूलपाठ की भाषिक अभिव्यक्तियों–पद, पदबन्ध, उपवाक्य आदि–का क्रमपरिवर्तन आता है। रूपान्तरण में मूलपाठ की विशिष्ट व्याकरणिक संरचना का लक्ष्यभाषा में रूपपरिवर्तन आता है–मूल के पदबन्ध का उपवाक्य हो जाना, कर्तृवाच्य संरचना का कर्मवाच्य हो जाना इत्यादि (अनुवाद परिवृत्ति)। ये सामान्य युक्तियाँ परस्पर सर्वथा असम्बद्ध नहीं होतीं। इनका सामान्य उद्देश्य होता है लक्ष्यभाषा पाठ को लक्ष्यभाषा की व्याकरणिक संरचना, शैलीय प्रतिमान आदि की दृष्टि से स्वाभाविक तथा उपयुक्त बनाना। अभ्यस्त तथा अनुभवी अनुवादक इन युक्तियों का प्रयोग बहुत-कुछ यन्त्रवत् तथा अर्धचेतन रूप में करता है जबकि अनुवाद शिक्षार्थी के लिए ये युक्तियाँ एक सीमा तक सचेतन रूप में तथा प्रयत्नपूर्वक निष्पादित की जाने वाली युक्तियाँ हैं।

अनुवाद की विशिष्ट युक्तियाँ इस प्रकार हैं :

1. लिप्यन्तरण : मूल से तथावत् लिए जाने वाले शब्द–आगत शब्द, संक्रांत शब्द, गृहीत शब्द–लक्ष्यभाषा की लिपि में प्रस्तुत किए जाते हैं; उनका लिप्यन्तरण (लिपिपरिवर्तन) हो जाता है; जैसे, 'Cabinet' = 'कैबिनेट'। लिप्यन्तरण के उपयुक्त अभिव्यक्तियाँ हैं–व्यक्तिवाचक तथा स्थानवाचक नाम; व्यावसायिक एवं औद्योगिक प्रतिष्ठानों के नाम; राष्ट्रीय, अन्तर्राष्ट्रीय तथा निजी संस्थाओं के नाम; पत्राचार के पते; विशिष्ट सांस्कृतिक नाम; पदों तथा संस्थाओं के नाम; समाचार पत्रों, पुस्तकों, नाटकों, फिल्मों, लेखों, कलाकृतियों, संगीत रचनाओं के नाम; तथा आंचलिक शब्द। सामान्यतः इनका लिप्यन्तरण होता है, तथापि यदि लक्ष्यभाषा में इनके प्राधिकृत या प्रतिष्ठित पर्याय हों तो अनुवाद ही उपयुक्त है, जैसे Life Insurance C .poration of India = 'भारतीय जीवन बीमा निगम'। लिप्यन्तरित अभिव्यक्तियों के साथ, आवश्यक हो तो, व्याख्यात्मक टिप्पणी भी दी जा सकती है।

2. शब्द-प्रति-शब्द अनुवाद : जैसे, 'A boy' = 'एक लड़का' न कि 'लड़का'।

3. आगत अनुवाद : जैसे, 'Economic investigator' = 'आर्थिक अन्वेषक'। इसी में आगत मिश्र को भी लिया जा सकता है, जैसे 'Company director' = 'कम्पनी संचालक'। प्रायः पदनामों के अनुवाद के लिए इस युक्ति का प्रयोग किया जाता है।

4. शब्दस्तरीय पर्यायता : जैसे, 'Horse' = 'घोड़ा', 'To sleep' = 'सोना'। प्रायः वस्तुबोधक तथा व्यापारबोधक शब्दों का शाब्दिक अनुवाद हो जाता है, विशेष रूप से उन भाषाओं में जिनमें सांस्कृतिक निकटता हो। सामान्य कोटि के प्रायः

अमूर्त अर्थ वाले शब्दों को भी शब्दस्तरीय पर्यायता द्वारा अनूदित किया जाता है, जैसे Love = प्यार।

5. घटकीय विश्लेषण : कुछ शब्द सन्देश की दृष्टि से विशेष तथा आधारभूत महत्त्व के होते हैं, तथा अनुवाद के सन्दर्भ में शब्दस्तरीय पर्यायता उनके लिए अपर्याप्त होती है। ऐसे शब्दों के लिए घटकीय विश्लेषण पद्धति का सहारा लेना उपयुक्त रहता है। जैसे 'बुजुर्ग' = An old man (गौणघटक Respectable, rich in wordly experience)

6. स्वभाषीकरण : हिन्दी में अनुवाद करने के सन्दर्भ में, मूल शब्दों का हिन्दीकरण, जैसे 'Interim' = 'अन्तरिम', 'Report' = 'रपट'।

7. प्राधिकृत पर्याय : विशेष रूप से प्रशासनिक तथा विधि साहित्य के अनुवाद में सक्षम निकाय द्वारा प्राधिकृत पर्यायों का चयन ही उपयुक्त रहता है। जैसे 'Acting' = 'कार्यकारी', और 'Officiating' = 'स्थानापन्न', न कि इसके विपरीत।

8. सांस्कृतिक पर्याय : जैसे 'Chancellor of the exchequer' = 'वित्तमंत्री', 'good morning /afternoon/ evening' = 'नमस्ते/नमस्कार/प्रणाम', 'Welfare state' = 'रामराज्य', 'Uncrowned king' = 'हृदय सम्राट्'।

9. गठनात्मक संवादिता : जैसे 'The rule states' = 'यह नियम कहता है' (न कि 'इस नियम में कहा गया है' जो हिन्दी के लिए अधिक स्वाभाविक है।)

10. गठनान्तरण : वाक्यगठन को बदल देना, जैसे जटिल (मिश्र) वाक्य को संयुक्त या सरल वाक्य बना देना।

11. अनुवाद परिवृत्ति : जैसे, उपवाक्य 'As has been decided' = पदबन्ध 'निश्चयानुसार', 'To open cut here' = 'यहाँ काटकर खोलें' (मूल में 'Cut' समापिका क्रिया है, अनुवाद में 'खोलना'), 'No enclosures allowed' = 'इस पत्र के भीतर कुछ न रखिए' (मूल में यह गौण (माइनर) संरचना का निश्चयार्थक वृत्ति का वाक्य है, अनुवाद में यह प्रधान (मेजर) संरचना का आज्ञार्थक वृत्ति का वाक्य है।)

12. प्रभावसमता/सममूल्यता : जैसे 'No admission' = 'अन्दर न आइए', 'From' = 'प्रेषक' अथवा 'From / sender's name and address/ if undelivered please return to' = 'प्रेषक' (पत्राचार के सन्दर्भ में), 'Judgement has been reserved' = 'निर्णय बाद में सुनाया जाएगा।'

13. अनुवाद लेबल : सचेत रूप से, जानबूझकर, लक्ष्यभाषा में नये अर्थ में शब्द का प्रयोग करना तथा उसकी अनुवादात्मक प्रकृति को प्रकट करने के उसे एकल उद्धरण चिह्नों में रखना, (ऐसे शब्दों की कुछ समय बाद लक्ष्यभाषा में स्वीकृत हो जाने की आशा रहती है), जैसे 'Visually handicapped/challenged' = 'दृष्टिबाधित' (न कि अन्धा)।

14. अनुवाद युग्मक : दो अनुवाद युक्तियों का प्रयोग—लिप्यन्तरण के साथ शाब्दिक अनुवाद भी, जैसे 'Knesset' = 'क्नैसैट (इज़रायली संसद)'। प्रेमचन्द के सेवासदन में पात्रों की भाषा में इस प्रकार के अनेक कथन हैं जिनमें अनुवाद युग्मों का प्रयोग है : "जैसे आइन्दा से हमारा यह बतीरा (ढंग) होना चाहिए–" (1962; 220)। एक दृष्टि से ऐसे प्रसंग प्रेमचन्द द्वारा उर्दू से हिन्दी में अनुवाद करने की प्रवृत्ति के लक्षण हैं।

15. परिभाषात्मक अनुवाद : जैसे 'Prima facie case' = 'सरसरी तौर पर देखने से बनने वाला मामला'/'प्रथम दृष्ट्या मामला'। यह व्याख्यात्मक होता है और केवल पारिभाषिक शब्दों के अनुवाद तक सीमित नहीं होता; कभी-कभी सामान्य शब्द भी पारिभाषात्मक अनुवाद द्वारा अनूदित किए जाते हैं।

16. संशोधनात्मक अनुवाद : मूल में तथ्यपरक अथवा शिथिलता के फलस्वरूप होने वाली त्रुटियों का संशोधन करते हुए अनुवाद करना।

17. क्षतिपूर्ति : मूल की निजी विशिष्टता, जैसे लाक्षणिक प्रयोग, का लक्ष्य भाषा में अनुवाद न हो पाने से उत्पन्न क्षति की पूर्ति के लिए व्याख्यात्मक/परिभाषात्मक अनुवाद युक्ति का प्रयोग करना।

एक पाठ में प्रायः एकाधिक युक्तियों का प्रयोग होता है। पाठ के विभिन्न अंश अलग-अलग तरह की अनुवाद समस्याएँ प्रस्तुत करते हैं जिनका यथोचित अनुवाद युक्तियों द्वारा समाधान करके अनुवादक लक्ष्यभाषा में सुरचित पाठ की निष्पत्ति का प्रयत्न करता है।

अनुवाद के दोष

व्यवहार की एक विधा होने के नाते अनुवाद कार्य में त्रुटियाँ होना असम्भावित की अपेक्षा सम्भावित अधिक है; ये त्रुटियाँ अनूदित पाठ में दोष के रूप में दिखाई देती हैं। अनुवाद के दोषों का मूल कारण स्वयं अनुवाद कार्य (जिसकी परिणति अनूदित पाठ में होती है) की प्रकृति है। पूर्वकथित सन्देश का पुनरभिव्यक्त होना (जिसके कारण मूल से तुलना का अवसर बनता है) तथा सम्प्रेषण की सीमाएँ (सम्प्रेषण का शतप्रतिशत यथातथ तथा पूर्ण न होना, व्यतिरिक्तता, कृत्रिमता, आदि), अनुवाद के दोषों के उद्‌भव स्थल हैं।

अनुवाद दोष विवेचन से सीधे सम्बन्धित मुद्दे हैं—अनुवाद की सीमाएँ, अनुवाद समीक्षा, सफल अनुवाद (इन पर विचार आगे किया गया है)। अनुवाद की सीमाएँ व्यक्ति-निरपेक्ष (वस्तुनिष्ठ) होती हैं—इनका निराकरण नहीं हो पाता; जबकि अनुवाद के दोष व्यक्ति-सापेक्ष (अनुवादक-कृत) होते हैं और इसलिए परिमार्जनीय भी; इनका परिमार्जन सम्भव होता है और अपेक्षित भी। यह 'सदोष अनुवाद बनाम सफल अनुवाद' की स्थिति से सम्बन्धित है। वस्तुतः, अनुवाद समीक्षा लक्ष्य है और अनुवाद दोष विवेचन उसका साधन। अनुवाद समीक्षा के व्यापकतर सन्दर्भ में,

अनुवाद की सफलता को जाँचने की प्रक्रिया में, अनुवाद के दोषों की पहचान होती है।

सैद्धान्तिक स्तर पर इस सम्बन्ध में दो बातें विचारणीय हैं—अनुवाद के सम्भावित दोष और दोषों के सम्भावित स्रोत।

अनुवाद के दोषों के वर्गीकरण का आधार है मूलभाषा पाठ तथा लक्ष्यभाषा पाठ के बीच 'सन्देश' पर आधारित सम्बन्ध। लक्ष्यभाषा में निष्पन्न सन्देश में जब कोई दोष आ जाता है तो यह सम्बन्ध बिगड़ता है। सन्देश एक अन्विति है जिसमें विषयवस्तु तथा भाषा ये दो पक्ष हैं जिनका सहकालिक अस्तित्त्व है। कभी यह दोष विषयवस्तु में अधिक उजागर होता है, कभी भाषा में, परन्तु दोनों ही स्थितियों में सन्देश प्रभावित होता है। सन्देश पर आधारित दोषों को उनकी गम्भीरता तथा व्यापकता की दृष्टि से निम्नलिखित अधिक्रम में प्रस्तुत किया जा सकता है :

1. मूल कथ्य का विपर्यय, जैसे मूल में कथन निषेधात्मक है, परन्तु अनुवाद में वह स्वीकारात्मक हो गया है।

2. दुर्बोध अनुवाद।

3. मूल का निरर्थक प्रतीत होने वाला या वदतोव्याघातपूर्ण (अपने ही विपरीत जाने वाला) अनुवाद।

4. बड़ी विकृति, परन्तु सम्प्रेषणीयता बाधित नहीं।

5. छोटी विकृति, परन्तु सम्प्रेषणीयता बाधित नहीं।

इन सब दोषों का प्रतिफलन भाषा पक्ष में होता है। सदोष भाषिक अभिव्यक्ति को पहचाना जा सकता है, यह बात दूसरी है कि उसका आकार छोटी इकाई से लेकर बड़ी इकाई तक कुछ भी हो—एक प्रत्यय से लेकर पद, पदबन्ध, उपवाक्य, वाक्य, अनुच्छेद तक। इसके अतिरिक्त अनुवाद के दोष, वर्णन का प्रकार (प्रत्यक्ष-परोक्ष), शैलीय प्रतिमान (औपचारिक-अनौपचारिक, तकनीकी-गैरतकनीकी, आदि), प्रोक्ति संरचना (फ़ोकस का स्थान, वैषम्य तथा विरोध के बिन्दु, अन्तरवाक्ययोजकों का निर्धारण, लेखक की संलग्नता की मात्रा को पहचानना, इत्यादि), मानक-अमानक का अन्तर, सामाजिक बोली के प्रतिमान इत्यादि से भी सम्बन्धित हो सकते हैं जिनसे सन्देश किसी-न-किसी रूप में प्रभावित होता है तथा सम्प्रेषण दूषित हो जाता है।

अनुवाद के दोषों की प्रकृति मूलतः व्याघातमूलक होती है। अनुवादक के भाषाज्ञान तथा विषयज्ञान पर विभिन्न स्रोतों से प्रतिकूल प्रभाव पड़ सकता है। कुछ कारक उसके व्यक्तिवैचित्र्य से भी उद्भूत हो सकते हैं और कुछ अन्य का सम्बन्ध उसे लक्ष्यभाषाज्ञान से हो सकता है, विशेषतः यदि वह परभाषा-अनुवादक है।

अनुवादक की क्षमताओं के नकारात्मक पक्ष की चर्चा के सन्दर्भ में व्याघात के कुछ स्रोतों की चर्चा हो चुकी है। अनुवादक का विषय सम्बन्धी गहरा ज्ञान प्रायः

अनुवादाभास को जन्म देता है—उसमें शब्द-प्रति-शब्द तथा शाब्दिक अनुवाद करने की प्रवृत्ति उत्पन्न हो जाती है जिसके फलस्वरूप अनुवाद की सम्प्रेषणीयता में बाधा उत्पन्न होती है; अनुवाद दुर्बोध हो जाता है। दूसरा स्रोत है अनुवादक की सम्भ्रान्तिमूलक मानसिकता, जिसके अधीन होकर वह ऐसी भाषा लिखने में प्रवृत्त हो सकता है जो 'प्रतिष्ठित' प्रतीत हो; और फलतः दुर्बोध हो जाए। तीसरा स्रोत है उसकी निष्ठामूलक मानसिकता, जिससे प्रेरित होकर वह दार्शनिक तथा धार्मिक साहित्य के अनुवाद में मूलभाषा की रहस्यात्मकता को सुरक्षित रखने का प्रयत्न करता है और फलस्वरूप लक्ष्यभाषा में अस्पष्टता आ जाती है—छोटी बड़ी विकृतियाँ आ जाती हैं जिनसे सम्प्रेषण बाधित न होते हुए भी असहज अवश्य हो जाता है। चौथा स्रोत है अनुवादक की लेखक के साथ अभेद स्थापना की प्रवृत्ति। वह अपने को ही लेखक समझने लगता है और जिस प्रकार लेखक कुछ प्रसंगों में पाठक-निरपेक्ष लेखन में प्रवृत्त होता है, या कुछ लेखक प्रधान रूप से पाठक-निरपेक्ष रचनाएँ ही प्रस्तुत करते हैं, उसी प्रकार अनुवादक भी पाठक (दूसरा पाठक) के हितों के प्रति उपेक्षाशील हो सकता है। ऐसी स्थिति में लक्ष्यभाषा की उपयुक्तता और सहजता पर प्रतिकूल प्रभाव पड़ता है।

व्याघात के स्रोतों का दूसरा वर्ग ऐसा है जो भाषा से ही जुड़ा है। इनकी तुलना भाषा अधिगम के सन्दर्भ में होने वाले व्याघातों के स्रोतों से की जा सकती है जिनसे अनुवाद शिक्षण तथा भाषा शिक्षण की स्पर्शरिखाएँ स्पष्ट होती हैं। ये स्रोत इस प्रकार हैं :

1. मूलभाषा तथा लक्ष्यभाषा की समरूपी परन्तु भिन्नार्थी शब्दावली। भारतीय भाषाओं के पारस्परिक अनुवाद के सन्दर्भ में समानस्रोतीय (संस्कृत से परम्पराप्राप्त) शब्दावली के साथ ऐसा हो सकता है। उदाहरण के लिए, हिन्दी में 'शिक्षा' और 'कल्याण' जिस अर्थ में प्रयुक्त होते हैं उससे भिन्न अर्थ में तमिल, मलयालम, मराठी, कन्नड़ और तेलुगु में होते हैं : शिक्षा = दण्ड, कल्याण = विवाह संस्कार। मराठी से हिन्दी में अनुवाद करते हुए 'शिक्षा' का प्रयोग 'दण्ड' के अर्थ में करना इसी प्रकार का व्याघात है।

2. मूल तथा लक्ष्यभाषा की समरूप (प्रायः समानस्रोतीय) तथा समानार्थी शब्दावली। यह व्याघात-हीनता की स्थिति है। परन्तु अनुवादक इस स्थिति के ज्ञान के अभाव में दुर्बोध और अनुपयुक्त शब्दावली के चयन में प्रवृत्त हो सकता है।

3. मूलभाषा की व्याकरणिक संरचना का अनुपयुक्त रीति से लक्ष्यभाषा की व्याकरणिक संरचना पर आरोप। अंग्रेज़ी से हिन्दी में अनुवाद के सन्दर्भ में ऐसे अनेक उदाहरण मिलते हैं। जैसे, 'Received your letter No....dated...' = 'आपका पत्र सं...दि....मिला' (हिन्दी के लिए उपयुक्त संरचना : 'आपका सं.... और दि...का पत्र मिला।' सामान्यतया अंग्रेज़ी में संज्ञापदबन्ध की संरचना शीर्ष + पश्चविशेषक होती है, हिन्दी में पूर्वविशेषक + शीर्ष।)

4. मूलभाषा के पदक्रम या वाक्यांशक्रम का अनुपयुक्त रीति से लक्ष्यभाषा में संक्रमण। जैसे, 'A revised draft memorandum is put up as desired by the Deputy Secretary' = 'ज्ञापन का परिशोधित मसौदा, जैसे कि उपसचिव ने इच्छा प्रकट की है, प्रस्तुत है' (उपयुक्त संरचना : 'उपसचिव की इच्छानुसार ज्ञापन का परिशोधित मसौदा प्रस्तुत है।')

5. मूल के ऐसे सहप्रयोग जो लक्ष्यभाषा में तथावत् संक्रान्त होने पर अशुद्ध प्रयोग हो जाते हैं। जैसे 'परीक्षा लेना' के लिए अंग्रेजी में 'To take examination' का प्रयोग करना (लेना = Take, जबकि शुद्ध सहप्रयोग है To hold examination या to give a test); परीक्षा देने के लिए 'to give examination', जो अंग्रेज़ी में अशुद्ध सहप्रयोग है (शुद्ध है to take examination)। इसी प्रकार 'The dream came true' = 'स्वप्न सत्य हुआ' जबकि प्रचलित सहप्रयोग है 'स्वप्न साकार हुआ।' दोनों सहप्रयोगों में इतना कम अन्तर है कि शाब्दिक अनुवाद की आशंका से इनकार नहीं किया जा सकता। इसके अतिरिक्त निम्नलिखित स्थिति द्रष्टव्य है जो भ्रम पैदा कर सकती है : 'स्वप्न सत्य होना = सपना सच होना' तथा 'सपना सच निकलना।' 'सपना सच होना' तथा 'सपना सच निकलना' दो भिन्न परिस्थितियों के द्योतक सहप्रयोग हैं जिनकी आंशिक समानता भ्रम उत्पन्न करती है। यह ठीक है कि यह व्याघात, संक्रमण से भिन्न भाषान्तर्वर्ती स्थिति है।

6. किसी ऐसी तीसरी भाषा का व्याघात जो अनुवादक जानता है; प्रायः परभाषा अनुवादक इस व्याघात के शिकार होते हैं। जैसे, एक मराठी भाषी द्वारा 'Critic' का हिन्दी में 'चिकित्सक' (न कि 'आलोचक') अनुवाद करना क्योंकि मराठी में 'Critic' = 'चिकित्सक' होता है।

7. अनुवादक का शैलीवैचित्र्य; किन्हीं खास शैलीय उपकरणों के प्रयोग की यान्त्रिक प्रवृत्ति जिसमें सन्दर्भानुकूलता उपेक्षित हो जाती है।

अनुवाद के दोषों के स्रोतों से परिचित होने के साथ यह जानना भी उचित होगा कि इनके उद्भव की प्रक्रिया को किस शब्दावली में समझा और प्रस्तुत किया जाए। हम अनुवाद की युक्तियों की चर्चा के प्रसंग में देख चुके हैं कि आगम, लोप, स्थानविपर्यय, तथा रूपान्तरण अनुवाद कार्य की सामान्य युक्तियाँ हैं जो अनुवाद कार्य का अन्तरंग हैं—अनुवाद कार्य में इनका घटित होना लगभग अवश्यम्भावी है। इस स्थिति का रचनात्मक पक्ष है अनुवाद का सफल और कभी-कभी मूल से बेहतर होना, और इसी का निषेधात्मक पक्ष है दोषों का उद्भव। अनपेक्षित अंश का आगम या अपेक्षित अंश का लोप होने से अनुवाद के दोष उत्पन्न होते हैं। मूलपाठ के किसी अंश के स्थान का अनपेक्षित रूप से बदलना तथा किसी संरचना का अनपेक्षित रीति से रूपान्तरण होना अनुवाद के दोषों को जन्म देता है। इस शब्दावली की सहायता से हम निर्वैयक्तिकता के सन्दर्भ में, प्रक्रिया स्तर पर, अनुवाद के दोषों की वर्गीकृत व्याख्या कर सकते हैं।

अनुवाद की सीमाएँ

इस विषय पर विचार करने का उपयुक्त सन्दर्भ है सम्प्रेषण की प्रकृति। सम्प्रेषण कभी शत-प्रति-शत नहीं होता–एक अनुमान के अनुसार वह 80% से अधिक नहीं हो पाता (ब्रिसलिन 1976 : 63)। परन्तु यह भी सत्य है कि कोई भी ऐसा प्रसंग नहीं है जो सम्प्रेषण का विषय न बन सकता हो–सम्प्रेषण का सन्दर्भ समभाषिक हो या अन्यभाषिक। अनुवाद एक अन्यभाषिक सम्प्रेषण व्यापार है जो शत-प्रति-शत पूर्ण नहीं होता, परन्तु साथ ही यहं भी सत्य है कि ऐसा कोई पाठ नहीं जिसका अनुवाद न हो सकता हो। अनुवाद की इकाई है सन्देश, जो प्रतिपाद्य और भाषा (भाषिक अभिव्यक्ति) की अन्विति है। प्रत्येक पाठ एक सन्देश का प्रतीक है। प्रत्येक सन्देश अपनी समग्रता में सम्प्रेषित हो जाता है; सन्देश का ग्राहक सन्देश पा लेता है। उसका शत-प्रतिशत पूर्ण न होने का तात्पर्य यही है कि सन्देश के प्रतिपाद्य पक्ष और भाषा पक्ष के कुछ अंश सामान्य अनुवाद कार्य की राह के रोड़े बन जाते हैं, जिन्हें हटाने के लिए हमें अनुवाद की ऐसी युक्तियों का प्रयोग करना होता है जिनकी असामान्यता पहचानी जाती है; जैसे लिप्यन्तरण, अनुवाद लेबल आदि। विशेष बात यह है कि अनूदित पाठ में स्वच्छता, सहजता और प्रवाह की कमी खटकने लगती है। ये 'राह के रोड़े' ही अनुवाद की सीमाएँ (बाधाएँ) हैं। इन सीमाओं की मात्रा का कम या अधिक होना ही मुख्य बात है। सम्बद्ध भाषाओं में सांस्कृतिक और भाषागत दूरी जितनी अधिक होगी, अनुवादगत सीमाओं की मात्रा भी सम्भाव्य रूप में उतनी अधिक होगी। यही मात्रा की अधिकता एक ऐसे बिन्दु पर पहुँच जाती है जहाँ किसी मूल अभिव्यक्ति का अनुवाद हो नहीं पाता। यह क्षति पाठक के लिए वास्तविक क्षति है या प्रतीयमान, यह अलग मुद्दा है। वस्तुतः इन्हें समाधान-निरपेक्ष, अतएव अनुवाद-निरपेक्ष, समझना उपयुक्त है। हम प्रस्तुत सन्दर्भ में केवल इन्हीं बिन्दुओं की चर्चा करेंगे। इन्हें दो शीर्षकों में विभक्त किया जा सकता है–भाषापक्ष की सीमाएँ और प्रतिपाद्य पक्ष की सीमाएँ।

भाषापक्ष की सीमाएँ : भाषापक्ष के कुछ बिन्दु ऐसे हैं जिनके सामान्य अनुवाद-पर्याय इसलिए नहीं मिल पाते कि वे बिन्दु भाषा के रूपात्मक गठन के अन्तरंग होते हैं और उनका चयन मूल लेखक, मूल (पहला) पाठक के लिए ही करता है। ये बिन्दु हैं :

(1) श्लिष्ट अभिव्यक्तियाँ–जैसे, 'Is life worth living? It depends on the liver'; इसमें Liver के दोनों अर्थ, 'शरीर का विशिष्ट अंग' और 'रहने वाला अर्थात् व्यक्ति' (One who lives), लेखक द्वारा अभिप्रेत हैं। इस श्लेष को हिन्दी में अनुवाद पर्याय द्वारा प्रकट नहीं किया जा सकता। (2) निरूपक भाषा के अंश–जैसे, "हिन्दी के कुछ शब्द ऐसे हैं जो व्याकरणिक लिंग की दृष्टि से सदा स्त्रीलिंग होते हैं; उदा. 'मछली, चिड़िया'।" इस वाक्य के अंग्रेज़ी या किसी अन्य

भाषा में अनुवाद में 'मछली' और 'चिड़िया' का अनुवाद नहीं किया जाएगा। (3) सन्दर्भ-प्रबोधक नाम—कुछ व्यक्तिवाचक नाम भाषाओं में ऐसे होते हैं जो उस भाषा के सांस्कृतिक तथा ऐतिहासिक सन्दर्भ का प्रबोध कराते हैं तथा अनूदित नहीं होते। हिन्दी में 'विभीषण' और 'जयचन्द' ऐसे ही नाम हैं। (4) सामाजिक भाषाशैलियाँ—इनका भी अनुवाद नहीं हो पाता। जैसे, हिन्दी की साहित्यिक रचनाओं में शिक्षित हिन्दू पात्रों के मुख से संस्कृतनिष्ठ भाषाशैली का प्रयोग करवाने की रूढ़ि रही है। इस शैलीभेद का अंग्रेज़ी या अन्य किसी विदेशी भाषा में अनुवाद यदि नहीं हो सकता तो इसलिए कि उन भाषाओं के व्यवहारकर्ताओं के समाज में धार्मिक विश्वास के घटक पर आधारित ऐसा स्तरभेद नहीं मिल पाता जो उनकी सामाजिक बोलियों से 'अरबी-फारसी बनाम संस्कृत' के सममूल्य-द्वैत को प्रकट करता हो। इनमें से अधिकतर (कम-से-कम प्रथम तीन) वर्गों के बिन्दुओं का लिप्यन्तरण करना होता है जिसके साथ उपयुक्त व्याख्यात्मक टिप्पणी देना भी वांछनीय होता है।

प्रतिपाद्य पक्ष की सीमाएँ : इनका मुख्य आधार है प्रतिपाद्य की सांस्कृतिक पृष्ठभूमि। प्रतिपाद्य की सांस्कृतिकता समस्याएँ उत्पन्न करती है, परन्तु उसकी संज्ञानात्मकता, प्रकृति से सार्विक होने के कारण, अनुवाद कार्य में बाधा नहीं बनती। यहाँ संस्कृति का व्यापक अर्थ में ग्रहण किया गया है। इसमें संस्कृति का भौतिक रूप—(परिधान, भोजन, आदि) और आधिभौतिक रूप (धार्मिक विश्वास, रीतिरिवाज़, परम्पराएँ आदि)' दोनों सम्मिलित हैं। इसके अतिरिक्त प्रौद्योगिकी में भी अन्तर दिखाई देते हैं। संस्कृति के विभिन्न अंगों के नामों के साथ विशिष्ट अर्थ का साहचर्य रहता है। दूसरी भाषा में उसका अनुवाद कभी-कभी नहीं हो पाता। 'रोटी' का उपयुक्त पर्याय 'Bread' नहीं है। 'धोती' के लिए अंग्रेज़ी शब्द नहीं मिलता। नाते-रिश्ते की शब्दावली, रंगबोधक शब्दावली आदि सबके पूर्ण अनुवाद-पर्याय नहीं मिल पाते। धार्मिक विश्वास तथा दर्शन की शब्दावली भी इसी के अन्तर्गत है। 'जीवन्मुक्त', 'आत्मा' आदि शब्दों का संस्कृतिमूलक साहचर्य अंग्रेज़ी या अन्य विदेशी भाषाओं में अनूदित नहीं हो पाता। इन सबके लिए व्याख्यात्मक अनुवाद सहित लिप्यन्तरण की युक्ति का ही अधिकतर प्रयोग किया जाता है। अन्य युक्तियाँ हैं, लक्ष्यभाषा में नवीन शब्द की रचना या उपलब्ध शब्द में नवीन अर्थ का योग, सांस्कृतिक अनुवाद, अर्थ की व्याख्या, और स्वभाषीकरण। इनमें से प्रसंगानुसार उपयुक्त का चयन किया जा सकता है। (दोनों पक्षों की सीमाओं के अधिक उदाहरणों के लिए देखिए, त्रिवेदी 1971 तथा गोपीनाथन 1985 : 67-102।)

सफल अनुवाद

सफल अनुवाद सम्बन्धी चर्चा के तीन पहलू हैं : (1) व्यक्ति सापेक्ष, (2) सन्दर्भ सापेक्ष, और (3) व्यक्ति-सन्दर्भ निरपेक्ष। ये तीनों परस्पर सम्बद्ध होते हुए निजी महत्त्व के कारण अपेक्षाकृत स्वतन्त्र रूप में देखे जाते हैं।

व्यक्ति सापेक्ष पहलू का सम्बन्ध अनुवादक के साथ है। अनुवादक का सक्षम होना सफल अनुवाद की पहली शर्त है। लक्ष्यभाषा में मूलभाषा के सममूल्य पाठ की निष्पत्ति इस बात पर निर्भर है कि अनुवादक लक्ष्यभाषा का कितनी कुशलता से प्रयोग करता है। इसमें सम्बद्ध भाषाओं की निकटता से अधिक महत्त्व इस बात का है कि अनुवादक का मूल लेखक के साथ तादात्म्य स्थापित हो जाए। तादात्म्य हो जाने से अनुवादक की बोधन-अभिव्यक्ति क्षमता उद्दीप्त हो जाती है जिसमें भाषाओं की निकटता और दूरी का प्रश्न गौण हो जाता है। इस सम्बन्ध में अनुवादक से होने वाली वही अपेक्षाएँ प्रासंगिक हैं जिनकी चर्चा पहले हो चुकी है।

सन्दर्भ सापेक्ष पहलू का सम्बन्ध जिन बातों से है उनमें हैं, अनुवाद किसके लिए (अनुवाद का पाठक), अनुवाद किसलिए (अनुवाद का उद्देश्य), अनुवाद किस माध्यम में (लिखित या मौखिक), आदि। अनुवाद की सफलता का मानदण्ड इन सबके अनुसार बदलता है। जो चयन विशेषज्ञ पाठक के लिए उपयुक्त है वह छात्र-पाठक के लिए भी उपयुक्त हो, यह आवश्यक नहीं। लिखित माध्यम के अनुवाद के चयन मौखिक माध्यम के अनुवाद के चयनों से कुछ स्थितियों में भिन्न हो सकते हैं। इस पहलू की दृष्टि से सफल अनुवाद को एक लचीली संकल्पना मानना होगा। एक ही मूल अभिव्यक्ति के अनेक अनुवाद सन्दर्भगत कारकों से सफल अनुवाद की कोटि में आ सकते हैं। उदाहरण के लिए, एक अंग्रेज़ी वाक्य के एकाधिक हिन्दी अनुवाद (व्यंजना और अवधारणा के सूक्ष्म अन्तर के साथ) नीचे दिए गए हैं।

मूल : It is impossible to solve this problem.

अनुवाद :
(1) इस समस्या का हल/समाधान सम्भव नहीं।
(2) इस समस्या का हल असम्भव है।
(3) आप/हम यह समस्या हल नहीं कर सकते।
(4) आपसे/हमसे यह समस्या हल नहीं हो सकती।
(5) इस समस्या को कोई हल नहीं कर सकता।
(6) यह समस्या किसी के बस की नहीं।
(7) यह समस्या हल नहीं हो सकती।
(8) यह समस्या हल होती नहीं दीखती।
(9) इस समस्या का हल है ही नहीं।
(10) यह समस्या कैसे हल हो सकती है?
(11) यह समस्या भला हल हो सकती है?
(12) क्या यह समस्या हल हो सकती है?
(13) क्या यह समस्या असमाधेय नहीं?
(14) यह समस्या असमाधेय है।
(15) एक असमाधेय समस्या।

एक विशिष्ट अनुवाद की सफलता का निश्चय, लक्ष्यभाषा के विशिष्ट शैलीगत प्रतिमान, प्रोक्तिसंरचना के प्रतिबन्ध, तथा विधा विशेष की आवश्यकताओं के अनुसार भी होता है। ये सब तथ्य पाठबद्ध होते हुए भी अपने महत्त्व के कारण अलग से निर्दिष्ट किए गए हैं।

व्यक्ति-सन्दर्भ निरपेक्ष पहलू के अन्तर्गत उन विशेषताओं को लिया गया है जो पाठ की आन्तरिक विशेषताएँ हैं तथा जिन्हें सफल अनुवाद की सामान्य आवश्यकताएँ कहा जा सकता है। ये ही अनुवादकार्य के लक्ष्यबिन्दु हैं; अनुवादक इन्हीं को प्राप्त करने के लिए प्रयत्नशील रहता है। इनमें से कुछ का सम्बन्ध अर्थपक्ष के साथ है, कुछ का शैली पक्ष के साथ, कुछ का सम्प्रेषणीयता के साथ, और कुछ का सौन्दर्यात्मकता के साथ। विभिन्न प्रकार के लेखनों के साथ इनकी संगति का निर्देश करते हुए इन्हें एक तालिका में इस प्रकार प्रस्तुत किया जा सकता है :

(1) शुद्ध, यथातथ (अर्थ) : वि...न तथा प्रौद्योगिकी संबंधी लेखन

(2) उपयुक्त, सहज, मान्य (शैली) : जनसंचारीय लेखन

(3) स्पष्ट, सुबोध (सम्प्रेषणीयता) : प्रचारात्मक लेखन

(4) स्वच्छ, सुन्दर, प्रवाहशील (सौन्दर्यात्मकता) : साहित्यिक-सर्जनात्मक लेखन अनुवाद सिद्धांत के सामान्य पक्ष की दृष्टि से, एक आदर्श रूप से सफल अनुवाद में ये सभी गुण होते हैं, ऐसा कहा जा सकता है। इनमें एक अधिक्रम भी देखा जा सकता है। अर्थगत गुण सबसे अधिक वांछनीय है, इसके बाद शैलीगत और इसी प्रकार आगे भी। इसी क्रम में हमें सफल अनुवाद की शर्तों का पालन करना होगा—अर्थगत गुणों को शैलीगत गुणों पर तरजीह देनी होगी, शैलीगत गुणों को सम्प्रेषणीयता पर तरजीह देनी होगी, और सम्प्रेषणीयता को सौन्दर्यात्मकता पर तरजीह देनी होगी। यह द्रष्टव्य है कि इन स्तरों का पार्थक्य प्रधान रूप से सैद्धान्तिकता के अनुरोध से है। व्यवहार में इनकी सीमारेखाओं में अस्पष्टता तथा अतिव्याप्ति स्वाभाविक होने के साथ वांछनीय भी कही जा सकती है।

इन सबके होते हुए भी सफल अनुवाद की एक सामान्य कसौटी भी है : **सफल अनुवाद में शाब्दिकता (मूलनिष्ठता) तथा प्रभावसमता (स्वतन्त्रता) का सन्तुलन मिलता है।** उसमें प्रामाणिकता भी होती है, स्वाभाविकता भी। तथापि मूल पाठ (लेखन) की प्रकृति के अंतर से, सन्तुलन के स्वरूप में, यथासंवादी रूप से निम्नवत् अन्तर आ जाता है—

(क) साहित्येतर लेखन का सफल अनुवाद, जितना आवश्यक हो उतना शाब्दिक (मूलनिष्ठ) तथा जितना संभव हो उतना प्रभावसम (स्वतन्त्र) होता है।

(ख) साहित्यिक-सर्जनात्मक तथा शास्त्रीय (वैज्ञानिक) लेखन का सफल अनुवाद, जितना संभव हो उतना शाब्दिक (मूलनिष्ठ) तथा जितना आवश्यक हो उतना प्रभावसम (स्वतन्त्र) होता है।

अन्य के समान सफल अनुवाद के भी दो आयाम हैं—वर्णनात्मक और तुलनात्मक। वर्णनात्मक में हम 'अच्छा अनुवाद' की बात करते हैं (केवल एक अनूदित पाठ), तुलनात्मक में 'बेहतर अनुवाद' की (एक से अधिक अनूदित पाठ)। 'अच्छा' और 'बेहतर' का निर्णय यद्यपि निर्णायक के अन्तर्ज्ञान से होगा तथापि यह अन्तर्ज्ञान केवल स्फुरणा न होकर तर्कपुष्ट और व्याख्येय होगा। अनुवाद सिद्धान्त के आधुनिक सन्दर्भ की यह विशेषता है कि इसमें अन्तर्ज्ञान को सर्वथा अन्तिम न मानकर उस पर परीक्षणपुष्ट और तर्कयुक्त होने का प्रतिबन्ध रहता है।

वस्तुतः, इस प्रश्न का व्यापक सन्दर्भ है जिसके दो आयाम हैं : व्यक्ति और काल। अनुवादक भेद से तथा कालभेद से 'अच्छे' से 'बेहतर' की सम्भावना हमेशा बनी रहती है; अतः कोई अनुवाद अन्तिम नहीं होता। उसमें परिवर्तन और सुधार की सम्भावना सदा कायम रहती है। अनुवादक 'क' का अनुवाद, अनुवादक 'ख' के अनुवाद से बेहतर हो सकता है। सन् 1950 में किए अनुवाद से सन् 1980 में किया गया अनुवाद बेहतर हो सकता है—इसमें युगानुरूपता के निर्वाह की विशेषता आधार होती है; 1950 का अनुवाद यदि तत्कालीन पाठक समाज के लिए उपयुक्त था तो 1980 में किया हुआ अनुवाद उस समय के पाठकों के उपयुक्त माना जाएगा। यह तीस वर्ष की अवधि एक पीढ़ी की अवधि मानी जाती है जिसकी विशेष प्रासंगिकता साहित्यिक अनुवादों में दीखती है। साहित्यिक कृतियों के अनुवाद तीस वर्ष बाद दुबारा किए जाने चाहिए जिससे वे नई पीढ़ी के पाठकों के उपयुक्त हो सकें, ऐसी मान्यता है। प्रस्तुत सन्दर्भ में 'उपयुक्तता' ही 'बेहतरी' है। एक गतिशील-सजग पाठक समाज में विशिष्ट कृतियों के हर 30-40 वर्ष बाद दुबारा अनूदित होने की प्रक्रिया चलती रहती है।

अनुवाद परीक्षण की विधियाँ

अनुवाद कितना सफल है तथा अनुवादक ने अपने लक्ष्य बिन्दुओं में से किन बिन्दुओं को और किस सीमा तक उपलब्ध कर लिया है, इसे मापने और जाँचने की कुछ विधियाँ हैं जिन्हें मुख्य रूप से दो वर्गों में रखा जा सकता है—प्रभाववादी और व्यवहारवादी। प्रभाववादी विधियों में अनुवाद समीक्षक अपनी प्रतिक्रिया को प्राथमिकता देता है तथा व्यवहारवादी विधियों में अनुवाद समीक्षक से भिन्न—सम्भावित पाठक, अन्य समीक्षक आदि—की प्रतिक्रिया को प्राथमिकता प्राप्त होती है। अनुवाद समीक्षक एक विशेषज्ञ पाठक होता है तथा उसकी प्रतिक्रिया केवल एक व्यक्ति की प्रतिक्रिया होती है। इसके विपरीत दूसरी श्रेणी के पाठकों का औसत निकाला जाता है—अनेक पाठकों की प्रतिक्रिया का मध्यमान लेकर अनुवाद की सफलता को जाँचा और मापा जा सकता है। मुख्य परीक्षण विधियों का विवरण नीचे दिया जा रहा है।

पुनरनुवाद : मूलभाषा पाठ के अनुवाद का पुनः मूलभाषा में अनुवाद किया जाता है। अनुवादक और पुनरनुवादक अलग-अलग व्यक्ति होते हैं। मूलपाठ से

पुनरनुवाद की तुलना कर अनुवाद की त्रुटियों को पहचाना जाता है तथा उन्हें दूर कर अनुवाद को सुधारा जा सकता है। इस विधि से अनुवाद की शुद्धता और यथातथता की जाँच की जाती है तथा त्रुटियों का सांख्यिकीय विश्लेषण कर अनुवाद की सफलता को मापा जा सकता है।

बोधपरीक्षण : इसमें अनूदित पाठ के प्रतिपाद्य के बोधन की परीक्षा करने के लिए प्रश्न तैयार किए जाते हैं। यदि उन प्रश्नों का अनुवाद के पाठक वही उत्तर दें जो मूलभाषा पाठ के पाठकों ने दिए थे तो अनुवाद सफल माना जाता है। इस विधि से भी अनुवाद की शुद्धता और यथातथता की परीक्षा होती है। यह परीक्षण सूचनात्मक प्रकार्य प्रधान पाठों के लिए विशेष रूप से उपयुक्त रहता है।

निष्पादन परीक्षण : इसका प्रयोग प्रौद्योगिकीय पाठों, जिनमें मशीनों को चलाने के निर्देश आदि होते हैं, के अनुवाद के लिए किया जाता है। यदि अनूदित पाठ को पढ़कर आपरेटर मशीन को ठीक तरह से चला ले तो अनुवाद सफल माना जाएगा। इससे अनुवाद की शुद्धता और यथातथता का परीक्षण किया जाता है।

क्लोज़ तकनीक : इस तकनीक के व्यवहार में अनूदित पाठ का प्रत्येक पाँचवाँ शब्द (यह छठा, सातवाँ, आठवाँ आदि भी हो सकता है) हटा दिया जाता है। इस प्रकार कुल पचास रिक्तियाँ पर्याप्त हैं। इसके बाद पाठक से कहा जाता है कि जिस शब्द को वह सबसे उपयुक्त समझता है उससे रिक्त स्थान की पूर्ति करे। पूर्तियों से मूल शब्दों का मिलान कर यह देखा जाता है कि पाठक के कितने अनुमान सही हैं। सही अनुमानों की संख्या जितनी अधिक होगी, अनुवाद को उतना ही सुगम और प्रवाहशील माना जाएगा। इस तकनीक के व्यवहार की सीमाएँ हैं। इससे अनुवाद की शुद्धता का परीक्षण नहीं होता (हमें यह मान लेना होता है कि अनुवाद शुद्ध है), अपितु सुबोधता और प्रवाहशीलता का परीक्षण होता है। दूसरे, इसका व्यवहार प्रधान रूप से एक ही मूलपाठ के दो या अधिक अनुवादों में 'कौन बेहतर है' के निर्णय के लिए करना उपयुक्त रहता है।

अनुक्रिया परीक्षण : सम्पूर्ण मूलपाठ के या उसके कुछ अंशों के वैकल्पिक अनुवाद तैयार किए जाते हैं तथा उन पर पाठकों से उनकी अनुक्रिया प्राप्त की जाती है। इसके लिए नमूने के निम्नलिखित प्रश्न हो सकते हैं—"इनमें से कौन-सा अनुवाद स्वाभाविक प्रतीत होता है?" "कौन-सा अनुवाद अधिक प्रवाहशील है?" "कौन-सा शब्द अधिक सरल है?" "कौन-सा प्रयोग अधिक उपयुक्त है?" इत्यादि। इसकी भी वही सीमाएँ हैं जो क्लोज़ तकनीक की—इसका प्रयोग शुद्धता को जाँचने के लिए नहीं किया जाता। दूसरे, अनुवादों में तुलना के लिए यह अधिक उपयुक्त है।

प्रतिपाद्य की व्याख्या : इसमें एक व्यक्ति को अनुवाद पढ़ने के लिए दिया जाता है और उसे कहा जाता है कि वह दूसरों के सामने इसकी व्याख्या करे। उसी व्याख्या से अनुवाद की बोधगम्यता का परीक्षण हो जाता है। व्याख्या जितनी ठीक होगी, उसमें व्यवहृत भाषा में अनूदित पाठ की तुलना में शब्दों का आगम, लोप आदि

जितने कम होंगे, अनुवाद उतना ही बोधगम्य माना जाएगा।

वाचन परीक्षण : तीन-चार लोगों को अनुवाद का सस्वर वाचन करने के लिए कहा जाता है जिसमें यह देखा जाता है कि वाचनकर्त्ता वाचन करते समय कहाँ-कहाँ अटकता है, हिचकता है, या उच्चारण में त्रुटि करता है। इन बिन्दुओं को समस्या के रूप में पहचाना जाता है और इस प्रकार अनुवाद की सहजता की परीक्षा हो जाती है।

परीक्षण विधियों में से उपयुक्त के चयन का मुख्य आधार यह प्रश्न है कि हम किस उद्देश्य से अनुवाद की सफलता को जाँचना चाहते हैं–शुद्धता की जाँच के लिए या सहजता देखने के लिए, अथवा उपयुक्तता या प्रवाहशीलता या सुन्दरता की परीक्षा के लिए।

इसके साथ ही मूलपाठ की प्रकृति–विशिष्ट भाषाप्रकार्य की प्रधानता या अन्य, सुविधाजनक कसौटी से निर्धारित–तथा अनुवाद कार्य की परिस्थितियाँ भी परीक्षण विधि के चयन में सहायक होती हैं।

अनुवाद के सूत्र

अनुवाद कार्य सम्बन्धी चर्चा का ही यह एक भाग है कि हम सफल अनुवाद की दिशा में कुछ व्यावहारिक प्रकृति के संकेत–विधिनिषेधात्मक निर्देश या परामर्श–दे सकें। ये निर्देश निरपवाद तथा कठोर नहीं हो सकते क्योंकि अनुवाद की प्रकृति ही समझौतावादी और सन्तुलनपरक है। अतः अनुवाद के 'नियम' (निश्चित सिद्धांत-लॉ) की बात न कहकर अनुवाद के 'सूत्र' (मार्गदर्शक संकेत–रूल) की बात करना उपयुक्त है। ये सूत्र अनुवादक की व्यावहारिक स्तर पर सहायता करते हैं।

अनुवाद सूत्रों की निम्नलिखित सामान्य विशेषताएँ द्रष्टव्य हैं :

(1) निषेधात्मकता : अनुवाद सूत्र विधिपरक होने की तुलना में निषेधात्मक अधिक हैं, क्योंकि उनका मुख्य उद्देश्य सम्भावित अनुवाद दोषों का यथासम्भव अधिकतम परिहार करना है जिससे सहजता और उपयुक्तता की रक्षा हो सके।

(2) परिसीमितता : विशिष्ट भाषाभेदों के पाठों पर लागू होने के कारण ये परिसीमित कोटि के होते हैं। साहित्यिक भाषाशैली के अनुवाद सूत्रों में पत्रकारिता की भाषाशैली के अनुवाद सूत्रों से अन्तर होगा। सूचनात्मक प्रकार्य प्रधान पाठों के अनुवाद सूत्र, प्रभावपरक प्रकार्य प्रधान पाठों के अनुवाद सूत्रों से किंचित् भिन्न होंगे।

(3) लचीलापन : दिशाबोधक मात्र होने से ये लचीले होते हैं, अन्तिम नहीं। असली बात यह है कि अनुवादक इनसे कितना लाभ उठाता है।

(4) अन्तस्सम्बद्धता : अनुवाद के सूत्र, एक ओर अनुवाद की प्रणाली के प्रश्न से जुड़े होते हैं तो दूसरी ओर अनुवाद की युक्तियों से। इस प्रकार ये अनुवाद कार्य सम्बन्धी बृहत्तर परिप्रेक्ष्य के अन्तरंग हैं।

सफल अनुवाद की निष्पत्ति में अनुवाद सूत्रों का विशिष्ट योगदान होता है। अनुवाद सूत्रों की सूची कभी अन्तिम नहीं होती। अनुवाद कार्य के क्षेत्र का जैसे-जैसे विस्तार होता जाता है तथा समस्तरी आयाम पर विविध भाषाभेदों तथा प्रकार्य भेदों के तथा ऊर्ध्वाधर आयाम पर सरल से लेकर कठिन पाठों के अनुवाद करने का अनुभव तथा समस्याएँ संचित होते जाते हैं, उसी के साथ-साथ अनुवाद सूत्रों की सूची में संशोधन तथा परिवर्धन होता रहता है। नमूने के तौर पर कुछ अनुवाद सूत्र नीचे दिए जाते हैं (न्यूमार्क 1981 में संकलित), जिनसे अनुवाद सूत्र की संकल्पना का स्पष्टीकरण होने के साथ-साथ कुछ व्यावहारिक उपयोग की जानकारी भी प्राप्त होगी :

(1) मूलभाषा के किसी सहप्रयोग के लिए यदि लक्ष्यभाषा में एक सहप्रयोग प्रतिष्ठित है तो उसी का प्रयोग किया जाए, नया सहप्रयोग न बनाया जाए; जैसे, "To take step" = 'कदम उठाना', न कि 'कदम लेना'।

(2) अस्पष्ट, दुर्बोध, और संदिग्धार्थ वाक्यरचना के स्पष्ट तथा निश्चित बोधन के लिए उसका बीजवाक्य निर्धारित किया जाए। न्यूनतम बीजवाक्य का सूत्र है; सजीव कर्त्ता + निर्जीव प्रत्यक्ष कर्म + सकर्मक क्रिया = 'राम ने + पुस्तक + दी।' परिवर्धित बीजवाक्य का सूत्र है : अभिकर्त्ता + परोक्ष कर्म + परिणामबोधक शब्द + स्थानबोधक शब्द + समयबोधक शब्द + साधन बोधक शब्द + प्रत्यक्ष कर्म + कर्तृक्रिया/सकर्मक क्रिया = 'राम ने + श्याम को + परीक्षा की तैयारी के लिए (जिससे वह परीक्षा की तैयारी कर सके) + उसके घर पर + रात के समय + अपने हाथों से + पुस्तक + दी।'

(3) मूलपाठ की सामाजिक प्रयुक्तियों और बोलियों के लिए यदि लक्ष्यभाषा में सममूल्य प्रयुक्ति और बोली न मिले तो उसका प्रभावसम अनुवाद या सूचनानुवाद कर देना चाहिए।

(4) यदि मूलपाठ में सूचनात्मक प्रकार्य की प्रधानता है तो मूल वाक्यरचना तथा शब्दसमूह के लिए एकैक (एक के लिए एक) के आधार पर अनुवाद करना आवश्यक नहीं। मूल वाक्य की जटिलता तथा अर्थगत दुर्बोधता की उपेक्षा करते हुए लक्ष्यभाषागत सुबोधता के अनुकूल वाक्यविन्यास तथा शब्दसमूह का चयन करना चाहिए।

(5) सूचनात्मक प्रकार्यप्रधान पाठों के अनुवाद में मूल लेखक की व्यक्तिनिष्ठ शैली का महत्त्व नहीं होता। ऐसे पाठों का लक्ष्यभाषा की प्रकृति के अनुसार सुबोध अनुवाद करना चाहिए।

(6) सूचनात्मक प्रकार्यप्रधान पाठ के अनुवाद की भाषाबाह्य यथार्थ से यथासम्भव जाँच करते रहना चाहिए।

(7) यदि सूचनात्मक प्रकार्यप्रधान मूलपाठ में तथ्य सम्बन्धी कोई भूल रह गई हो तो अनुवाद में उस भूल को सुधार देना चाहिए।

(8) भाषा में शब्दार्थ की विभिन्न शृंखलाएँ होती हैं : (क) वाच्यार्थ, लक्ष्यार्थ, व्यंग्यार्थ, नवीन अर्थ; (ख) मूर्त अर्थ, अमूर्त अर्थ, अलंकृत अर्थ, पारिभाषिक अर्थ, सांस्कृतिक अर्थ आदि। इस प्रकार शब्दार्थ शृंखलाएँ पहचानकर प्रत्येक शृंखला के साथ सम्भावित अनुवाद पर्याय का तालमेल बैठाने का प्रयास करते हुए सममूल्य शब्दों को निर्धारित करना चाहिए।

(9) लाक्षणिक प्रयोगों में रूढ़ प्रयोगों का शाब्दिक अनुवाद कर देना चाहिए--'He is a cunning fox' = 'वह बहुत चालाक है।' यदि लाक्षणिक प्रयोग नवीन है तो उसका एकाधिक रीति से अनुवाद किया जा सकता है--मूलनिष्ठ अनुवाद, वह सम्प्रेषणीय न हो. तो व्याख्यात्मक अनुवाद, या लक्ष्यभाषा में सममूल्य नवीन प्रयोग की रचना।

(10) मूल की शाब्दिक अनेकार्थता (श्लिष्ट अभिव्यक्ति, जिसमें दोनों अर्थ अभीष्ट हैं) को, सममूल्य अनेकार्थक शब्द ढूँढ़कर, संरक्षित रखने का प्रयत्न करना चाहिए। यदि यह सम्भव न हो तो एक अर्थ को छोड़ देना चाहिए।

(11) यदि मूलभाषा का कोई शब्द, अर्थ की दृष्टि से विशेष महत्त्वपूर्ण हो (उसके एकाधिक अर्थगत घटक हों) तो उसका एकैक के आधार पर अनुवाद करने की कोशिश नहीं करनी चाहिए, अपितु एक पदबन्ध (या समस्त पद) की आकृति का अनुवाद-पर्याय देना चाहिए; जैसे 'Lunch' = 'मध्याह्न भोजन।'

(12) यदि मूलभाषा के किसी अनुवाद-पर्याय का मूल भाषागत कोई और पर्याय हो तो उसे (अनुवाद-पर्याय को) नहीं चुनना चाहिए; जैसे 'Graph' = 'अक्षर', 'Syllable' = अक्षर; ऐसी स्थिति में 'Graph' = 'वर्ण'।

(13) मूलपाठ की किसी अभिव्यक्ति के एकाधिक अनुवाद पर्यायों में जो पर्याय अधिकतर व्यवहार में आते-आते रूढ़ हो गया है उसे ही प्रयोग में लाना उचित है; जैसे, 'Syntax' = 'वाक्यविज्ञान' न कि 'वाक्यमीमांसा या वाक्यविमर्श।'

(14) मूल में पर्यायवाचियों का उपयुक्त रीति से किया गया संचयनमूलक प्रयोग, अनुवाद में भी उसी प्रकार, अर्थात् पर्यायों के सूक्ष्म अन्तर के साथ, यथासंभव सुरक्षित रहना चाहिए; जैसे, 'Neat and clean' = 'साफ़-सुथरा'।

(15) व्याख्यात्मक अनुवाद (पैराफ़्रेज़) से यथासम्भव बचना चाहिए। इसका प्रयोग अन्तिम युक्ति के रूप में ही करना चाहिए।

(16) यदि शाब्दिक/शब्दानुगामी अनुवाद प्रभावसम भी हो तो उसी (शाब्दिक अनुवाद) को ही प्राथमिकता देनी चाहिए।

(17) मूलपाठ की प्रकृति के अनुसार अनुवाद की इकाई यथासम्भव लघुतम होनी चाहिए।

(18) बोधन को अधिकतम त्रुटिहीन बनाने के लिए अनुवादक पहले मूलपाठ के वाक्यों पर ध्यान केन्द्रित करे, फिर उसके भीतर शब्दों पर, और फिर दुबारा वाक्य पर।

(19) यदि मूलपाठ में किसी शब्द की आवृत्ति हो तो लक्ष्यभाषा पाठ में अनुवादपर्याय की भी आवृत्ति होनी चाहिए, बशर्ते कि मूलपाठ में आवृत्ति उपयुक्त हो।

(20) मूल रचना के शीर्षक का अनुवाद सबसे अन्त में करना चाहिए—पहले पाठ का अनुवाद, अन्त में शीर्षक का। अन्त तक पहुँचते-पहुँचते शीर्षक का अधिक उपयुक्त अनुवाद सूझने की सम्भावना रहती है।

(21) मूलपाठ में आए उद्धरण—अन्य व्यक्तियों के कथन—अनुवाद में शाब्दिक प्रणाली से अनूदित होने चाहिएँ।

(22) अनुवाद को सब तरह के व्याघातों से बचाने का प्रयत्न करना चाहिए।

(23) अनुवाद कार्य इस दृष्टि से एक चयनात्मक व्यापार है कि अनुवादक को अनुवाद-पर्यायों में से सन्दर्भानुकूल का चयन करना होता है। इसलिए एक ही मूल अभिव्यक्ति के अनुवाद-पर्याय, सन्दर्भ भेद से अलग-अलग हो सकते हैं। चयन के बारे में अनुवादक को निम्नलिखित बातों की जानकारी होना उचित है—(क) मूल तथा लक्ष्य भाषाओं के व्याकरण और शब्दकोश में अन्तर जितना अधिक होगा, अनुवादक को अनुवाद-पर्याओं के चयन में उतनी ही छूट मिलेगी; यह अन्तर जितना कम होगा, छूट भी उतनी ही कम होगी। (ख) मूलपाठ में सूचनात्मक प्रकार्य की जितनी प्रमुखता होगी और फलतः प्रभावपरक प्रकार्य जितना गौण होगा, अनुवाद पर्यायों में चयन का अवकाश भी उतना ही कम होगा। (ग) मूलपाठ के वाच्यार्थ का बोधन जितना स्पष्ट, सुगम तथा निश्चित होगा, अनुवाद-पर्यायों की विविधता उतनी ही अधिक होगी। ऐसी अवस्था में अनुवाद-पर्यायों का चयन सन्दर्भ-सापेक्ष आवश्यकताओं (अनुवादक का पाठक कौन है, अनुवाद का उद्देश्य क्या है, अनुवाद का माध्यम क्या है आदि) से निर्धारित होगा। यह बोधन जितना कठिन होगा उतना ही अनुवादक को मूल भाषा के शब्द से जुड़े रहना होगा।

अनुवाद कार्य का नमूना

अनुवाद कार्य के सम्बन्ध में जिन सैद्धान्तिक मुद्दों की चर्चा ऊपर की गई है वे वास्तविक व्यवहार की स्थिति में क्या रूप धारण करते हैं, इस उद्देश्य से अनुवाद कार्य के दो नमूने प्रस्तुत हैं। पहले में सारी प्रक्रिया आलेखित की गई है और दूसरे में केवल सम्बद्ध बिन्दुओं की सूची है। पहले में विशिष्ट पाठ को केन्द्र बनाया गया है, दूसरे में एक विशिष्ट भाषाभेद के अनुवाद के विषय में सामान्य कोटि के दिशानिर्देश हैं।

पहले नमूने (सुरेश कुमार 1979) की विशेषताएँ निम्नलिखित हैं : (1) मूलपाठ का विश्लेषण प्रस्तुत किया गया है जिसके लिए भाषा-विश्लेषण की सरल तकनीक का प्रयोग किया गया है; इससे मूलपाठ के बोधन में सहायता मिलती है। इस तकनीक की विशेषताएँ निम्नलिखित हैं : (क) सतही स्तर पर संरचनाओं

के क्रम का विपर्यय; उदाहरण के लिए, नमूने के पाठ में 1 (b) तथा 3 (c) को अपने मूल क्रम से हटाकर पहले ले आया गया है। (ख) गहन स्तर पर संरचनाओं के बीजवाक्य का निर्धारण—केवल वहीं जहाँ आवश्यक प्रतीत हुआ। (बीजवाक्य, मूलपाठ के वाक्यों के बाद कोष्ठकों के भीतर दिए गए हैं)। (2) मूलपाठ के विभिन्न अंशों के एक से अधिक अनुवाद-पर्याय प्रस्तुत किए गए हैं। इससे यह स्पष्ट होगा कि अनुवाद-कार्य के दौरान अनुवादक के मस्तिष्क में क्या होता है—उसके सामने अनेक विकल्प आते हैं और मूल अभिव्यक्ति के साथ उनका तालमेल बैठाने की प्रक्रिया उसके मस्तिष्क में चलती रहती है; अनुवाद कार्य का चयनात्मक व्यापार होना यही है। (3) अन्त में मूलपाठ के दो अनुवाद प्रस्तुत किए गए हैं; ये अनूदित पाठ यह दर्शाते हैं कि अनुवादक को मूलपाठ का जो बोधन हुआ वह लक्ष्यभाषा में संक्रान्त होकर पुनर्गठित होने पर क्या वास्तविक रूप धारण करता है। इससे यह भी सूचित होता है कि एक मूलपाठ के एक से अधिक अनुवाद प्रस्तुत किए जा सकते हैं जिनकी उपयुक्तता का औचित्य निरूपण सन्दर्भ पर आश्रित होता है। अनूदित पाठों के अभिलक्षणों का विवरण भी उनके साथ दिया गया है जिससे दोनों के बीच समानता/निकटता और असमानता/दूरी का स्पष्टीकरण ज्ञानात्मक स्तर पर भी हो सकेगा।

मूलभाषा पाठ

It may seem unnecessary to teach college students, who have been reading for years, how to read stories, plays, and poems. But works of imaginative literature differ from personal letters, newspaper articles, and business reports. Literary works are likely to be complex and understanding and judging them may well require giving close attention to details, considering some of its relevant historical background, and even re-interpreting the essential meaning, before passing judgement.

विश्लेषण तथा अनुवाद पर्याय

1. (a) It may seem unnecessary to teach college students.
   - (क) कालेज के छात्रों को शायद यह बताने की आवश्यकता नहीं (कि)...
   - (ख) कालेज के छात्रों को यह बताना अनावश्यक लग सकता है (कि)...
   - (ग) हो सकता है कि कालेज के छात्रों को यह बताने की आवश्यकता न हो (कि)...
   - (घ) क्या कालेज के छात्रों को यह बताने की जरूरत है (कि)...
   - (ङ) सम्भवतः कालेज के छात्रों को यह दिशानिर्देश अनावश्यक प्रतीत हो (कि)...

(b) How to read stories, plays or poems.

कहानियों, नाटकों और कविताओं का वाचन कैसे किया जाए/को कैसे पढ़ा जाए/का वाचन कैसे किया जाता है/को कैसे पढ़ा जाता है/के वाचन की उचित विधि क्या है/को पढ़ने का सही तरीका क्या है।

(c) Who have been reading for years.

(क) जो (इन्हें) वर्षों से पढ़ते आ रहे हैं।

(ख) जिन्हें (इन्हें) पढ़ने का वर्षों का अनुभव है।

(ग) (क्योंकि/कारण,) वे (इन्हें) वर्षों से पढ़ते आ रहे हैं।

(घ) (क्योंकि/कारण,) उन्हें तो (ये चीजें) पढ़ते बरसों बीत गए।

(ङ) (क्योंकि/कारण,) उन्हें (ये सब) पढ़ते बरसों जो बीत गए।

2. But works of imaginative literature differ from personal letters, newspapers articles, and business reports.

(क) साहित्यिक रचनाएँ, व्यक्तिगत पत्रों/प्राइवेट चिट्ठियों, समाचार पत्र के लेखों/अखबारी लेखों, व्यापारिक प्रतिवेदनों/व्यापारिक रिपोर्टों से भिन्न कोटि की होती हैं/अलग तरह की होती हैं।

(ख) साहित्यिक रचनाएँ वैसी नहीं होतीं जैसे व्यक्तिगत पत्र, अखबारी लेख, और व्यापारिक रिपोर्टें।

3. (a) Literary works are likely to be complex,

(क) साहित्यिक रचनाएँ प्रायः जटिल होती हैं।

(ख) साहित्यिक रचनाओं का ढाँचा प्रायः जटिल होता है/की संरचना प्रायः जटिल होती है।

(b) and understanding and judging them (> one understands them; one judges them)

(क) और उनके बोधन और परीक्षण में।

(ख) और उन्हें समझने और परखने में/के लिए।

(c) before passing judgment (> before one passes judgement)

(क) अन्तिम बात कहने/निर्णय देने से पहले।

(ख) इससे पहले कि हम अन्तिम बात कहें/निर्णय दें।

(d) may well require (> it is possible; it requires.)

(क) इस बात की आवश्यकता हो सकती है (कि)

(ख) यह आवश्यक/ज़रूरी हो सकता है (कि)

(ग) सम्भव है कि यह आवश्यकता हो (कि)

(e) giving close attention to details (> one gives close attention to details)

(क) विवरणों को सूक्ष्मता से देखने की

(ख) ब्यौरों की बारीकी से देखने की/छानबीन करने की

(ग) विवरणों को सूक्ष्मता से देखा जाए

(घ) ब्यौरों को बारीकी से देखा जाए/छानबीन की जाए

(f) considering some of its relevant historical background (>one considers some of its relevant historical background)

(क) ऐतिहासिक पृष्ठभूमि की ज़रूरी बातों पर ध्यान देने की

(ख) ऐतिहासिक पृष्ठभूमि के आवश्यक तथ्यों पर ध्यान देने की

(ग) कि ऐतिहासिक पृष्ठभूमि की जरूरी बातों पर ध्यान दिया जाए

(घ) कि ऐतिहासिक पृष्ठभूमि के आवश्यक तथ्यों पर ध्यान दिया जाए

(g) and even re-interpreting essential meaning (>one even re-interprets the essential meaning)

(क) और यहाँ तक कि मूल अभिप्राय के पुनराख्यान की

(ख) और यहाँ तक कि मूल उद्देश्य की दुबारा व्याख्या करने की

(ग) और यहाँ तक कि उनके मूल अभिप्राय का पुनराख्यान किया जाए

(घ) और यहाँ तक कि उनके मूल उद्देश्य की दुबारा व्याख्या की जाए

इस विश्लेषण की निम्नलिखित विशेषताएँ द्रष्टव्य हैं : (अ) मूलपाठ के अंश 1 (a) तथा 1 (c) के पर्यायों (व्याकरणिक संरचना पर्यायों) में शेष अंशों के पर्यायों की अपेक्षा अधिक विविधता दिखाई देती है। (ब) मूल के अंश 1 (b) के अनुवाद पर्यायों में विविधता शब्दकोश की इकाइयों की दृष्टि से अधिक है, व्याकरण की दृष्टि से बहुत कम। (स) मूल पाठ के अंश 3 के विभिन्न खण्डों के अनुवाद पर्यायों में विविधता सीमित तथा पैटर्नबद्ध है, विशेषतया पिछले तीन खण्डों में।

विश्लेषणात्मक अनुवाद-पर्यायों की इस सूची के बाद लक्ष्यभाषा में पुनर्गठित पाठों के दो भेद तथा उनकी विशेषताओं का विवरण इस प्रकार हैं :

अनुवाद-1

"सम्भवतः कालेज के छात्रों को यह दिशानिर्देश अनावश्यक प्रतीत हो कि कहानियों, नाटकों, और कविताओं का वाचन कैसे किया जाता है, क्योंकि उन्हें इनको पढ़ने का वर्षों का अनुभव है। परन्तु साहित्यिक रचनाएँ व्यक्तिगत पत्रों, समाचार पत्र के लेखों, और व्यापारिक प्रतिवेदनों से भिन्न कोटि की होती हैं। उनकी संरचना प्रायः जटिल होती है, और उनके बोधन और परीक्षण में, अन्तिम निर्णय देने से पहले, विवरणों को सूक्ष्मता से देखने की, ऐतिहासिक पृष्ठभूमि के आवश्यक तथ्यों पर ध्यान देने की और यहाँ तक कि उनके मूल अभिप्राय का पुनराख्यान करने की आवश्यकता हो सकती है।"

विशेषताएँ : तकनीकी प्रयुक्ति–शास्त्रीय साहित्य समीक्षा; उच्चस्तरीय पाठ्यपुस्तक

तथा शोधग्रन्थ के उपयुक्त, संस्कृतनिष्ठ शब्दसमूह, असमापिका क्रियायुक्त पदबन्ध वाले दीर्घवाक्य, मूलनिष्ठता और शाब्दिकता से निकटता, सूचनात्मक प्रकार्य की प्रधानता, औपचारिकता तथा लिखित माध्यम की उपयुक्तता, विशेषज्ञ पाठक वर्ग; परिष्कृति का स्पर्श। अर्थकेन्द्रित अनुवाद।

अनुवाद-2

"हो सकता है, कालेज के छात्रों को यह बताने की ज़रूरत न हो कि कहानियों, नाटकों और कविताओं को पढ़ने का सही तरीका क्या है–ये सब पढ़ते उन्हें बरसों जो बीत गए। मगर सच्चाई यह है कि साहित्यिक रचनाएँ वैसी नहीं होतीं जैसी प्राइवेट चिट्ठियाँ, अखबारी लेख, और व्यापारिक रिपोर्टें। उनका ढाँचा प्रायः जटिल होता है, और उनके बारे में अन्तिम बात कहने से पहले उन्हें समझने और परखने के लिए इस बात की ज़रूरत हो सकती है कि ब्यौरों की बारीकी से छानबीन की जाए, ऐतिहासिक पृष्ठभूमि की ज़रूरी बातों पर ध्यान दिया जाए और यहाँ तक कि उनके उद्देश्य की दुबारा व्याख्या की जाए।"

विशेषताएँ : अर्धतकनीकी प्रयुक्ति–सुगम साहित्य समीक्षा, सामान्य अभिरुचि की परिवारोपयोगी पत्र-पत्रिका के उपयुक्त, हिन्दी का निजी तथा निजीकृत (अपना) शब्दसमूह, छोटे उपवाक्यों की शृंखला, प्रभावसमता और भाषा में प्रवाह, सहज बोधन मूलक प्रकार्य की प्रधानता, अर्ध-औपचारिकता, वाचनोपयोगी लिखित माध्यम के उपयुक्त (ऐसा लिखा जाए जिसे पढ़ने में, उच्चारण के स्तर पर, बाधा न हो तथा अर्थ भी शीघ्र समझ में आ जाए), साधारण पाठक, सहज बोलचालपन का स्पर्श। सम्प्रेषण केन्द्रित अनुवाद।

अनुवाद के दोनों पाठान्तरों के मध्य की भी स्थिति हो सकती है जो दोनों के ही निकट होगी तथा जिसे स्वयं भी कल्पित किया जा सकता है। हमने केवल दो पाठान्तर इसलिए दिए हैं कि दोनों की दूरी को स्पष्टतया पहचाना जा सके। हमने यह भी देखा है कि विश्लेषण के स्तर पर एकाधिक अनुवाद-पर्याय संकलित करने का व्यावहारिक लाभ है–अनुवादक अपनी बुद्धि तथा दृष्टि के अनुसार उनमें से उपयुक्त प्रतीत होने वाले पर्यायों को संघटित रूप देने में अपेक्षाकृत अधिक स्वतन्त्रता अनुभव करता है जिससे सफल अनुवाद उपलब्ध होने की सम्भावनाएँ बढ़ जाती हैं।

अब हम दूसरा नमूना लेते हैं। यह सामान्य कोटि का है। इसमें हिन्दी के प्रशासनिक भाषाभेद (प्रशासनिक हिन्दी) के मुख्य विश्लेषणात्मक मुद्दे संगृहीत हैं जिनका यथोचित उपयोग अनुवाद कार्य के सन्दर्भ में किया जा सकता है। ये बिन्दु इस प्रकार हैं :

1. प्रशासनिक हिन्दी के विविध रूप–संकल्प, सामान्य आदेश, नियम-विनियम, अधिसूचनाएँ, प्रेसविज्ञप्ति तथा प्रेसनोट, प्रशासनिक तथा अन्य रिपोर्ट, संसद के

समक्ष प्रस्तुत किए जाने वाले कागज़ात, करार, लाइसेन्स, परमिट, टेंडर फ़ार्म (निविदा प्रपत्र), टेंडर नोटिस (निविदा सूचना), आदि।

2. प्रशासनिक हिन्दी की सन्देश संरचना—स्थिति कथन एवं सूचना, परामर्श एवं मार्गनिर्देश, अनुरोध एवं आदेश, सुझाव एवं सिफ़ारिश, परोक्षता एवं निर्वैयक्तिकता (कार्यव्यापार की प्रधानता)।

3. प्रशासनिक हिन्दी के मुख्य भाषा प्रकार्य—सूचनात्मक (विषयवस्तु प्रधान) तथा बोधनात्मक (पाठक प्रधान)।

4. प्रशासनिक हिन्दी की प्रयोगगत विशेषताएँ—(क) वाक्यविन्यास : कोप्युला वाक्य, कर्तृवाच्य तथा कर्मवाच्य, आज्ञार्थक वृत्ति, प्रकारता (शक्यता-बोधक, अनुमति-बोधक), न्यूनीकृत वाक्य (या अल्पांग वाक्य), गौण वाक्य, लम्बे वाक्य (संयुक्त और जटिल दोनों)। शीर्ष + पश्चविशेषक संरचना वाले संज्ञापदबन्ध (प्रशासनिक पदाधिकारी के तथा पत्राचार में सन्दर्भ आदि के उल्लेख में), कुछ बहुधा प्रयुक्त क्रियाविशेषण पदबन्ध। (ख) शब्दसमूह : मानक, कोडमिश्रण, संस्कृत एवं फारसी स्रोत के तथा अंग्रेज़ी एवं देशीय स्रोत के शब्दों का सन्तुलन (स्वदेशीकृत शब्दसमूह), पारिभाषिक शब्द, संकर शब्दावली। शब्दार्थ : पर्यायता (पारिभाषिक शब्दों में नहीं), समीचीनता, अर्थप्रकाशकता एवं रूढ़ि, विशेषत्व, तार्किकता। (ग) लेखिम व्यवस्था : पाठ के सन्देशबद्ध घटकों का क्रम तथा स्थान विशेष पर उनकी स्थिति।

प्रशासनिक अंग्रेज़ी से प्रशासनिक हिन्दी में अनुवाद करते समय प्रशासनिक पाठ सम्बन्धी उपर्युक्त तथ्यों का समुचित उपयोग करके अनुवादक अपने अनुवाद को सफलता के साथ पूरा कर सकता है।

इस प्रसंग को प्रसिद्ध रूसी लेखक बोरिस पास्तरनाक के अनुवाद कार्य सम्बन्धी निम्नलिखित परामर्श से, जिसमें अनुवाद-प्रक्रिया की प्रकृति का भी संकेत है, समाप्त करना उपयुक्त होगा : "मूल विचार को नंगा करके देखो। फिर उसे नये शब्दों के वस्त्र पहना दो। लेकिन यह ध्यान रखो कि कम-से-कम शब्दों में पूरी बात कहने की सामर्थ्य होनी चाहिए। अनुवाद, शब्द का नहीं, विचार का होता है। इसमें यह भी ध्यान रखना होता है कि शाब्दिक अनुवाद भी हो और कहने के ढंग में निखार भी हो। बड़ी बारीक रेखा होती है दोनों के बीच की। जितना उसे सँभाले रहोगे, अनुवाद उतना ही अच्छा माना जाएगा।" (धर्मयुग, वर्ष 29 : अंक 51, 31 दिसम्बर 1978 से 6 जनवरी 1979, पृ. 30)।

8

अनुवाद समीक्षा और मूल्यांकन

अनुवाद समीक्षा की प्रकृति

अनुवाद समीक्षा, अनुवाद सिद्धान्त का अनुप्रयोगात्मक पक्ष है। अनुवाद समीक्षा का तात्पर्य है मूलभाषा पाठ की तुलना में अनूदित पाठ के गुण-दोष (यथातथता-सह-सम्प्रेषणात्मकता) का विवेचन-मूल्यांकन। यह विवेचन-मूल्यांकन समीक्षक के स्वेच्छाचार से नहीं, अपितु अनुवाद सिद्धान्त की मान्यताओं से अनुशासित होता है। यह अनुवाद कार्य के स्थितिशील आयाम को ज्ञापित करता है–अनुवाद कार्य की निष्पत्ति से सम्बन्धित है। अनुवाद समीक्षा ही वह स्थिति है जिसमें 'अनुवाद एक सम्बन्ध है' इस मान्यता का अनुप्रयोग होता है। अनुवाद उस इकतरफ़ा (अनूदित पाठ से मूल पाठ की ओर) सम्बन्ध का नाम है जो दो सममूल्य पाठों (समभाषिक या द्विभाषिक) के बीच होता है; दूसरे शब्दों में, दो सममूल्य पाठों के बीच समानता के इकतरफ़ा सम्बन्ध को 'अनुवाद' कहते हैं। इस सम्बन्ध के उद्घाटन से अनुवाद प्रक्रिया के स्पष्टीकरण में भी सहायता मिलती है। यह अनुवाद कार्य का पूरक पक्ष है–अनुवाद कार्य एक कौशल है जिसकी निष्पत्ति का अध्ययन, अनुवाद समीक्षा, एक ज्ञानात्मक विधा है, और ये दोनों अनुवाद प्रक्रिया के दो समस्तरीय पहलू हैं। इन दोनों में अन्योन्यात्मकता का सम्बन्ध है–कार्य से समीक्षा की स्थिति का अस्तित्त्व बनता है और समीक्षा से कार्य की गुणवत्ता में अपेक्षित सुधार के संकेत प्राप्त होते हैं। भाषाप्रयोग की शब्दावली में, मूलपाठ की अनूदित पाठ में परिणति होती है और समीक्षा के सन्दर्भ में अनूदित पाठ के मूलपाठ के साथ तुलना-व्यतिरेक मूलक विवेचन-मूल्यांकन से समीक्षा पाठ निष्पन्न होता है जिससे अनुवाद कार्य अतएव अनूदित पाठ की गुणवत्ता में सुधार के संकेत प्राप्त हो सकते हैं।

अपनी प्रकृति और महत्त्व के कारण अनुवाद समीक्षा का अपेक्षाकृत स्वतन्त्र स्थान है। जिस प्रकार साहित्य-समीक्षक के लिए साहित्यसर्जक होना अनिवार्य नहीं

उसी प्रकार अनुवाद-समीक्षक के लिए अनुवादक होना अनिवार्य नहीं। ये दोनों 'रोल' परिपूरक वितरण में हैं। अतः प्रायः अनुवादक और अनुवाद-समीक्षक, अलग-अलग व्यक्ति होते हैं। यदि ये दोनों 'रोल' एक ही व्यक्ति को करने हों तो दोनों स्थितियों के बीच समय का इतना व्यवधान अवश्य हो कि एक का दूसरे पर विपरीत प्रभाव न पड़े।

अनुवाद समीक्षा जहाँ एक ओर अनुवाद के कौशल का मूल्यांकन है वहाँ लक्ष्यभाषा के अभिव्यक्ति संसाधनों का भी उस सीमा तक मूल्यांकन है जिस सीमा तक उनके द्वारा मूलभाषा पाठ के विभिन्न पक्षों की लक्ष्यभाषा में शुद्ध तथा उपयुक्त रीति से आवृत्ति हुई है। इस प्रकार अनुवाद समीक्षा में अनुवाद के व्यक्तिपरक और निर्वैयक्तिक (भाषापरक) पक्षों के बीच सन्तुलन रहता है।

अनुवाद समीक्षा का सूत्र

अनुवाद समीक्षा का सूत्र है 'अनूद्यता' की संकल्पना। अनूद्यता का अभिप्राय है अनूदित होने/हो सकने की वास्तविकता/संभाव्यता। यह मूल पाठ का गुण है जिसका मूल्यांकन लक्ष्यभाषा पाठ के स्तर पर होता है। अनुवाद समीक्षक लक्ष्य भाषा पाठ की समस्यात्मक प्रतीत होनेवाली इकाइयों के आधार पर मूल पाठ की संवादी इकाइयों की अनूद्यता पर टिप्पणियाँ करता है। ये वही बिन्दु हैं जो अनुवादक के सामने प्रायः कठिनाई उपस्थित करते हैं। इस प्रकार इस संकल्पना के द्वारा अनुवादक तथा अनुवाद-समीक्षक संवादी धरातल पर जुड़ जाते हैं। (देखिए अगले खंड में लेख 'अनूद्यता' जिसमें इस अवधारणा का विशद विवेचन है।)

अनुवाद समीक्षा के उद्देश्य

अनुवाद समीक्षा से निम्नलिखित उद्देश्यों की पूर्ति होती है :

1. इससे अनुवाद कार्य के स्तर को ऊँचा उठाने में सहायता मिलती है। अनूदित पाठ के गुणदोष-विवेचन से अनुवाद कार्य की त्रुटियों का ज्ञान होता है जिन्हें दूर करने का प्रयत्न किया जाता है। इसके फलस्वरूप अनुवाद कार्य के स्तर में सुधार होता है।

2. इससे अनुवादकों के सामने श्रेष्ठ अनुवाद का मानक उपस्थित होता है। गुणदोष-विवेचन के उपरान्त सुधरे हुए अनुवाद को अनुवादक अपना आदर्श मानकर अपने कार्य में प्रवृत्त होता है।

3. अनुवाद समीक्षा से विशिष्ट कालखण्ड में और विशिष्ट ज्ञानक्षेत्र में अनुवाद सम्बन्धी विचारों पर प्रकाश पड़ता है। उदाहरण के लिए, बीसवीं शताब्दी के प्रथम चरण में जगन्नाथदास 'रत्नाकर' ने एलेग्ज़ेंडर पोप की पद्यबद्ध रचना 'एसे ऑन क्रिटिसिज़्म' का 'समालोचनादर्श' (1919) शीर्षक से रोला छन्द में पद्यबद्ध अनुवाद किया। उसकी आज हम समीक्षा करें तो हमें अनुवाद चिन्तन सम्बन्धी तत्कालीन

प्रवृत्तियों का ज्ञान होगा। इस उदाहरण के आधार पर कहा जा सकता है कि बीसवीं शताब्दी के आरम्भिक चरण में साहित्यसमीक्षा सम्बन्धी लेखन के पद्यबद्ध अनुवाद भी स्वीकार्य होते थे, यद्यपि समीक्षा जैसे विषय की प्रकृति को देखते हुए, मूलपाठ के पद्यात्मक होते हुए भी उसका गद्यानुवाद उपयुक्त रहता। यह भी कहा जा सकता है कि उस समय अनुवाद के सन्दर्भ में मूलपाठ की विधा के अनुरक्षण को अधिक महत्त्व मिलता था, प्रतिपाद्य की प्रकृति को कम—प्रतिपाद्य की प्रकृति के अनुसार लक्ष्यभाषा में विधा का निर्धारण करने की प्रवृत्ति तत्कालीन अनुवादकों में नहीं थी। दूसरी बात यह कही जा सकती है कि पद्यात्मक होने के कारण तत्कालीन रूढ़ि के अनुसार साहित्य-समीक्षा जैसे विषय के लिए भी ब्रजभाषा (जो विशेषतया काव्यसर्जना के विशेष उपयुक्त मानी जाती थी) का प्रयोग होता था, मानक हिन्दी का नहीं, यद्यपि आचार्य महावीरप्रसाद द्विवेदी के प्रभाव से उस समय ज्ञान के साहित्य के लिए मानक हिन्दी का व्यवहार स्थिर हो गया था। इसके अतिरिक्त शाब्दिकता तथा प्रकार्यात्मकता के आधार पर भी समीक्षा के कुछ बिन्दु निर्धारित होंगे।

4. अनुवाद समीक्षा के द्वारा हमें महत्त्वपूर्ण लेखकों की रचनाओं तथा महत्त्वपूर्ण अनुवादकों के अनुवाद कार्य के विवेचन और मूल्यांकन में सहायता मिलती है। 'अभिज्ञान शाकुन्तलम्' के राजा लक्ष्मणसिंह कृत अनुवाद 'शकुन्तला नाटक' (1863) की समीक्षा से मूल कृति के विषय में हमारी समझ में वृद्धि होती है। इसी के साथ हम राजा लक्ष्मणसिंह का एक प्रतिष्ठित अनुवादक के रूप में मूल्यांकन कर सकते हैं, जिससे आनुषंगिक रूप में तत्कालीन अनुवाद कार्य सम्बन्धी आदर्शों का भी हमें ज्ञान होता है।

5. अनुवाद समीक्षा के द्वारा हम मूलभाषा और लक्ष्यभाषा के शब्दकोश तथा व्याकरण की, तथा भाषाशैली एवं पाठ प्रकार सम्बन्धी असमानताओं और समानताओं का समीक्षात्मक विवेचन कर सकते हैं तथा इस प्रकार दोनों भाषाओं के व्यतिरेकात्मक और समानतापरक सम्बन्ध के विषय में अपनी जानकारी बढ़ा सकते हैं।

6. अनुवाद समीक्षा का शिक्षणात्मक आयाम भी है। अनुवाद समीक्षा को सिखाकर हम अनुवादक-शिक्षार्थी की अनुवाद सिद्धान्त-सम्बन्धी चेतना को व्यावहारिक स्तर पर पुष्ट करते हैं।

अनुवाद समीक्षा की प्रविधि और प्रारूप

अनुवाद समीक्षा के निम्नलिखित सोपान होते हैं :

(1) अनुवाद समीक्षा के लिए पाठयुग्म—मूलभाषा पाठ तथा उसका अनुवाद का—**चयन**।

(2) निम्नलिखित पक्षों की दृष्टि से मूलभाषा पाठ का **विश्लेषण**—मूल अभिप्राय, प्रमुखतम भाषा प्रकार्य, अर्थ व्यंजना, प्रतिपाद्य, प्रयुक्ति या भाषाशैली

(वाक्यरचना और शब्दकोश पर आधारित), साहित्यिक गुण, सांस्कृतिक विशेषताएँ, उद्दिष्ट पाठकवर्ग, तथा सामान्य परिवेश।

(3) उपर्युक्त पक्षों की दृष्टि से मूलपाठ तथा अनुवाद की विस्तृत तुलना—असमान बिन्दुओं पर विशेष बल देते हुए।

(4) (क) दोनों पाठों के समग्र प्रभावों के बीच **अन्तर का आकलन**, तथा (ख) अनुवादक द्वारा प्रयुक्त अनुवाद प्रणाली का संकेत करते हुए अनुवाद का **मूल्यांकन**। अन्तर के आकलन की प्रक्रिया में ही अनुवाद के दोषों और सीमाओं का भी विवेचन।

अनुवाद समीक्षा के लिए समीक्षक में प्रतिभा और कल्पना के गुण अपेक्षित हैं ताकि वह अनुवाद सिद्धान्त के प्रासंगिक पक्षों का अनुवाद समीक्षा के लिए उचित अनुप्रयोग कर सके। यह द्रष्टव्य है कि इसमें समीक्षक की व्यक्तिनिष्ठता की प्रधानता रहना प्रत्याशित है। तथापि अनुवाद सिद्धान्त से अनुशासित होने के कारण समीक्षक की व्यक्तिनिष्ठता नियन्त्रित रहती है और इसी दृष्टि से अनुवाद समीक्षा में वस्तुनिष्ठता का अवकाश है।

अनुवाद समीक्षा के दो आयाम हैं—वर्णनात्मक और तुलनात्मक। वर्णनात्मक आयाम में मूलपाठ के एक अनुवाद की समीक्षा की जाती है : यह द्विपक्षीय प्रक्रिया है। तुलनात्मक आयाम में मूलपाठ के न्यूनतम दो अनुवादों की समीक्षा होती है; यह त्रिपक्षीय प्रक्रिया है—एक ओर मूलपाठ से तुलना और दूसरी ओर से दूसरे अनुवाद से तुलना। आरेख से इस स्थिति को इस प्रकार प्रदर्शित किया जा सकता है :

वर्णनात्मक आयाम

मूलपाठ ←——————— अनूदित पाठ

तुलनात्मक आयाम

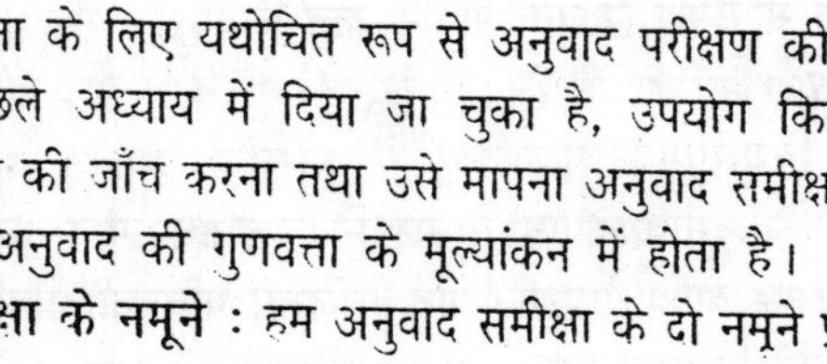

अनुवाद समीक्षा के लिए यथोचित रूप से अनुवाद परीक्षण की विधियों का, जिनका परिचय पिछले अध्याय में दिया जा चुका है, उपयोग किया जाता है। अनुवाद की सफलता की जाँच करना तथा उसे मापना अनुवाद समीक्षा के अन्तर्गत है जिसका उपयोग अनुवाद की गुणवत्ता के मूल्यांकन में होता है।

अनुवाद समीक्षा के नमूने : हम अनुवाद समीक्षा के दो नमूने प्रस्तुत कर रहे

हैं जिनमें अनुवाद-समीक्षा की प्रविधि और प्रारूप का व्यावहारिक रूप प्रदर्शित किया गया है। पहले पाठ की विशेषताएँ हैं—पत्रकारिता की प्रयुक्ति, प्रभावपरक-अभिव्यंजक प्रकार्य की प्रधानता, व्यक्तिनिष्ठता, अर्ध-औपचारिक तथा अतएव शीघ्रता में प्रस्तुत हलका-फुलका लेखन। उपर्युक्त व्यतिरेक के अतिरिक्त अन्य व्यतिरेक गुणवत्ता के स्तर पर है जो आनुषंगिक न होकर सोद्देश्य चयन का परिणाम है। वह यह कि पहला अनुवाद सफल अनुवाद का उदाहरण है, दूसरा सदोष अनुवाद का। हम यह भी दिखाना चाहते हैं कि सफल अनुवाद की सफलता का विशदीकरण कैसे किया जाता है, और सदोष अनुवाद की सदोषता को कैसे स्पष्ट किया जाता है। इससे मूल्यांकन के स्तर पर अनुवाद समीक्षा का स्वरूप स्पष्ट हो जाएगा।

1

"Linguists sometime talk of the 'double articulation' (or 'double structure') of language; and this phrase is frequently understood, mistakenly to refer to the correlation of the two planes of expression and content. What is meant is that the units on the 'lower' level of phonology (the sounds of a language) have no function other than that of combining with one another to form the 'higher' units of grammar (words). It is by virtue of the double structure of the expression-plane that languages are able to represent economically many thousands of different words". (John Lyons. *Introduction to Theoretical Linguistics,* 1971 : 54)

"भाषाविद् बहुधा भाषा के द्विगुण सन्धान या उसकी 'दोहरी संरचना' की चर्चा करते हैं। प्रायः भ्रमवशात् इस संज्ञा का अर्थ अभिव्यक्ति और वस्तु के दो धरातलों के सहसम्बन्ध से लिया जाता है। किन्तु इसका अभिप्राय यह है कि ध्वनि प्रक्रिया के निम्न स्तर की इकाइयों—भाषा की ध्वनियों—का इसके अतिरिक्त अन्य कोई कार्य नहीं है कि वे एक-दूसरे से संयुक्त होकर व्याकरण की उच्चतर कोटि की इकाइयों—शब्दों—का निर्माण करें। अभिव्यक्ति के तल की इस दोहरी संरचना के कारण ही यह सम्भव हो पाता है कि भाषाएँ बड़ी मितव्ययिता से सहस्रों भिन्न-भिन्न शब्दों के निर्माण में समर्थ हो पाती हैं।" (जोन लियोन्स : **सैद्धान्तिक भाषाविज्ञान,** 1972, पृष्ठ 57)।

मूलपाठ, विचारात्मक पाठप्रकार में शास्त्रीय प्रयुक्ति का पाठ है जिसकी विषयवस्तु आधुनिक भाषाविज्ञान से सम्बन्धित है। इसमें सूचनात्मक भाषा प्रकार्य की प्रधानता है। यह वाच्यार्थ प्रधान पाठ है जिसमें भाषा की दोहरी संरचना के विषय में एक भ्रान्ति का निवारण करते हुए वस्तुस्थिति को स्पष्ट किया गया है। विषय

वस्तु के अनुरूप पारिभाषिक शब्दों—articulation, structure, phonology, grammar —का तथा इस प्रकार के लेखन के उपयुक्त संयुक्त और जटिल वाक्यों का प्रयोग किया गया है। इसके उद्दिष्ट पाठक हैं आधुनिक भाषाविज्ञान के प्रगत स्तर के छात्र तथा विशेषज्ञ। इसका परिवेश औपचारिक है तथा यह पाश्चात्य शास्त्रीय चिन्तन की बौद्धिक संस्कृति की परम्परा के अन्तर्गत है।

अनूदित पाठ में असमानता के बिन्दु, केवल व्याकरण तथा शब्दकोश के स्तरों पर मिलते हैं तथा वे भी काफ़ी सीमित संख्या में हैं; शेष पक्षों की दृष्टि से दोनों पाठ समान हैं। पाठों की अन्तरवाक्ययोजक अभिव्यक्तियाँ 'What is meant is...' = 'किन्तु इसका अभिप्राय यह है' विप्रतिषेधक प्रकार्य की दृष्टि से समान हैं। दूसरी अभिव्यक्ति 'It is...' की बलात्मकता की तुल्यबल अभिव्यक्ति 'ही' अनूदित पाठ के वाक्य के आरम्भ में न आकर कुछ पीछे आई है जो हिन्दी वाक्यरचना के नियम के अनुसार है। दोनों ही सन्दर्भों में अन्तरवाक्ययोजकों के प्रकार्य—क्रमशः विप्रतिषेधकता तथा बलात्मकता—सुरक्षित हैं। शब्दकोश के खण्ड में पारिभाषिक शब्दों के मानक अनुवाद पर्याय दिए गए हैं, 'Represent' = 'निर्माण' की पर्यायता सन्दर्भनिष्ठ है। 'वस्तु' के स्थान पर 'कथ्य' का चयन बेहतर होता, क्योंकि 'वस्तु' के स्थान पर हिन्दी में 'कथ्य' अधिक प्रचलित है। दोनों पाठों की विरामचिह्न योजना का अन्तर केवल सतही है।

समग्र प्रभाव की दृष्टि से दोनों पाठों में समानता है। अनुवादक ने शाब्दिकता प्रधान और अर्थकेन्द्रित अनुवाद प्रणाली का सहारा लिया है। यही कारण है कि वाक्यरचना कभी-कभी असहज प्रतीत होती है, तथा अनुवादाभास का-सा प्रसंग उपस्थित करती है। मूल उद्धरण तथा प्रस्तावित संशोधन क्रमशः इस प्रकार हैं: (1) 'अभिव्यक्ति और वस्तु के दो धरातलों के सहसम्बन्ध' = 'अभिव्यक्ति और वस्तु, इन दो धरातलों के बीच सहसम्बन्ध।' (2) 'इसके अतिरिक्त...निर्माण करें' = 'केवल एक ही कार्य है कि वे एक-दूसरे के साथ इस प्रकार संयुक्त हों कि उनसे व्याकरण की उच्चतर कोटि की इकाइयों—शब्दों—का निर्माण हो।' इसी सन्दर्भ में यह स्पष्टीकरण अपेक्षित है कि 'निम्नतर' 'उच्चतर' आदि शब्दानुगामी अनुवाद पर्याय इस तथ्य के द्योतक हैं कि यह आधुनिक भाषाविज्ञान से सम्बन्धित लेखन है, जिसमें ऐसी नवीन संकल्पनाओं का होना स्वाभाविक है जिनके लिए सममूल्य शब्दों का स्वदेशी परम्परा में अभाव है।

इस समीक्षा के आधार पर कुल मिलाकर यह कहा जा सकता है कि अनुवाद सफल है तथा विषयवस्तु की अपेक्षाकृत नवीनता को ध्यान में रखते हुए सम्प्रेषणीय तथा स्वीकार्य कहा जा सकता है। मूलपाठ का सुगठन अनूदित पाठ में भी संक्रान्त हो गया है।

2

A couple of years ago, a very dear friend was opearated upon for a slipped disc and had to spend several weeks at the All India Institute of Medical Sciences. I went to see her every afternoon for the five or six weeks that she was in hospital. For the first few days she was alone in a private room which overlooked other wards. The atmosphere was most gloomy. Then she shifted to the general ward and shared a room with six other ladies. It did not take them long to become friends and share the fruits and other delicacies their relatives and friends brought them. What appreared to me to be the most interesting part of their otherwise drab routine of bedpans, visits by nurses and doctors was the unending stream of monkeys scampering along the ledge and flattening their faces against glass panes to beg for bananas and 'laddoos' from the patients. I was told that at times they got so excited at the sight of food that they hammered at the glass and broke it. There was some talk of exterminating them. I am glad this was not done because I felt that their presence contributed to the splendid recovery of patients. (Khushwant Singh : With malice towards one and all; 'The Hindustan Times', 25 August 1984)

"कुछ वर्ष पूर्व एक बहुत प्रिय मित्र का आल इण्डिया इन्स्टीट्यूट आफ मेडीकल साइन्सेज में कूल्हा उतर जाने के लिए आपरेशन हुआ था। वह पाँच-छह सप्ताह जब तक अस्पताल में रही, प्रत्येक दोपहर मैं उसे देखने जाता था। पहले कुछ दिनों वह एक प्राइवेट कमरे में अकेली थी जहाँ से दूसरे वार्ड नहीं दिखते थे। वातावरण बहुत अधिक अवसादपूर्ण था। फिर उसे जनरल वार्ड में भेज दिया गया जहाँ कमरे में 6 अन्य महिलाएँ भी थीं। उन्हें आपस में मित्र बनने में देर नहीं लगी और अपने सम्बन्धियों तथा मित्रों द्वारा लाए गए फल और खाने-पीने की चीजें आपस में बँटने लगीं। मुझे वहाँ और दैनिक बातों के अलावा जो सबसे अधिक दिलचस्प बात लगी, वह थी खिड़की के ऊपर शीशे से अपना मुँह रगड़ते बन्दरों की लम्बी कतार जो मरीजों से केले और लड्डू माँगते थे। मुझे बताया गया कि कभी-कभी वे खाने को देखकर इतने उत्तेजित हो जाते थे कि शीशे पर टकराकर उसे तोड़ देते थे। उन्हें भगा देने की बात भी सुनने में आई। मुझे खुशी है कि ऐसा नहीं किया गया क्योंकि मैंने सोचा कि उनकी उपस्थिति का मरीजों के जल्दी अच्छा होने में योगदान है।" (खुशवन्त सिंह : न काहू से दोस्ती न काहू से बैर..., अमर उजाला, 25 अगस्त 1984)।

यह वर्णनात्मक-विवरणात्मक पाठप्रकार में पत्रकारिता की प्रयुक्ति का पाठ है जिसकी विषयवस्तु जीवन का एक सामान्य अनुभव है जिसे लेखक ने एक संस्मरण के रूप में प्रस्तुत किया है। इसमें अभिव्यंजक-प्रभावपरक भाषाप्रकार्य की प्रधानता है। यह एक व्यावसायिक स्तम्भ लेखक का वाच्यार्थप्रधान लेखन है जिसमें उसने हस्पताल के चारों ओर बन्दरों की उपस्थिति को रोगियों के शीघ्र स्वस्थ होने में सहायक बताया है। विषयवस्तु के अनुरूप सामान्य शब्दों का ही इसमें प्रयोग है परन्तु यह लेखक की शैली की विशेषता है कि वह जटिल तथा संयुक्त वाक्यों का प्रधानता से प्रयोग करता है। इसके उद्दिष्ट पाठक हैं विभिन्न व्यवसायों में लगे शिक्षित लोग जो समाचारपत्रों में प्रकाशित विशिष्ट लेखकों के स्तम्भों को रुचि से पढ़ते हैं। इसका परिवेश अर्ध-औपचारिक है तथा समाचार पत्रों के माध्यम से व्यक्त जनसंचारीय संस्कृति की परम्परा के अन्तर्गत है।

अनूदित पाठ को पढ़कर पहला प्रभाव जो पाठक के मन पर पड़ता है वह अनुपयुक्तता का है। पाठ का समग्र प्रभाव बिखरा हुआ-सा तथा शिथिल है। जनसंचार माध्यम का लेखन होने के नाते पाठक यह आशा करता है कि उसे अनुवाद में स्वाभाविक हिन्दी पढ़ने को मिलेगी। इसके अनुसार इस पाठ का अनुवाद सम्प्रेषण केन्द्रित प्रणाली द्वारा होना उपयुक्त था जिससे यह स्वतन्त्र अनुवाद का उदाहरण बनता। परन्तु यह शाब्दिक अनुवाद हो गया है जो अनावश्यक रूप से कहीं-कहीं दुर्बोध ा तथा प्रायः समग्र रूप से असहज प्रतीत होने से अनुवादाभास का उदाहरण बन गया है। जनसंचारीय प्रकृति के कारण अनुवाद में लेखकीय शैली का सर्वांश में संरक्षण आवश्यक नहीं। इसमें लक्ष्यभाषा की प्रयुक्ति विशेष से सम्बद्ध प्रकृति का संरक्षण होना अधिक वांछनीय है। हिन्दी के पाठक के लिए लेखक की विशिष्टता का महत्त्व नहीं है क्योंकि वह हिन्दी का लेखक नहीं है। (इस दृष्टि से 'सुनो भाई साधो' स्तम्भ के लेखक हरिशंकर परसाई से तुलना वांछनीय है जो हिन्दी के लेखक हैं।) वे केवल स्तम्भ को प्रधान रूप से विषयवस्तु के चयन की मनोरंजकता की दृष्टि से पढ़ते हैं।

कुल मिलाकर इसकी समीक्षा नकारात्मक है जिसके मुख्य बिन्दु हैं—शब्दानुगामिता, कुछ अंशों का गलत तथा अपर्याप्त अनुवाद, तथा प्रभाव में समग्रता की न्यूनता। शब्दानुगामिता के उदाहरण तथा प्रस्तावित न्यूनतम संशोधन इस प्रकार हैं : (क) 'कुछ वर्ष पूर्व एक बहुत प्रिय मित्र का'... = *'मेरी एक बहुत प्रिय मित्र हैं जिनका कुछ वर्ष पूर्व... ।'* (ख) 'वह पाँच-छह सप्ताह जब तक हस्पताल में रहीं प्रत्येक दोपहर मैं उन्हें देखने जाता था' = *'वह पाँच-छह सप्ताह हस्पताल में रहीं और प्रतिदिन दोपहर बाद मैं उन्हें देखने जाता था।'* (ग) 'उन्हें आपस में मित्र बनने में देर नहीं लगी' = *'वे जल्दी ही दोस्त बन गईं।'* (घ) 'मुझे बताया गया' = *'लोगों ने बताया।* (ङ) 'मैंने सोचा कि...योगदान है' = *'मेरा विचार है कि उनके वहाँ होने से मरीजों को जल्दी अच्छा होने में मदद मिलती है।*

जिन अंशों का अनुवाद गलत तथा अपर्याप्त हुआ है वे निम्नलिखित हैं (इन्हें इस क्रम में रखा गया है—मूल अंश, उपलब्ध अनुवाद, प्रस्तावित अनुवाद) :

(क) for a slipped dise = 'कूल्हा उतर जाने के लिए' = *'कूल्हा उतर जाने के कारण।'*

(ख) otherwise drab routine of bedpans, visits by nurses and doctores = 'और दैनिक बातों के अलावा' = *'(मुझे वहाँ) की ढर्रेदार जिन्दगी में।'*

(ग) exterminating = 'भगा देना' = *'खत्म कर देना (मार देना)।'*

प्रभाव में समग्रता की न्यूनता का मुख्य कारण है हिन्दी की प्रकृति के अनुरूप अन्तरवाक्ययोजकों का प्रयोग न होना। मूलपाठ में उनका न होना लेखक की शैली का वैशिष्ट्य है, परन्तु, जैसा कि पहले भी संकेत किया जा चुका है, हिन्दी अनुवाद में लेखक की शैली के वैशिष्ट्य का सर्वांश में संरक्षण अपेक्षित नहीं। उदाहरण के लिए, 'वातावरण बहुत अधिक अवसादपूर्ण था' के आरम्भ में 'इसलिए कमरे का' यह अंश जोड़ देने से दोनों वाक्यों का पूर्वापर सम्बन्ध विशद हो जाता तथा हिन्दी पाठ स्वाभाविक प्रतीत होता। हिन्दी का पाठक पत्रकारिता के सन्दर्भ में स्वाभाविक हिन्दी के प्रयोग की आशा करता है; उसके लिए मूलभाषा के स्तम्भ लेखक का व्यक्तिवैशिष्ट्य प्रासंगिक नहीं।

शिक्षक और शिक्षार्थी से : अनुवाद समीक्षा के ये नमूने केवल उदाहरण के तौर पर हैं, तथा समीक्षा का एकमात्र प्रारूप नहीं। शिक्षार्थी का स्तर, अनूदित पाठों की प्रकृति, अनुवाद समीक्षा का विशिष्ट उद्देश्य आदि के आधार पर अनुवाद समीक्षा के इससे भिन्न प्रारूप भी निश्चित किए जा सकते हैं। वांछनीय शर्त यह है कि जिस किसी प्रारूप का भी व्यवहार किया जाए उसमें अनुवाद सिद्धान्त से संगति का गुण हो। इससे समीक्षक की व्यक्तिनिष्ठता यथासम्भव अधिकतम सीमा तक नियन्त्रित हो सकेगी।

अनुवाद मूल्यांकन : एक विशिष्ट सैद्धान्तिक सन्दर्भ

अनुवाद समीक्षा का अन्तिम चरण है अनुवाद मूल्यांकन—दो भिन्नभाषिक सममूल्य पाठों की विश्लेषणात्मक तुलना के निष्कर्षों की तर्कसंगत परिणति। इस सम्बन्ध में अनुवाद निष्पत्ति की सम्भावनाओं (अध्याय 7) पर आधारित **क्षतिपूर्ति नियम,** एक विशिष्ट सैद्धान्तिक सन्दर्भ के रूप में प्रस्तावित है। मूल्यांकन की कसौटी का यह नियम साहित्येतर पाठों की अपेक्षा साहित्यिक पाठों के अनुवाद पर विशेष रूप से लागू होता है, और पूर्वकथनात्मक की तुलना में संभाव्यतापरक कोटि का है।

यह सामान्य बात है कि अनुवाद में मूलपाठ की क्षति होती है--गठन पक्ष में सन्देश पक्ष में भी—तथा इसीलिए क्षति की पूर्ति के प्रयास भी होते हैं, और ऐसा होना अनुवाद कार्य की प्रकृति का अन्तरंग है। साहित्यिक पाठों के अनुवाद में क्षति की चर्चा इसलिए अधिक की जाती है कि साहित्यिक पाठों की गुणात्मक गुरुता और

अभिव्यक्ति-वैशिष्ट्य का अन्विति‌मूलक प्रभाव पर्याप्त सशक्त होता है, और अनुवाद समीक्षक यह मानकर समीक्षा में प्रवृत्त होता है कि क्योंकि यह अनुवाद है इसलिए क्षति ही अधिक सम्भावित है, यद्यपि अनुवाद सम्भावनाओं के प्रारूप के अनुसार कोई भी स्थिति कमोबेश सम्भव है। इस सम्बन्ध में दो प्रश्न महत्त्वपूर्ण हैं–

(क) क्षति किस पक्ष में अधिक होती है–गठन पक्ष में, सन्देश पक्ष में, या दोनों में? (रचना सापेक्ष आयाम)

(ख) जितनी क्षति होती है–गुण और परिमाण दोनों दृष्टियों से–क्या उतनी ही पूर्ति भी होती जाती है? (पाठक सापेक्ष आयाम)

प्रश्नों के प्रस्तावित उत्तर इस प्रकार हैं–

(क) प्रायः अनुवाद में गठन पक्ष में क्षति अधिक होती है–अनुप्रास, यमक, श्लेष, शैलीगत पर्यायों का वैशिष्ट्य (हिन्दी की संस्कृतनिष्ठता बनाम उर्दूनिष्ठता), वाक्यरचना की (सामान्य से) अतिदीर्घता या अतिलघुता, न्यूनीकृत वाक्यरचना, शब्दक्रम-विपर्यय, समस्तपद-विन्यास की प्रमुखता, विशिष्ट साहित्य परम्परा सापेक्ष विशिष्ट अलंकार योजना की प्रधानता, भौतिक तथा सामाजिक संस्कृति सूचक शब्दावली, आंचलिक शब्दावली, पुराकथागत सन्दर्भ आदि। ये प्रायः अनुवाद को नहीं झेल पाते। जिन रचनाओं का गठन पक्ष अधिक मुखर होता है उनमें क्षति की सम्भावना भी अधिक होती है। गठन-मुखरता तथा सम्भावित क्षतिमात्रा में अनुलोम अनुपात रहता है–गठन-मुखरता अधिक तो सम्भावित क्षतिमात्रा भी अधिक। अनुवाद की सीमाओं की संकल्पना का, जो वैयक्तिक की अपेक्षा निर्वैयक्तिक अधिक है, सम्बन्ध इसी पक्ष से अधिक है। अनुवादक की सामर्थ्य यहाँ इतना प्रासंगिक नहीं।

सन्देश पक्ष की दृष्टि से समृद्ध रचनाएँ अनुवाद को झेल लेती हैं। मूल रचना का भावात्मक सौन्दर्य, वैचारिक गुरुता, प्रभाव की गहनता, अन्तर्दृष्टि की भव्यता, कुल मिलाकर अनुवाद में संक्रान्त हो जाते हैं। अपनी प्रकृति से ये अनुवादकालीन अन्तरण में बाधा नहीं बनते। इन तत्त्वों की सार्विकता, विशिष्ट संस्कृति वर्ग निरपेक्षता और अमूर्तन की प्रधानता, अनुवाद प्रक्रियागत भाषा-विशिष्टता-निरपेक्ष वैचारिक संरचना की प्रकृति के साथ, गठन पक्ष के मुद्दों की अपेक्षा, अधिक अनुकूलता से समायोजित हो जाती हैं। सन्देश-मुखरता तथा सम्भावित क्षतिमात्रा में प्रतिलोम अनुपात रहता है। सन्देश-मुखरता अधिक तो सम्भावित क्षतिमात्रा कम। अनुवादक का सामर्थ्य यहाँ एक प्रासंगिक मुद्दा है। अनुवादक जितना अधिक समर्थ होगा, अनुवाद में सन्देश पक्ष की क्षति उतनी ही कम होगी। 'सशक्त अनुवादक' और 'अशक्त अनुवाद' की कोटियाँ इसी सन्दर्भ में प्रासंगिक हैं।

(ख) क्षति और उसकी पूर्ति की मात्रा के अनुपात के सम्बन्ध को हमें अनुवाद के पाठक के दृष्टिकोण से देखना होगा, क्योंकि इस बात के खास मायने नहीं कि

यदि क्षतिमात्रा के स्तर को हम सं. 10 से निर्दिष्ट करें और उसकी पूर्तिमात्रा के स्तर को 7 या 8 से तभी हम अनुवाद की सफलता के विषय में पाठक की दृष्टि से कोई सार्थक बात कह सकेंगे। 'अनुवाद कार्य की दृष्टि से प्रासंगिकता किसकी है **बनाम** अनुवाद के पाठक के लिए अपेक्षित क्या है' के विवाद में सार्थकता इस प्रश्न की है कि क्या अनुवाद के पाठक की दृष्टि से समस्त क्षति की पूर्ति अपेक्षित है? अनुवाद के पाठक को निरर्थक प्रतीक होने या हो सकने वाली मूलपाठगत सामग्री की क्षति को सार्थक क्षति न मानना उपयुक्त होगा। स्वभाषा-अनुवादक को (अनुवाद की लक्ष्यभाषा ही जिसकी स्वभाषा है) अनुवाद के पाठक के हितों की बेहतर पहचान होती है। अतः वास्तविक मुद्दा यह है कि मूलपाठ के उन क्षतिग्रस्त पहलुओं को पहचाना जाए जो अनुवाद के पाठक को निरर्थक प्रतीत हो सकते हैं या होते हैं।

दूसरे, क्या यह परखना अधिक सार्थक नहीं कि अनुवाद प्रक्रिया में होने वाली क्षति के बावजूद कितनी अधिक सामग्री ज्यों-की-त्यों बची रही? यह स्वाभाविक ही प्रतीत होता है कि जिस प्रक्रिया में मूल की क्षति अतिसंभावित है उसमें सन्तोष इसी बात से हो कि कितनी अधिक सामग्री क्षतिग्रस्त होने से बच गई है।

अनुवाद समीक्षा में क्षतिपूर्ति के नियम की सहायता से साहित्यिक अनुवादों के मूल्यांकन में एक अधिक सन्तुलित और व्यावहारिक दृष्टिकोण अपनाया जा सकता है। यदि पाठक की दिलचस्पी इस बात में अधिक रहती है कि अनुवाद में भी रचना कितनी सशक्त है (न कि कितनी दुर्बल है) तो वह अनुवादकीय अभिप्रेरण से संगत होने के कारण औचित्यपूर्ण है–पाठक, रचना के सशक्त रूप का अनुभव पाने के लिए ही अनुवाद को पढ़ने में प्रवृत्त होता है, ठीक उसी प्रकार जिस प्रकार अनुवादक मूल रचना को यथासंभव सशक्त रूप में पाठक को सम्प्रेषित करने के लिए अनुवादकार्य में प्रवृत्त होता है। अनुवाद सिद्धान्त में इस तथ्य का मूलभूत महत्त्व है। (देखिए अगले खंड में लेख 'साहित्यानुवाद का मूल्यांकन' जिसमें क्षतिपूर्ति नियम का अनुप्रयोग है।)

9

अनुवाद शिक्षण

अनुवाद शिक्षण की परिधि विस्तृत है। इसमें अनुवाद सम्बन्धित गतिविधियों (ट्रांसलेशन एक्टिविटीज़) का समावेश हो सकता है। अनुवाद शुद्ध और उपयुक्त करना सिखाना के अतिरिक्त अनुवाद सिद्धान्त का ज्ञान प्राप्त कराना और अनुवाद समीक्षा का अभ्यास कराना भी इसमें आ सकते हैं। अनुवाद करना सिखाने में पाठों के भाषान्तरण के अतिरिक्त अनुवादधर्मी व्यापारों—सारांश लेखन, संक्षेपण, व्याख्या, अर्थनिरूपण, परिभाषा—का शिक्षण भी आ सकता है। स्पष्ट है, हमारा मंतव्य यहाँ सीमित है—हम अनुवाद करना सिखाना तक ही अपने को सीमित रखेंगे और उससे भी केवल पाठों का भाषान्तरण सिखाने की ही बात करेंगे। अनुवाद शिक्षण का यह आधारभूत सोपान है और सीखने-सिखाने की समस्याओं की चर्चा भी इसी सोपान पर अधिकतम सार्थक रूप में हो सकती है।

अनुवाद शिक्षण का महत्त्व

सर्वप्रथम अनुवाद सिखाने के उद्देश्यों की चर्चा करेंगे। अनुवाद मूलतः एकभाषिक व्यापार है और इसकी परास लम्बी और विस्तृत है। द्विभाषिक पद्धति से अन्य भाषा सिखाने के सन्दर्भ में, अन्य भाषा में और अन्य भाषा से शब्दों के अनुंवाद से लेकर विविध पाठ प्रकारों के नमूनों के अनुवाद तक अनुवादकार्य की व्याप्ति है। अनुवाद सिखाने के अन्तर्गत ये सभी आ जाते हैं। अन्य भाषा शिक्षण के अन्तर्गत साधन रूप में तथा साध्य रूप में अनुवाद सिखाने की परम्परा पुरानी है तथा इसकी उपादेयता को लेकर विवाद भी रहा है। प्रायः यह समझा जाता रहा है कि अनुवाद सीखना-सिखाना क्लासिकी भाषाओं के सीखने-सिखाने तक सीमित है। इसी प्रकार अन्य भाषा शिक्षण की व्याकरण-अनुवाद विधि को भी निरर्थक माना गया; विशेष रूप से प्रत्यक्ष शिक्षण पद्धति के प्रसार के साथ यह धारणा बलवती हुई। मातृभाषा/प्रथम भाषा शिक्षण में तो अनुवाद का स्थान ही असंगत और अकल्पनीय समझा गया। चिन्तन की इस धारा में परिमार्जन अपेक्षित है।

वस्तुतः अनुवाद कार्य अपने में एक चुनौतीभरा और कठिन कार्य है जिसमें अलग-अलग व्यक्तियों, ग्रन्थों और कोशों से सहायता लेनी होती है। नई बातें जानने की तीव्र उत्कण्ठा और साथ ही उन्हें जान लेने तक धैर्य रखना मानो अनुवाद कार्य की आनुषंगिक उपलब्धियाँ हैं। एक ओर वाच्यार्थ से लेकर प्रतीकार्थ को समझने की कोशिश करना और दूसरी ओर मुद्रण की बहुत साधारण गलती को पहचानना सीखना भी इसके अन्तर्गत है। अनुवाद करना भाषाप्रयोग को सीखने का एक उच्चकोटि का अभ्यास है। भाषाशैली की दृष्टि से अनुवाद को निरन्तर परिमार्जित करते रहना तथा इस प्रकार अनुवाद को एक श्रेष्ठ लेखन का नमूना बनाना, अनुवाद कार्य की ठोस उपलब्धियाँ हैं। साहित्यिक रचनाओं का अनुवाद करना साहित्यिक अभ्यासों में सबसे अधिक वैज्ञानिक (व्यवस्थित) अभ्यास है। भाषा की बारीकियों और जटिलताओं का जैसा सूक्ष्म ज्ञान अनुवाद करते समय होता है उतना अन्य में नहीं। कुल मिलाकर अनुवाद कार्य एक श्रेष्ठ और विशिष्ट कौशल है, विशेष रूप से उस अवस्था में जब हम अपने चयन तथा व्यवहार को तर्क-वितर्क तथा आलोचना द्वारा पुष्ट और परिमार्जित कर लेते हैं। यह समझना एक भूल है कि कविता का अनुवाद करना अनुवाद कार्य का सर्वोच्च स्तर है तथा शेष विधाओं और पाठप्रकारों का अनुवाद करना साधारण कोटि का काम है। वस्तुतः सभी प्रकार के पाठों के अनुवाद में विशिष्ट प्रकार की प्रतिभा और कल्पना की अपेक्षा होती है तथा सभी का लगभग समान महत्त्व है। श्रोताकेन्द्रित प्रभावपरक प्रकार्य की प्रधानता वाले पाठों का अनुवाद सामाजिक उपयोग की दृष्टि से सबसे अधिक उपादेय होता है।

अनुवाद को भाषा कौशल (पाठकौशल) तक सीमित रखना तर्कसंगत नहीं। यह उससे भी आगे बढ़कर सामाजिक तथा सांस्कृतिक कौशल है—समाज में सम्पर्क स्थापित करने तथा संस्कृति प्रसार में अनुवाद की महत्त्वपूर्ण भूमिका है।

इन बातों को सामने रखने पर अनुवाद सीखने-सिखाने का महत्त्व स्पष्ट हो जाता है। अनुवाद करना सिखाने का तात्पर्य है, भाषा का प्रयोग करना सिखाना, साहित्य का आनन्द लेना सिखाना, और संस्कृति की जानकारी प्राप्त करना सिखाना।

अनुवाद शिक्षण के सोपान तथा लक्ष्य

अनुवाद शिक्षण के दो सोपान हैं—(1) भाषा शिक्षण के अंग के रूप में अनुवाद शिक्षण, और (2) एक कौशल (समग्र कौशल) के रूप में अनुवाद शिक्षण। पहले का लक्ष्य है शिक्षार्थी को कुशल भाषाप्रयोगकर्त्ता और शैलीकार बनाना तथा दूसरे का लक्ष्य है उसे व्यवसाय से अनुवादक बनाना, विशेष रूप से निश्चित भाषाभेद या भाषाभेदों का; जैसे, पत्रकारिता की भाषा का अनुवादक, प्रशासनिक या तकनीकी भाषा का अनुवादक आदि। इन दोनों सोपानों में अधिक्रम भी देखा जा सकता है। पहला सोपान अपेक्षाकृत स्वतन्त्र है; शिक्षार्थी अपने को भाषा सीखने तक सीमित रखता

है, वह व्यवसाय से अनुवादक बनने का लक्ष्य नहीं साधता। परन्तु दूसरे सोपान में पहला सोपान अन्तर्भूत है। अनुवादक बनने का लक्ष्य रखने वाला शिक्षार्थी अपने भाषा-अर्जन को भी अनुवाद के द्वारा पुष्ट करता है। दोनों की सम्बन्ध-शृंखला सर्वथा क्रमिक और प्रत्यक्ष न होकर कुछ जटिल है तथा उनकी कार्यनीतियों और केन्द्रबिन्दुओं में भी अन्तर है। इसके अतिरिक्त पहले सोपान में अनुवाद शिक्षण, भाषा शिक्षण का अन्यतम साधन है, परन्तु दूसरे सोपान में वह स्वयमेव साध्य है, लक्ष्य है। पहले सोपान का साधन ही दूसरे सोपान में साध्य का रूप ले लेता है। यह सब चर्चा अन्य भाषा को केन्द्र में रखकर, तथा इस प्रकार अन्यभाषिक सन्दर्भ में, हो रही है। प्रायः 'अनुवाद' शब्द से अन्यभाषिक अनुवाद का अर्थ लिया भी जाता है। तथापि हम पुनः यहाँ समभाषिक सन्दर्भ को उठाना उचित समझते हैं, तथा इस दृष्टि से समभाषिक स्थिति में भी अनुवाद शिक्षण की चर्चा करना उपयुक्त मानते हैं। इस प्रकार भाषाशिक्षण के अंग के रूप में अनुवाद शिक्षण के दो सन्दर्भ हैं—समभाषिक तथा अन्यभाषिक। व्यवहार में दोनों के स्वरूप तथा समस्याओं में अन्तर है।

समभाषिक सन्दर्भ में अनुवाद शिक्षण : इसकी पृष्ठभूमि को समझना आवश्यक है। औपचारिक स्थिति में प्रथम भाषा का अभ्यास करना, प्रधानतः लिखित माध्यम में प्रथम भाषा के मानक-औपचारिक रूप का अभ्यास करना है। इस स्थिति में समभाषिक अनुवाद के शिक्षण की सबसे अधिक उपादेयता शैली के आयाम पर बनती है। तदनुसार, एक ही भाषा में शैली-परिवर्तन करना सिखाना समभाषिक अनुवाद शिक्षण है। यहाँ शैली को अधिक व्यापक सन्दर्भ में ग्रहण कर विविध प्रकार के अभ्यासों की योजना द्वारा प्रथम भाषा के बोधन और अभिव्यक्ति की सूक्ष्मता और विविधता के स्वांगीकरण को पुष्ट तथा परिमार्जित किया जा सकता है।

अन्यभाषिक सन्दर्भ में अनुवाद शिक्षण : अन्य भाषा सिखाने के लिए अनुवाद का प्रयोग बहुत समय से होता आ रहा है, (ऐतिहासिक विवरण के लिए देखिए हाउस 1977 : 212-28)। प्रधान रूप से क्लासिकी भाषाओं को सिखाने के प्रसंग में अनुवाद विधि के प्रयोग का परम्परा में प्रचलन था और अब भी है। वास्तव में अन्तिम उद्देश्य रहता था क्लासिकी भाषा से स्वभाषा में अनुवाद करने की क्षमता का विकास करना, न कि उसका मौलिक रूप में भाषित और लिखित व्यवहार करना। यही विधि जब समसामयिक विदेशी भाषाओं को सिखाने—उनका मौलिक रूप में भाषित और लिखित माध्यमों में व्यवहार करने—के उद्देश्यों से अपनाई गई तब इससे अभीष्ट लक्ष्य की प्राप्ति न होने पर इसकी आलोचना हुई। प्रत्यक्ष पद्धति से अन्य भाषा शिक्षण की प्रवृत्ति के प्रति अत्यधिक रुझान के कारण अनुवाद विधि और उपेक्षित हुई। परन्तु अब समसामयिक विदेशी भाषाओं को सिखाने के लिए अनुवाद के आवश्यकतानुसार व्यवहार की उपादेयता को स्वीकार किया गया है। यह माना गया है कि परम्परा में अनुवाद विधि का समुचित रीति से प्रयोग नहीं किया

गया। अत्यधिक मात्रा में अनुवाद करना तथा अनुवाद कार्य के लिए अक्रमबद्ध तथा अनुपयुक्त पाठसामग्री का चयन करना, ये मुख्य त्रुटियाँ थीं।

यदि स्वभाषा के परिवेश में अन्य भाषा का शिक्षण हो तो केवल प्रत्यक्ष पद्धति से शिक्षण पर आग्रह करना समय का दुरुपयोग ही होगा। ऐसी स्थिति में बीच-बीच में यथावसर अनुवाद विधि से शब्दों का अर्थ स्पष्ट करते चलना शिक्षण में सहायक रहता है—केवल अनुवाद विधि नहीं, अपितु प्रत्यक्ष और अनुवाद विधियाँ दोनों व्यवहार में लाई जाएँ—कभी प्रधान रूप से, कभी गौण रूप से, प्रसंग की आवश्यकता के अनुसार। भाषा के चार मौलिक कौशलों को सिखाने में परोक्ष एवं सहायक उपकरण के रूप में अनुवाद विधि का प्रयोग उन कौशलों के अर्जन को पुष्ट तथा परिमार्जित करता है। इसके दो रूप हैं। (1) स्वभाषा से अन्य भाषा में अनुवाद। आरम्भिक स्थिति में शब्दों और छोटे-छोटे वाक्यों के अनुवाद से भाषित और लिखित माध्यमों में निष्पन्न अन्य भाषा की अभिव्यक्तियों के अर्जन की परीक्षा तथा पुष्टि होती है। आगे चलकर अनुवाद के लिए कुछ बड़े अंश भी दिए जा सकते हैं। ये अंश भाषाप्रयोग के वास्तविक व्यवहार से जुड़े हों—पत्र, रिपोर्ट, सूचनाएँ, आलोचना आदि। इनसे अन्य भाषा की अभिव्यक्ति का कौशल पुष्ट तथा परिमार्जित होता है। (2) अन्य भाषा से स्वभाषा में अनुवाद करना। इसका प्रयोग प्रगत स्तर पर करना ही उचित है। इसके लिए भिन्न-भिन्न भाषाभेदों से अपेक्षाकृत कठिन पाठ्यसामग्री का चयन किया जाए। इसके द्वारा अन्य भाषा का बोधन विशेष रूप से पुष्ट तथा परिमार्जित होता है। यह माना गया है कि अनुवाद विधि का प्रयोग नियन्त्रित एवं सन्तुलित मात्रा में करना चाहिए। यदि इस पर एक सीमा से अधिक बल दिया जाए तो भाषाव्यवहार (बोधन तथा अभिव्यक्ति दोनों) में मौलिकता बाधित होती है; शिक्षार्थी निष्क्रिय अधिक हो जाता है।

अनुवाद कौशल का शिक्षण : अनुवाद कौशल एक उत्कृष्ट तथा प्रगतस्तरीय कौशल है। अन्य भाषा सीखने का अन्यतम उद्देश्य यह भी होता है कि अन्य भाषा से स्वभाषा में तथा स्वभाषा से अन्य भाषा में अनुवाद की क्षमता अर्जित की जाए। इसका सामाजिक प्रभाव व्यापक तथा गहरा होता है। अन्य भाषा सीखने तक सीमित रहना व्यक्तिगत कार्य है, परन्तु अनुवाद कौशल का व्यवहार करना सामाजिक कार्य है। इससे साहित्यिक तथा सांस्कृतिक आदान-प्रदान बढ़ता है और दो भाषा समुदाय निकट आते हैं।

कौशल के रूप में अनुवाद शिक्षण निश्चित भाषाभेद (या भाषाभेदों, प्रायः दो या तीन) तक सीमित रहता है। इसमें वे सभी स्थितियाँ आती हैं जिनका अनुवाद प्रक्रिया के सन्दर्भ में विवेचन किया जा चुका है तथा अनुवाद कार्य के नमूने में जिनका वास्तविक व्यवहार प्रदर्शित किया जा चुका है—मूलपाठ का बोधन, सन्देश का संक्रमण, तथा लक्ष्यभाषा में उसकी अभिव्यक्ति। भाषा सीखने तथा सीमित रहने

की स्थिति में शिक्षार्थी को यदि अन्य भाषा के व्यवहार की अभ्यासमूलक तथा नियमशासित (रूल गवण्ड) चेतना होती है तो कौशल के रूप में अनुवाद व्यवहार करने पर अनुवादक अन्य भाषा के सब पक्षों—व्याकरण, शब्दचयन, पाठप्रकार आदि—का शास्त्रीय ज्ञान प्राप्त कर लेता है। अनुवाद कौशल का ज्ञानमूलक, सचेतन, तथा शास्त्रानुमोदित व्यवहार का सामर्थ्य प्राप्त करना स्वयमेव एक उपलब्धि है। इस स्थिति पर पहुँचकर अनुवादक, सम्बद्ध भाषाभेद के अनुवाद सिद्धान्त के विकास में योगदान कर सकता है तथा अनुवाद कार्य का शिक्षक भी बन सकता है।

अनुवाद शिक्षण के अभ्यास

अनुवाद शिक्षण के लिए कैसे-कैसे अभ्यास बनाए जा सकते हैं तथा उन्हें बनाने में हमें किन बातों का ध्यान रखना चाहिए, यह प्रस्तुत विषय का व्यावहारिक पक्ष है। हम अपने को अनुवाद कौशल के शिक्षण के अभ्यास बनाने तक सीमित रखेंगे और उसके समभाषिक तथा अन्यभाषिक दोनों सन्दर्भों को लेंगे। अनुवाद शिक्षकों को चाहिए कि इस सम्बन्ध में पिछले अध्यायों में विवेचित, अनुवाद की प्रक्रिया का उदाहरणों द्वारा स्पष्टीकरण, अनुवाद कार्य का नमूना, और अनुवाद समीक्षा का नमूना, इन तीनों से समुचित सहायता लें। इन अभ्यासों में समभाषिक अनुवाद कौशल और अन्यभाषिक अनुवाद कौशल के प्रगतस्तरीय अभ्यासों की योजना में अनुवाद सिद्धान्त का अनुप्रयोग दिखाई पड़ता है।

समभाषिक अनुवाद कौशल के अभ्यास : समभाषिक अनुवाद के सबसे सार्थक अभ्यास, शैली के आयाम पर, अन्वयान्तरण के बनते हैं। शैली में सामाजिक बोली के कुछ पक्षों का अन्तर्भाव हो जाता है, जैसे शिक्षितों की भाषा और अल्पशिक्षितों की भाषा, सामाजिक-शैक्षिक स्तरभेद पर आधारित दो सामाजिक बोलियाँ हैं, जो पाठ स्तर पर क्रमशः औपचारिक और अनौपचारिक शैलीभेद से जुड़ जाती हैं। वस्तुतः औपचारिक-अनौपचारिक शैलीभेद की कोटि की परिधि विस्तृत है। औपचारिकता में गम्भीरता, कठिनता, सम्बोधित व्यक्ति के प्रति आदरभाव तथा इसीलिए दूरी, कुछ कृत्रिमता आदि आते हैं। हिन्दी में इसके मुख्य अभिलक्षण हैं संस्कृतनिष्ठ शब्दसमूह, दीर्घ वाक्य, विनयसूचक शब्द ('कृपा करें', 'कष्ट करें', आदि), आदि। इसकी तुलना में अनौपचारिक शैली में सरलता, सम्बोधित व्यक्ति के प्रति बराबरी का भाव और इसलिए निकटता, स्वाभाविकता आदि आते हैं। औपचारिक शैली से अनौपचारिक शैली में या इससे विपरीत दिशा में अनुवाद करने के अभ्यास दिए जा सकते हैं। ऐसे अभ्यासों के लिए कुछ नमूने के उदाहरण निम्नलिखित हैं :

(क) मूलपाठ : औपचारिक शैली : "धूम्रपान न कीजिए।"
अनुवाद : अनौपचारिक शैली : "बीड़ी-सिगरेट पीना मना है।"

(ख) मूलपाठ : अनौपचारिक शैली : "अन्दर आना मना है।"

अनुवाद : औपचारिक शैली : "प्रवेश वर्जित है।"

बड़े आकार के पाठों के अनुवाद तथा उनके लिए उपयुक्त निर्देश-वाक्यों के कुछ नमूने इस प्रकार हैं :

1. एम. ए. स्तर के प्रगत छात्रों के उपयुक्त निम्नलिखित पाठ का ऐसा अनुवाद कीजिए जो बी. ए. स्तर के आरम्भिक छात्रों के उपयुक्त हो :

"समाजभाषाविज्ञान, समाजशास्त्र और भाषाविज्ञान के मात्र अवमिश्रण का परिणाम नहीं और न ही उसका उद्देश्य सामाजिक व्यवस्था और भाषिक व्यवस्था के बीच सहसंकल्पना की स्थिति पर प्रकाश डालना है। वह यह मानकर चलता है कि भाषा, समाज-सापेक्ष प्रतीक व्यवस्था है और उसकी प्रकृति में ही सामाजिक तत्त्व अन्तर्भुक्त रहते हैं।" (रवीन्द्रनाथ श्रीवास्तव : **हिन्दी का सामाजिक सन्दर्भ**, 1976, भूमिका, पृ. 19)।

अनुवाद : "यह समझना गलत है कि समाजभाषाविज्ञान केवल भाषाविज्ञान और समाजशास्त्र के संयोग से बना शास्त्र है। यह समझना भी ठीक नहीं कि उसका उद्देश्य यह बताना है कि कैसे समाज में भाषा का प्रतिबिम्ब दिखाई पड़ता है और भाषा में समाज का। वास्तव में समाजभाषाविज्ञान, भाषा को शब्दों की ऐसी व्यवस्था मानता है जो समाज के सहारे खड़ी है, और जिसके अन्दर समाज के विभिन्न तत्त्व–रीति-रिवाज, विश्वास, खान-पान, पहनावा आदि–समाए हुए हैं।"

2. रसायन विज्ञान के निम्नलिखित शास्त्रीय पाठ को, सामान्य पाठकों को सम्बोधित सुगम विज्ञान (पाप्युलर साइन्स) की पत्रिका के उपयुक्त पाठ में परिवर्तित कीजिए :

"क्लोरोफ़ार्म एक रंगहीन द्रव है। इसका क्वथनांक 61^0 सें. तथा घनत्व 1.5 है। यह जल में बहुत कम घुलनशील है किन्तु ईथर एवं अलकोहल में सुगमता से घुल जाता है। इसकी गन्ध मीठी होती है, अधिक देर सूँघने पर बेहोशी आ जाती है। तेल, वसा, रबर और मोम आदि के लिए एक अच्छे विलायक का कार्य करता है।" (एस. एन. श्रीवास्तव : **भौतिक तथा कार्बनिक रसायन**, 1981, पृ. 335)।

अनुवाद : "क्लोरोफ़ार्म एक बहने वाली चीज है; इसका कोई रंग नहीं होता। यह 61^0 सें. की गर्मी पर खौलता है और इसके घनेपन की माप 1.5 है। यह पानी में बहुत कम घुलता है किन्तु ईथर और अलकोहल में आसानी से घुल जाता है। इसकी गन्ध मीठी होती है; अधिक देर तक इसे सूँघने पर बेहोशी आ जाती है। तेल, चर्बी और मोम आदि इसमें अच्छी तरह घुल जाते हैं।"

3. बोलचाल की भाषित (मौखिक) माध्यम की अर्ध-औपचारिक शैली के निम्नलिखित पाठ को लिखित माध्यम की औपचारिक शैली में परिवर्तित कीजिए : "एक लड़ाई हमारी सीमा पर है लेकिन दूसरी लड़ाई इतने ही महत्त्व की हमारे देश

में है। वह गरीबी से लड़ाई और पिछड़ेपन से लड़ाई है। वह लड़ाई हम कैसे लड़ें, जब तक हम नये विचारों को न अपनाएँ, जब तक हम अपने बीच से अन्धविश्वासों को मिटा न दें और जब तक हम निश्चय न कर लें कि जो हमें करना है, देश को आगे बढ़ाने के लिए, चाहे कितने त्याग की जरूरत हो, कितनी कठिनाई हो, उसको करने के लिए हम तैयार हैं और हममें से हरेक उसकी जिम्मेदारी लेगा।" (चुनौती भरे वर्ष : **प्रधानमन्त्री इन्दिरा गाँधी के भाषण,** 1976, पृ. 14)।

अनुवाद : "एक लड़ाई हमारी सीमा पर है, लेकिन उतने ही महत्त्व की दूसरी लड़ाई हमारे देश के अन्दर है। वह है गरीबी और पिछड़ेपन से लड़ाई। वह लड़ाई हम तब तक नहीं लड़ सकते जब तक हम नये विचारों को न अपनाएँ, अपने बीच से अन्धविश्वासों को न मिटा दें और यह निश्चय न कर लें कि देश को आगे बढ़ाने के लिए जो हमें करना है उसके लिए हम तैयार हैं। हमें यह भी निश्चय करना होगा कि हममें से हरेक उसकी जिम्मेदारी लेगा, चाहे उसके लिए कितने ही त्याग की ज़रूरत हो, उसमें कितनी ही कठिनाई हो।"

अन्यभाषिक अनुवाद कौशल के अभ्यास : इन्हें दो स्तरों पर नियोजित किया जा सकता है—आरम्भिक और प्रगत। आरम्भिक स्तर के अनुवाद कौशल के अभ्यास एक विशिष्ट भाषाभेद से सम्बन्धित होंगे तथा व्यवस्थित होंगे। इन्हें बनाने के सामान्य दिशानिर्देश इस प्रकार हैं : 1. (क) अभ्यास क्रमबद्ध तथा पैटर्नबद्ध हों। (ख) यह क्रमबद्धता भाषिक दृष्टि से भी हो, प्रसंग की दृष्टि से भी—पहले भाषिक दृष्टि से और फिर प्रसंग की दृष्टि से। (ग) प्रगत स्तर पर दोनों का मिला-जुला रूप हो। 2. (क) पहले अपेक्षाकृत छोटे वाक्य (सरल और मिश्र दोनों) हों, बाद में अपेक्षाकृत लम्बे वाक्य। (ख) भाषाभेद के अनुसार पहले अनिवार्य घटकों वाले वाक्य हों (कर्त्ता + अकर्मक क्रिया, कर्त्ता + कर्म + सकर्मक क्रिया, कर्त्ता + पूरक + क्रिया), बाद में अनिवार्य के साथ ऐच्छिक घटकों वाले वाक्य। (ग) प्रगत स्तर पर दोनों का मिला-जुला रूप हो।

प्रशासनिक तथा बैंकिंग अंग्रेज़ी के आलेखन तथा टिप्पण से सम्बन्धित कुछ बारम्बार प्रयुक्त वाक्यों के अनुवाद अभ्यासों की सामग्री के नमूने नीचे दिए जाते हैं। ये वाक्य पूर्वोक्त योजना में 1. (ख) और 2. (ख) से सम्बन्धित हैं तथा अनुवाद अभ्यास के प्रथम सोपान हैं।

अभ्यास 1

पैटर्न एवं संरचना सूत्र : आज्ञार्थक कर्तृवाच्य।

(1) विशेषक + क्रियापद

Please speak.

Please discuss.

Kindly acknowledge.

(2) क्रियापद + विशेषक

Issue today.

Issue as recommended.

(3) क्रियापद + कर्म (संज्ञापदबन्ध)

A wait reply.

A wait further report.

Detain the bill.

Collect C form.

Notify bank's interest.

Advise date of collection.

(4) क्रियापद + कर्म + विशेषक

Issue reminder urgently.

Advise realisation by telegram.

Collect our interest at 10% P. A.

Deduct your charges from us.

(5) विशेषक + क्रियापद + कर्म

Please prepare a precis of the case.

Please put up self-contained note.

Please see the preceding note.

अभ्यास 2

(1) पैटर्न एवं संरचनासूत्र : कर्मवाच्य संरचना।

(क) कर्म + क्रिया

Needful has been done.

Relevant orders flagged.

Papers have been amalgamated.

(ख) कर्म + क्रिया + विशेषक

Draft has been ammended accordingly.

Draft reply is put up for approval.

A chronological summary of the case is placed below.

(2) पैटर्न एवं संरचना सूत्र : अनुमतिबोधक कर्मवाच्य।

कर्म + मोडल सहायक क्रिया + मुख्य क्रिया

Loans may be permitted.

The account may be opened.

The amount may be withdrawn.

The deposit may be renewed.
Repayment can be made.
Request can be entertained.
The deposit can be encashed.

अभ्यास 3
पैटर्न एवं संरचना सूत्र : कर्मवाच्य संरचना; न्यूनीकृत वाक्य।
कर्म (संज्ञापदबन्ध) + क्रियापद

Account opened.
Signatures attested.
Passbook issued.
Standing instructions noted.

प्रशासनिक तथा बैंकिंग अंग्रेज़ी में 'टु' से बनने वाले तुमर्थ उपवाक्यों की अधिकता दिखाई देती है। इनके अनुवाद अभ्यास उपयोगी रहते हैं। इनकी विशेषता यह है कि इनके दो-दो अनुवाद किए जा सकते हैं। कुछ उदाहरण नीचे दिए गए हैं :

I request you to open an account in the books of the bank.

(मैं आपसे बैंक में खाता खोलने का अनुरोध करता हूँ/अनुरोध है कि बैंक में मेरा खाता खोल दें।)

I undertake to abide by all the conditions of the bank.

I desire to invest Rs. one thousand in your bank.

प्रगत स्तर के अनुवाद अभ्यास के लिए एक यह योजना प्रस्तावित है कि एक ही पाठ के तीन प्रकार से अनुवाद किए जाएँ—शब्द-प्रति-शब्द अनुवाद, शब्दानुगामी/शाब्दिक अनुवाद, और स्वतन्त्र अनुवाद। अनुवादक एक ही हो, परन्तु तीनों अनुवादों में समय का पर्याप्त व्यवधान रखा जाए; व्यवधान इतना अवश्य हो कि एक प्रकार के अनुवाद का दूसरे प्रकार के अनुवाद पर प्रभाव न पड़े तथा एक प्रकार का अनुवाद करते समय अनुवादक अपने ध्यान को उसी पर केन्द्रित रखे। प्रत्येक अनुवाद प्रकार के सम्बन्ध में निम्नलिखित बातें द्रष्टव्य हैं :

शब्द-प्रति-शब्द अनुवाद : (1) कोशनिर्माण विधि के अनुसार किया जाता है। (2) शब्द स्तर पर होता है। (3) सन्दर्भहीन होता है। (4) मूलभाषा की संरचना को समझने में सहायक होता है। (5) मूल तथा लक्ष्य के बीच समानता तथा असमानता का बोध कराता है।

शाब्दिक अनुवाद : (1) शब्द स्तर पर न होकर पाठ स्तर पर होता है। (2) सन्दर्भाश्रित होता है। (3) इसमें मूलभाषा की संरचनात्मक तथा शैलीगत

विशेषताएँ झलकती हैं। (4) इसीलिए यह एक सीमा तक कृत्रिम प्रतीत होता है। (5) मूलनिष्ठता इसकी विशेषता है। इसमें मूलपाठ के यथासम्भव प्रत्येक अंश का अनुवाद हो जाता है यदि वह पूर्णतया अनपेक्षित नहीं। (6) सन्देश स्तरीय समानता भाषिक अर्थ के आयाम पर होती है।

स्वतन्त्र अनुवाद : (1) यह भी पाठ स्तर पर होता है। (2) सन्दर्भाश्रित होता है। (3) इसमें लक्ष्यभाषा की प्रकृति का संरक्षण होता है। इसे पढ़कर ऐसा प्रतीत नहीं होता है कि यह मौलिक रूप से नहीं लिखा गया। इसमें लक्ष्यभाषा की संरचनागत तथा शैलीगत (प्रसंगोपयुक्तता की) विशेषताएँ प्रकट होती हैं। (5) इसलिए इसमें स्वाभाविकता अनुभव होती है। (6) सन्देश स्तरीय समानता भाषिक अर्थ से बढ़कर सम्प्रेषण मूल्य के आधार पर होती है। इसीलिए मूलपाठ के अनपेक्षित अंशों को छोड़ा भी जा सकता है।

आरम्भिक तथा प्रगत दोनों स्तरों के अभ्यासों से, एक ओर तो अनुवादक के मूलभाषा का बोधन तथा लक्ष्यभाषा में अभिव्यक्ति के सामर्थ्य पुष्ट होते हैं, तथा दूसरी ओर उसे अनुवाद प्रक्रिया की संश्लिष्टता तथा सोपानबद्धता का व्यावहारिक अनुभव होता है। आनुषंगिक रूप से, इसके ज़रिए अनुवाद के प्रकार को पहचानने तथा अनुवाद प्रणाली को निर्धारित करने का अभ्यास भी होता है। हम निम्नलिखित उदाहरण से इस अभ्यास की कार्यविधि को स्पष्ट करेंगे।

मूलपाठ

"The significance of translation in Roman literature has often been used to accuse the Romans of being unable to create imaginative literature in their own right, at least until the first century B.C. Stress has been laid on the creative imagination of the Greeks as opposed to the more practical Roman mind, and the Roman exaltation of their Greek models has been seen as evidence of their lack of originality. But the implied value judgment in such a generalization is quite wrong." (Susan Bassnet McGuire : *Translation Studies*, 1980, p. 45.)

शब्द-प्रति-शब्द अनुवाद

The	=	'निर्धारक शब्द'
significance	=	महत्त्व
of	=	का (सम्बन्धद्योतक पूर्वसर्ग)
translation	=	अनुवाद
in	=	में (अधिकरण पूर्वसर्ग)
Roman	=	रोमवासी/रोम का/रोम सम्बन्धी
literature	=	साहित्य
has	=	'अपूर्णताद्योतक सहायक क्रिया (प्रचालक)'
often	=	प्रायः
been	=	हो +'भूत कृदन्त' (प्रचालक—कर्मवाच्य सहायक क्रिया)
used	=	प्रयोग कर + 'भूतकालिक कृदन्त'
to	=	'पूर्वसर्ग—तुमर्थ उपवाक्य में प्रयुक्त'
accuse	=	आरोप लगा(ना)
the	=	(पूर्वोक्त)
Romans	=	रोमवासी + 'बहुवचन प्रत्यय'
of	=	(पूर्वोक्त)
being	=	हो + 'वर्तमान कृदन्त'
unable	=	असमर्थ
to	=	(पूर्वोक्त)
create	=	सृष्टि कर(ना)
imaginative	=	कल्पनाशील
literature	=	साहित्य
in their (one' s) own right	=	अपने बूते पर
at least	=	कम-से-कम
until	=	तक (कालसीमाद्योतक पूर्वसर्ग)
the	=	(पूर्वोक्त)
first	=	पहला/ली
century	=	शताब्दी
B.C.	=	ईसा पूर्व
stress	=	बल
has	=	(पूर्वोक्त)
been	=	(पूर्वोक्त)

laid	=	रख + 'भूत कृदन्त'
on	=	पर (अधिकरण पूर्वसर्ग)
the	=	(पूर्वोक्त)
creative	=	सर्जनात्मक
imagination	=	कल्पना
of	=	(पूर्वोक्त)
the	=	(पूर्वोक्त)
Greeks	=	यूनानी + 'बहुवचन प्रत्यय'
as	=	'क्रियाविशेषण–रीतिवाचक'
opposed	=	विरुद्ध हो + 'भूत कृदन्त'
to	=	'पूर्वसर्ग–कर्मचिह्नक'
the	=	(पूर्वोक्त)
more	=	अपेक्षा या अधिक
practical	=	व्यावहारिक
Roman	=	(पूर्वोक्त)
mind	=	मन/मानस
and	=	और
the	=	(पूर्वोक्त)
Roman	=	(पूर्वोक्त)
exaltation	=	गुणकीर्तन
of	=	(पूर्वोक्त)
their	=	उनका (वह + बहुवचन + सम्बन्धद्योतक)
Greek	=	यूनानी (विशेषण)
models	=	प्रारूप + 'बहुवचन प्रत्यय'
has	=	(पूर्वोक्त)
been	=	(पूर्वोक्त)
seen	=	देख + 'भूत कृदन्त'
as	=	के समान (क्रियाविशेषण–रीतिवाचक)
evidence	=	साक्ष्य
of	=	(पूर्वोक्त)
their	=	(पूर्वोक्त)
lack	=	न्यूनता/कमी
of	=	(पूर्वोक्त)
originality	=	मौलिकता
but	=	परन्तु

the	=	(पूर्वोक्त)
implied	=	निहित
value	=	मूल्य
judgment	=	निर्णय
in	=	(पूर्वोक्त)
such	=	ऐसा (विशेषण)
a	=	'अनिश्चयद्योतक आर्टिकल'
generalization	=	सामान्यीकरण
is	=	हो + 'वर्तमानद्योतक'
quite	=	बिलकुल
wrong	=	गलत

शाब्दिक अनुवाद

'रोमन साहित्य में अनुवाद के महत्त्व का, रोमन लोगों के अपने बूते पर कल्पनाशील साहित्य की सृष्टि करने में, कम-से-कम ईसा पूर्व प्रथम शताब्दी तक, असमर्थ होने का आरोप लगाने के लिए प्रायः प्रयोग किया गया है। अपेक्षाकृत अधिक व्यावहारिक रोमन मानस के विरुद्ध यूनानियों की सर्जनात्मक कल्पना पर बल दिया गया है, और रोमन लोगों द्वारा अपने यूनानी आदर्शों के गुणकीर्तन को उनकी मौलिकता की न्यूनता की साक्षी के रूप में देखा गया है। परन्तु इस प्रकार के सामान्यीकरण में निहित मूल्यनिर्णय बिलकुल गलत है।'

स्वतन्त्र अनुवाद

"रोमन साहित्य में अनुवाद का महत्त्वपूर्ण स्थान है—उसका बड़ा अंश ग्रीक से अनूदित है। परन्तु उसी के कारण रोमन लोगों पर यह आरोप बार-बार लगाया गया है कि उनमें अपने बूते पर मौलिक साहित्य रचना की क्षमता नहीं थी—कम-से-कम ईसा पूर्व पहली शताब्दी तक तो यही स्थिति थी। यह बात बल देकर कही गई कि ग्रीक लोगों में तो सर्जनात्मक क्षमता थी जबकि रोमन लोग केवल व्यवहारकुशल बने रहे। लोगों ने ग्रीक आदर्शों की जो मुक्त कण्ठ से प्रशंसा की उसे इस बात का प्रमाण माना गया है कि रोमनों में मौलिकता की कमी थी। परन्तु ऐसे कथनों से जो मूल्यांकन ध्वनित होता है वह बिलकुल गलत है।"

अनुवाद शिक्षक से

हमने अन्यभाषिक अनुवाद कौशल के आरम्भिक स्तर के अभ्यासों में नमूने के अनुवाद प्रायः नहीं दिए—नमूने देना आवश्यक नहीं लगा। परन्तु समभाषिक अनुवाद कौशल तथा अन्यभाषिक अनुवाद कौशल के प्रगत स्तर के अभ्यासों में हमने अनुवाद दिए हैं। ऐसा यह मानकर किया गया है कि ये बातें लीक से हटकर प्रस्तुत की गई हैं, और इसलिए इन्हें नमूनों के अनुवादों द्वारा स्पष्ट करना सहायक होगा। शिक्षक इन नमूनों की सहायता से स्वयं अनुदाद अभ्यास तैयार कर सकते हैं। अच्छा हो कि इन नमूने के अभ्यासों पर वे छात्रों को समीक्षात्मक टिप्पणी भी दें जिसमें दोनों पाठों के भाषिक चयनों तथा शैलीगत विशेषताओं का अन्तर स्पष्ट किया जाए। इसके लिए अनुवाद कार्य तथा अनुवाद समीक्षा के नमूनों से सहायता ली जा सकती है। हमने स्वयं यह कार्य इसलिए नहीं किया कि इस अध्याय में हम अनुवाद कौशल के स्वांगीकरण को, न कि तद्विषयक ज्ञान को, लक्ष्य बनाकर अनुवाद अभ्यास के नमूने प्रस्तुत कर रहे हैं। अन्ततोगत्वा अनुवाद कौशल एक कला का रूप धारण कर लेता है जिसमें अभ्यासपुष्ट स्फुरणा का महत्त्व सर्वोपरि रहता है।

विशिष्ट आयाम

अनूद्यता
साहित्यानुवाद का मूल्यांकन
भाषाविकास में अनुवाद की भूमिका

10

अनूद्यता

अनूद्यता (ट्रांसलेटेबिलिटी) के प्रचलित नामांतर हैं—अनुवादनीयता, अनुवादानुकूलता, अनुवादपरकता। अनूदित हो सकने की स्थिति अनूद्यता है और यह मूल भाषा पाठ का गुण है। अनूद्यता का निर्धारक तत्व है सममूल्यता—द्विभाषिक सममूल्यता, अनुवाद सममूल्यता। अनुवाद सममूल्यता स्थापित हो सकने की वास्तविक और संभाव्य स्थिति अनूद्यता है।

अनूद्यता की संकल्पना को अनुवाद व्यवहार तथा अनुवाद विचार दोनों का केन्द्रबिन्दु माना जा सकता है। अनुवाद व्यवहार का जनक है अनुवादक, जिसके सामने लक्षित मूल भाषा पाठ की अनूद्यता ही पहला मुद्दा है—समग्र पाठ की अनूद्यता या /और पाठान्तर्वर्ती छोटी इकाइयों की अनूद्यता। अनुवादक को सबसे पहले यह निर्णय लेना होता है कि लक्षित लक्ष्य भाषा में मूल भाषा पाठ, जिसका चयन अनुवाद करने के लिए किया गया है, किस सीमा तक सफलतापूर्वक अनूदित हो सकता है। अनुवाद विचार, अनुवाद समीक्षक का क्षेत्र है। अनुवाद समीक्षक अनूदित पाठ के आधार पर मूल भाषा पाठ की अनूद्यता का व्यवस्थित आकलन करता है।

अनूद्यता की संकल्पना पाठकेन्द्रित है। पाठ, सम्प्रेषण की इकाई है। पाठ की आकार-सीमा का निर्धारण सम्प्रेष्य की अन्विति से होता है। दूसरे, पाठ को सम्प्रेषण की इकाई कहने का निहितार्थ है कि पाठनिष्पादक भाषाप्रयोग पाठ के अधीन है। भाषा-सरंचना की भाषाविश्लेषणात्मक विविधस्तरीय इकाइयाँ और पैटर्न पाठ के विभिन्न आयामों और बिन्दुओं से यथायोग्य रीति से सहसम्बन्धित हैं। विश्लेषण स्तर पर एकैक संवाद हो सकने के बावजूद भी, भाषिक इकाइयों और पैटर्नों की सार्थकता पाठीय अन्विति के अंतर्गत ही है।

'पाठ' और 'भाषा' के बीच संबंध और अंतर के उपर्युक्त स्पष्टीकरण की भूमिका यह यह कहना सिद्धांतसंगत है कि अनूद्यता की संकल्पना द्विचरतामूलक

(सकारात्मक बनाम नकारात्मक) न होकर ध्रुवात्मक (दो छोरों से मिली हुई) है। दूसरे शब्दों में, यह कहना संगत नहीं कि कुछ पाठ अनूद्य होते हैं, कुछ नहीं (वे अननूद्य होते हैं)। वस्तुतः सभी पाठ अनूद्य होते हैं। सब पाठों का अनुवाद संभव है। हाँ, किसी विशेष विधा के पाठ अपेक्षया कम अनूद्य होते हैं तो किसी अन्य विधा के पाठ अपेक्षया अधिक अनूद्य होते हैं। अर्थात् अनूद्यता की मात्रा, उसकी सीमा (ध्रुवात्मक कहने का यही तात्पर्य है) ही प्रासंगिक बात हैं। हम अनूद्यता के निर्धारण के लिए एक मापक्रम कल्पित कर सकते हैं जिसमें न्यूनतम स्तर का निर्देश 1 से किया जाए (शून्य से नहीं; शून्य अननूद्यता का संकेत है और यह प्रस्तावित ढाँचे में मान्य नहीं) तथा अधिकतम का 10 से। अब यह एक निर्दिष्ट पाठ की विधागत प्रकृति व स्वरूप पर निर्भर है कि मापक्रम के किस बिन्दु पर उसकी अनूद्यता को निर्धारित किया जाए।

चर्चा के इस बिन्दु पर दो बातें स्पष्ट कर ली जाएँ। एक का संबंध साहित्य के साथ है, दूसरी का भाषा के साथ। साहित्यिक अनुवादों के आकलन के संबंध में प्रायः कहा जाता है कि कविता अननूद्य होती है (Poerty is untranslatable). राबर्ट फ्रॉस्ट का कथन– Poetry is that which is lost in translation (कविता अनुवाद को नहीं झेल पाती)–सुविदित है। हमारे प्रारूप की शब्दावली में, अन्य विधाओं की तुलना में कविता की अनूद्यता कम होती है। साथ ही यह भी कि कविता विधा के अंतर्गत विभिन्न कविता पाठों की अनूद्यता के स्तरों में अंतर हो सकता है। कुछ कविता पाठ ऐसे होते हैं जिनमें वह न्यूनमतम होती है (स्तर 1 पर), कुछ ऐसे होते हैं जिनमें न्यूनतम से काफी अधिक (स्तर 5 या 6 पर)। अनूद्यता को ध्रुवात्मक कहने का यही तात्पर्य है।

अब भाषा के स्तर पर अनूद्यता की चर्चा की जाए। भाषाओं के बीच अननूद्यता की बात की जाती है। यह वास्तव में किन्हीं दो विशेष भाषाओं के बीच अनूद्यता की स्थिति के विषय में किया गया सामान्य कथन है। इसे सामान्य तथा सांस्कृतिक संरचनात्मक-प्ररूपगत दृष्टियों से दूरस्थ भाषाओं के कतिपय विशिष्ट अंगों–निश्चित कोटि के शब्द, व्याकरणिक कोटियाँ आदि–के बीच सममूल्यता स्थापित न हो सकने की स्थिति का निर्देश समझना चाहिए। आधुनिक सभ्यता से अतिदूर किसी जनजातीय सांस्कृतिक समुदाय की भाषा के किसी आधुनिक भाषा में काफी बड़ी सीमा तक अनूदित न हो सकने के कारण उस भाषा को अननूद्य कहना इसके अन्तर्गत है।

अनूद्यता का आकलन पाठ के दो आयामों पर होता है–(क) ऊर्ध्वाधर आयाम : भाषा संरचना के विश्लेषणात्मक स्तरों के अधिक्रम से संबंधित; (ख) समस्तरीय आयामः भाषा-इतिहास तथा भाषाप्रयोग के विविधपक्षीय भेदों और प्रकारताओं से संबंधित। भाषा संरचनात्मक ऊर्ध्वाधर आयाम मूलवर्ती है तथा स्वयं

साध्य होने के साथ, भाषा-इतिहास और भाषाप्रयोगपरक समस्तरीय आयाम के निरूपण का साधन भी। इन दोनों के विषय में प्राक्कल्पना के स्तर पर कुछ टिप्पणियाँ की जा रही हैं जिनका परीक्षण और सत्यापन अनुवाद-अनुसंधान का क्षेत्र है।

भाषा-सरंचना के विश्लेषणात्मक स्तरों के अधिक्रम को इस प्रकार प्रस्तुत किया जा सकता है:

कथ्य स्तर : शब्दार्थ तथा वाक्यार्थ (व पाठार्थ)

↑

रूप स्तर : रूप तथा वाक्य

↑

अभिव्यक्ति स्तर : स्वनिम तथा लेखिम

अनूद्यता की दृष्टि से यह अधिक्रम विपरीत क्रम से प्रभावी है। तदनुसार, अनूद्यता अर्थ स्तर पर सबसे अधिक होती है, उससे कम रूप और वाक्य स्तर पर, और सबसे कम अभिव्यक्ति स्तर पर। यह स्पष्ट करना अपेक्षित है कि रूपस्तरीय अनूद्यता का प्रश्न रूप तत्व के अर्थ पक्ष से सम्बन्धित है; जैसे, हिन्दी की रंजक क्रिया 'लेना' और 'देना' से व्यंजित क्रमशः आत्मनेपद और परस्मैपद अर्थों का अंग्रेज़ो अनुवाद में संरक्षण। मैंने काम कर लिया' (= मैंने 'अपना' काम कर लिया) और 'मैंने काम कर दिया' (= मैंने 'दूसरे का' काम कर दिया) के अंतर का अंग्रेजी अनुवाद में केवल क्रियापदबंध स्तर पर संरक्षण संभावित नहीं लगता। इसी प्रकार स्वनिमों के प्रतीकात्मक अर्थवैशिष्ट्य का संरक्षण भी एक मुद्दा है। हिन्दी तथा कुछ अन्य भारतीय भाषाओं के अनेक मूर्धन्य व्यंजनयुक्त शब्दों (टक्कर, ठोकर, डर, ढेर, काणा) में मूर्धन्य ध्वनि प्रतिकूलता और नकारात्मकता के प्रतीक के रूप में भाषाप्रयोगकर्ताओं की चेतना में प्रतिष्ठित प्राय है। इसके अर्थवैशिष्ट्य के अंग्रेजी अनुवाद में स्वनिम स्तर पर संरक्षित रहने की संभावना नगण्य है।

भाषा-इतिहास और भाषाप्रयोग से सम्बन्धित निम्नलिखित स्थितियों में अनूद्यता की अधिक अनुकूलता संभावित है:

(1) दोनों भाषाओ में पर्याप्त प्ररूपगत निकटता हो; जैसे हिन्दी और गुजराती (न कि हिन्दी और तमिल), कन्नड और तेलुगु (न कि कन्नड़ और कश्मीरी)।

(2) दोनों भाषाओं में पर्याप्त सम्पर्कजनित निकटता हो, भले ही प्ररूपगत निकटता न्यून हो; जैसे हिन्दी ओर अंग्रेजी (न कि हिन्दी और रूसी)।

(3) दोनों भाषाओं में सांस्कृतिक समानता हो, भले ही उनमें प्रत्यक्ष सम्पर्क न रहा हो; जैसे हिन्दी और असमिया (न कि हिन्दी और चीनी)।

(4) दोनों भाषाओं की आंतरिक विविधता (बोलीगत, प्रयुक्तिगत, शैलीगत)

समान मूल्यों की सृष्टि करती हो; जैसे हिन्दी की क्लासिकी पृष्ठभूमि संस्कृतनिष्ठता से और अंग्रेजी की लैटिन मूल के शब्दों की प्रधानता से निष्पन्न होती है, और दोनो का यह शैलीगत वैशिष्ट्य समान रूप से औपचारिक मूल्यों की सृष्टि करता है।

(5) अकेले एक प्रकार का कथ्य अनूदित किए जाने का प्रसंग हो; जैसे केवल चेतावनी या निर्देश या अपील। यदि कथ्य जटिल हो—अपील के साथ तथ्य कथन आदि भी हो—तो अनूद्यता का स्तर नीचे आ सकता है।

यह प्रसंग का सामान्य निर्देश है। सभी स्थितियों में अनेक एकल बिन्दु ऐसे होते हैं जो अनूद्यता की सीमा बन सकते हैं; जैसे शीर्षक, लाक्षणिक प्रयोग, संस्थाबद्ध शब्द, श्लिष्ट शब्द, अभिवादन शब्द, पाठारम्भी शब्द, काल और पक्ष, क्रियापद का रंजक अर्थ, आदि। इनमें उन इकाइयों को अननूद्य कहा जाएगा जिन्हें उनके मूल रूप (स्वनक्रम) में लिप्यंतरण के माध्यम से लक्ष्य भाषा में स्थानान्तरित करना अनिवार्य हो जाए या जहाँ इस प्रकार के स्थानान्तरण का भी अवसर शेष न हो। यह कहना उपयुक्त होगा कि अननूद्यता की धारणा निश्चयात्मक/परिच्छिन्न न होकर तरल है। तदनुसार, यह संभावित है कि, भाषा 'क' के कतिपय विशिष्ट बिन्दु भाषा 'ख' में अननूद्य हों, परन्तु भाषा 'ग' में अनूद्य हों, और कतिपय अन्य बिन्दु 'ख' में अनूद्य हों परन्तु 'ग' में अननूद्य हों। यह इस बात पर निर्भर है कि भाषाओं के बीच संरचनात्मक, सांस्कृतिक, प्ररूपगत और सम्पर्कजनित निकटता की क्या स्थिति है।

यह स्पष्ट हो गया है कि भाषा स्तर की अननूद्यता उसके विश्लेषणात्मक आयाम से संबंधित है और अतएव एंकल बिन्दुओं पर केन्द्रित हैं। यह अननूद्यता 'पाठ' स्तर पर अनूद्यता में रूपान्तरित हो जाती है, भले ही उसका स्तर निम्न हो। पाठीय अन्विति में विभिन्न अनुवाद युक्तियों के व्यवहार से, जिसमें क्षतिपूर्ति नियम का विशेष स्थान है, अनूद्यता के नकारात्मक पक्ष की पहचान लुप्तप्राय हो जाती है तथा पाठ अपनी समग्रता में पाठक को सम्प्रेषित हो जाता है।

11

साहित्यानुवाद का मूल्यांकन

पाठीय अभिव्यक्ति के तीन क्रमिक चरण हैं : साहित्यिक कृति →कृति का अनुवाद →अनुवाद का मूल्यांकन। साहित्यिक कृति एक भाषापाठ है और साहित्यपाठ भी–यह मूल/प्राथमिक वस्तु है, एक स्वीकृत (गिवन) तथ्य है। कृति का अनुवाद भी भाषापाठ के साथ साहित्यपाठ भी है–मूल की तुलना में यह व्युत्पन्न/द्वितीयक वस्तु है, यह अनूदित (लक्ष्य भाषा में पुनरभिव्यक्त) पाठ है। अनुवाद का मूल्यांकन एक भाषापाठ होने के साथ (साहित्यपाठ से भिन्न) समीक्षा पाठ भी है–उपर्युक्त दोनों से भिन्न परंतु दोनों के संबंध का परीक्षण-मूल्यांकन करने वाली तृतीयक वस्तु है; यह 'पाठ' का पाठ अधिपाठ (निरूपक पाठ) है।

इस त्रि-चरण प्रतिरूप (पैराडाइम) से दो बातें स्पष्ट है–(क) साहित्यानुवाद मूल्यांकन का प्रारूप भाषासिद्धांत, अनुवाद सिद्धांत और साहित्यसमीक्षा की अन्योन्यात्मकता का फलित (प्रॉडक्ट) है। (ख) इसकी दो धाराएँ हैं : भाषासिद्धांत प्रधान अनुवाद मूल्यांकन प्रारूप, साहित्य समीक्षा प्रधान अनुवाद मूल्यांकन प्रारूप। पहले में भाषा-विश्लेषण (भाषा संरचना विश्लेषण, भाषा प्रयोग विश्लेषण) की प्रधानता है, और यह अनुप्रयुक्त भाषाविज्ञान की सामान्य प्रवृत्ति है। दूसरे में साहित्य समीक्षा की प्रभाववादिता की प्रधानता है, और यह साहित्यसमीक्षा-मूल्यांकन की प्रचलित प्रवृत्ति है। भाषासिद्धांत प्रधान और साहित्य समीक्षाप्रधान, दोनों प्रवृत्तियों की अपनी-अपनी परंपरा है। भाषा-विश्लेषक अनुवाद-संबंध-संदर्भित पाठों (मूल पाठ तथा अनूदित पाठ) के विविध आयामों (संरचनागत, अर्थगत, शैलीगत, संप्रेषणपरक) के विषय में सार्थक जानकारी प्राप्त करते हुए अनूद्यता का आकलन करते हैं। साहित्य समीक्षक दोनों पाठों की तुलना करते हुए प्रभाववादी आधार पर अनूदित पाठ की संप्रेषण-स्तरीय साहित्यिक-सांस्कृतिक सफलता का मूल्यांकन करते हैं। इस प्रकार दोनों प्रवृत्तियों के अध्ययन-निष्कर्ष उपयोगी हैं।

हमारी मान्यता है कि मूल्यांकन प्रारूप के निर्धारण में एक मध्यवर्ती स्थिति भी है जिसका स्रोत है पूर्वाक्त त्रि-चरण प्रतिरूप। इसमें अनुवार सिद्धांत केंद्र में हैं तथा भाषा सिद्धांत और साहित्य समीक्षा के साथ उसकी सहकालिक संलग्नता है। अनुवाद मूल्यांकन के लिए अनुवाद सिद्धांत का केन्द्र में होना तर्कसंगत है। इस प्रकार अनुवाद मूल्यांकन का तीसरा प्रारूप हमारे सामने आता है। प्राक्कल्पना यह है कि इस प्रारूप में भाषा पक्ष की वस्तुनिष्ठता और समीक्षा पक्ष की व्यक्तिनिष्ठता का, अनुवाद पक्ष पर केंद्रित, संतुलन है। इस लेख में प्रस्तावित अध्ययन की चिंतनगत और प्रणालीगत प्रतिबद्धताओं का विवेचन करते हुए प्रायोगिक अध्ययन के द्वारा प्राक्कल्पना के परीक्षण और सत्यापन का प्रयास किया गया है।

विवेचन

विषय-विवेचन के मुख्य बिंदु इस प्रकार हैंः

1. अनुवाद मूल्यांकन की आधारभूत अनुवाद-सैद्धांतिक संकल्पना है अनूद्यता (ट्रांसलेटेबिलिटी : अनुवादपरकता, अनुवादानुकूलता, अनुवादनीयता)। अनूद्यता का अभिप्राय है अनुवाद सममूल्यता स्थापित हो सकने की वास्तविक और संभाव्य स्थिति। इस प्रकार अनुवाद मूल्यांकन अनूद्यता के आकलन पर अवलंबित है—अनूद्यता अधिक है तो अनुवाद की श्रेष्ठता संभावित है; अनूद्यता कम है तो अनुवाद की दुर्बलता की आशंका है। यह आकलन मूल्यांकन प्रक्रिया का अंतरंग है और प्रक्रिया के हर चरण में समीक्षक की चेतना पर अंकित होता जाता है।

2. मूल्यांकन प्रणाली में अनुवाद सिद्धांत के क्षतिपूर्ति नियम की विशेष भूमिका है।

3. अनूदित पाठ की मूल पाठ से तुलना अनुप्रयुक्त भाषाशास्त्र की तुलनात्मक-व्यतिरेकी विश्लेषण पद्धति से होती है। यह विश्लेषण प्रोक्ति-विश्लेषण से समर्थित है और तदनुसार प्रतिज्ञप्ति-विश्लेषण (बृहत् स्तर—मैक्रो लेवल—से संबंधित) तथा भाषा सरंचना-विश्लेषण (लघु स्तर—माइक्रो लेवल—से संबंधित) के अधिक्रम में संयोजित है। ('प्रतिज्ञप्ति' वह अर्थगत इकाई है जो किसी प्रकथन के प्रतिपाद्य का घटक बनती है—एक वाक्य में जो कहा गया है उसके भाषिक अर्थ पर आधारित अंग/अंगों को प्रतिज्ञप्ति कहते हैं।)

4. तुलनात्मक-व्यतिरेकी विश्लेषण से हमें निम्नलिखित जानकारी मिलती है—(क) मूल पाठ के गठन (भाषा-प्रयोग पाठ की बुनावट) पक्ष में क्षति हुई हैं या संदेश पक्ष में; और वह कौन-सा अंश है जो क्षतिग्रस्त हुआ। (ख) अनूदित पाठ में मूल क्षति की पूर्ति हुई या नहीं। यदि पूर्ति हुई तो किस युक्ति से, और यदि नहीं हुई तो उससे पाठक को कोई हानि हुई या नहीं।

5. इन प्रक्रियाओं से मूलभूत जानकारी भी मिलती है और अनूद्यता का आकलन भी होता जाता है। इस प्रक्रिया शृंखला की तर्कसंगत परिणति है साहित्य समीक्षा की प्रभाववादी भाषा में अनुवाद का मूल्यांकन, अर्थात् अनूदित पाठ से मूल पाठ के अनुवाद संबंध का मूल्यांकन जो समीक्षा पाठ/अधिपाठ के रूप में अभिव्यक्त होता है।

6. प्रक्रिया के विभिन्न चरणों की क्रमिकता केवल प्रतीयमान है, वास्तविक नहीं। वास्तव में मूल्यांकन प्रक्रिया एक अन्विति है जिसके विभिन्न चरण उसके आयाम हैं और एक-दूसरे को प्रभावित करते हैं—उनमें अन्योन्यात्मकता होती है। यह दृष्टिकोण साहित्यिक कृति की आंतरिक अन्विति के साथ संगत है।

प्रायोगिक अध्ययन

प्रायोगिक अध्ययन के लिए एक कवितांश और एक कथांश को लिया गया है। प्रतिज्ञप्ति-विश्लेषण केवल कवितांश में है; अध्ययन-प्रणाली के प्रयोगात्मक व्यवहार की दृष्टि से यह पर्याप्त है। प्रायोगिक अध्ययन में सामग्री-संयोजन का क्रम इस प्रकार है—अनूदित तथा मूल पाठों का प्रतिज्ञप्ति-विश्लेषण, दोनों पाठों का तुलनात्मक-व्यतिरेकी सटिप्पण भाषासरंचना-सह-अर्थगत विश्लेषण, क्षतिपूर्ति समायोजन, साहित्यसमीक्षात्मक टिप्पणी।

(क) कवितांश

अनूदित पाठ

FRUITS OF THE EARTH

Childhood. I planted pennies in the year	(प्रवर्तन → उत्तेजन)
and dreamed	(संयोजन)
Penny trees would grow. I heard the air sweet	(ईप्सित परिणाम)
with the silvery ringing of the clustered crop	(परिणाम विस्तार)
and strutted round like a big fat millionaire.	(परिणाम गहनता)
Ah fantasy : and not a single sprout came up;	(विप्रतिषेध)
Not one tree appeared on the barren ground :	(विप्रतिषेध विस्तार)
Swallowed in dusk, blighted my dreams	(फलित)
On hand and knees I scratched for a sign of growth; stared into darkness.	(फलित गहनता)
What a fool I was: I gathered the fruit I had sown. I had watered coin.	(निष्कर्ष—शिक्षा)
	(Tr. W.M.Murray)

मूल पाठ

आः धरती कितना देती है

मैंने छुटपन में छिपकर पैसे बोये थे	(प्रवर्तन → उत्तेजन)
सोचा था	(संयोजन)
पैसों के प्यारे पेड़ उगेंगे	(ईप्सित परिणाम)
रुपयों की कलदार मधुर फसलें खनकेंगी	(परिणाम विस्तार)
और फूल फूल कर मैं मोटा सेठ बनूँगा	(परिणाम गहनता)
पर बंजर धरती में एक न अंकुर फूटा	(विप्रतिषेध)
बंध्या मिट्टी ने न एक भी पैसा उगला	(विप्रतिषेध विस्तार)
सपने न जाने कहाँ मिटे, कब धूल हो गये	(फलित)
मैं हताश हो बाट जोहता रहा दिनों तक बाल कल्पना के अपलक पाँवड़े बिछाकर	(फलित गहनता)
मैं अबोध था, मैंने गलत बीज बोये थे ममता को रोपा था, तृष्णा को सींचा था	(निष्कर्ष—शिक्षा)
	(सुमित्रानन्दन पंत)

तुलना-व्यतिरेक

(जिस अंश की जो पहचान विशेषतया प्रासंगिक है उसी का उल्लेख किया गया है)

Fruits of the earth (पदबंध)	: आः धरती कितना देती है (उपवाक्य)
Childhood (संज्ञापदबंध)	: छुटपन में (क्रिया विशेषण पदबंध)
?	: छिपकर
In the year	: ?
? Penny trees (भावात्मक विशेषण लुप्त)	: पेसों के प्यारे पेड़ (भावात्मक विशेषण प्रयुक्त)
I heard the air with the...	: ?
Ah fantasy (गौण उपवाक्य —भावात्मकता)	: पर (विप्रतिषेधक अव्यय—सादापन)
?	: बंजर धरती
Not one tree appeared (अभिधा)	: न एक भी पैसा उगला (अभिधा)
On hand and kness (लक्षणा)	: बालकल्पना के अपलक पाँवड़े बिछाकर (लक्षणा)
I scratched for a sign of growth (लक्षणा)	: बाट जोहता रहा दिनों तक (लक्षणा)
Stared into darkness (लक्षणा)	: मैं हताश हो (अभिधा)

What a fool I was (भावात्मकता)	: मैं अबोध था (सादापन)
I gathered the fruit I had sown? (सादापन)	: मैंने गलत बीज बोये थे (सादापन) : ममता को रोपा था
I had watered coin (लक्षणा)	: तृष्णा को सींचा था (लक्षणा)

क्षतिपूर्ति समायोजन

क्षति : जिसकी पूर्ति नहीं हुई

(i) विशेषक अभिव्यक्तियाँ	: छिपकर, प्यारे (भावात्मक प्रभाव की हानि)
(ii) पाठांतर्वर्ती पर्याय अभिव्यक्तियाँ	: बंजर धरती (: बंध्या मिट्टी), ममता को रोपा था (: तृष्णा को सींचा था) (बलात्मक प्रभाव की हानि)

क्षति : जिसकी पूर्ति हुई

मूल में सादापन	अनुवाद में भावात्मकता
(i) पर...	Ah fantasy
(ii) मैं अबोध था	What a fool I was

साहित्यसमीक्षात्मक टिप्पणी

कतिपय बिंदुओं के स्पष्टीकरण और प्रासंगिक बिंदुओं की समीक्षात्मक व्याख्या के रूप में निम्नलिखित बातें कही जा सकती हैं :

1. दोनों पाठों में दाई ओर कोष्ठकों में प्रतिज्ञप्ति शब्दावली है।

2. तुलना-व्यतिरेक तालिका में, कोष्ठकों में, अभिव्यक्तियों के भाषिक-अर्थगत स्वरूप का संकेत है। कुछ अभिव्यक्ति-युगल व्यतिरेक के उदाहरण हैं; अनूदित तथा मूल अभिव्यक्तियों की व्याकरणिक रचना में अंतर हैं–अनूदित अभिव्यक्ति पदबंध है परंतु मूल उपवाक्य, इत्यादि।

3. अनेक अभिव्यक्ति युगल समान हैं; अनुवाद अभिधा है, मूल भी, इत्यादि।

4. अनूदित पाठ के स्तम्भ में प्रश्नवाचक चिह्न '?' उस क्षति का संकेत है जिसकी पूर्ति नहीं हुई। मूल पाठ स्तंभ में यह उस अविद्यमान अभिव्यक्ति का संकेत है जिसके लिए अनूदित पाठ में एक अभिव्यक्ति विद्यमान है।

5. अनुवाद, गठन पक्ष प्रधान है। क्षति हुई है तो गठन पक्ष में और मूल के वैशिष्ट्य के संरक्षण का प्रयास हुआ है कि तो वह भी गठन पक्ष में।

6. क्षतिपूर्ति समायोजन की व्याख्या दो प्रकार से की जा सकती हैं–(क) क्षतिपूर्तिहीन प्रसंगों से पाठक (अंग्रेजी पाठक) के हितों की हानि इसलिए

नगण्य है कि अंग्रेजी साहित्यिक संस्कृति में हिंदी (भारतीय) साहित्यिक संस्कृति की भावात्मकता और बलात्मकता विशेष प्रासंगिक नहीं। (ख) क्षतिपूर्ति-युक्त प्रसंग अपनी हानि और पिछली हानि दोनों की भरपाई कर देते है। अंग्रेज़ी साहित्यिक संस्कृति की भावात्मकता और बलात्मकता विशेष प्रासंगिक नहीं। (ख) क्षतिपूर्ति-युक्त प्रसंग अपनी हानि और पिछली हानि दोनों की भरपाई कर देते हैं। अंग्रेज़ी साहित्यिक संस्कृति के लिए इतना पर्याप्त है।

6.1 मूल में अविद्यमान परंतु अनुवाद में विद्यमान अभिव्यक्तियों को लक्ष्य भाषा (अंग्रेज़ी) की प्रयोगरूढ़ि समझना उपयुक्त है। उनसे अनुवाद में कुछ जुड़ता नहीं।

7. मूल के गठन पक्ष का संरक्षण रूपक अलंकार और असामान्य सहप्रयोग के क्षेत्र में दिखाई पड़ता है। शाब्दिक अनुवाद द्वारा मूल पाठ के काव्य-शैलीगत अभिव्यक्ति-वैशिट्य को संरक्षित रखा गया है। उदाहरण–

पैसों के (प्यारे) पेड़ उगेंगे : Penny trees would grow

रुपयों की कलदार मधुर फसलें : Silvery ringing of the clustered crop

8. तथापि ऐसे प्रसंग भी हैं जिनमें अंग्रेज़ी साहित्यिक रूढ़ियों का व्यवहार हुआ हैं। उदाहरण–

सपने न जाने कहाँ मिटे : Swallowed in dusk.

कब धूल हो गये : Blighted my derams

तृष्णा को सींचा था : I had watered coin

प्रभावसमता के बावजूद अंग्रेज़ी अभिव्यक्तियों का अंदाज़ अपना है।

इसी प्रकार I heard the air with the... जिसका संवादी अंश मूल में नहीं, अपनी पूरी वाक्य-रचना में अंग्रेज़ी की अपनी अभिव्यक्ति शैली है।

9. हिन्दी कविता (मूल) और अंग्रज़ी कविता (अनुवाद) में दूरी की अपेक्षा निकटता अधिक है–असमान अंशों की अपेक्षा समान अंश अधिक हैं। प्रभाव के स्तर पर समानता के साथ अभिव्यक्ति की युक्तियों के स्तर पर भी, भिन्नता की अपेक्षा, समानता अधिक है।

(ख) कथांश

कविताांश के उपर्युक्त अध्ययन की परीक्षण-पुष्टि के लिए हम एक कथांश का सक्षिप्त विवेचन कर रहे हैं। यह विवेचन अनूदित पाठ की मूल पाठ से तुलना-व्यतिरेक और क्षतिपूर्ति समायोजन की चर्चा तक सीमित हैं।

अनूदित पाठ

MADHUA

"It is more than seven days now. What to say of drinking, Sarkar, I have not even touched it."

"You are lying. Even now your clothes are smelling of liquor."

"O that...that was many days back. I was pouring from the bottle and I spilled the liquor. Far from getting a kick. I only spoiled my clothes. And since then, believe me, I had not a drop of it."

Thakur Sardar Singh heard all this and could not check his laughter.

His son was studying at Lucknow and Thakur Saheb often came to see him. He was fond of stories. And while hunting for a story-teller he happened to find this drunkard. He would go to Thakur Saheb usually in the night and sometime in the afternoons and the mornings to. And with his chitter-chatter he kept the Thakur amused.

"So you won't drink today", said the Thakur provokingly.

(Tr. Dr. P.C.Joshi)

मूल पाठ

मधुआ

आज सात दिन हो गए, पीने की कौन कहे–छुआ तक नहीं! आज सातवाँ दिन है सरकार!

तुम झूठे हो। अभी तो तुम्हारे कपड़े से महंक आ रही है।

वह...वह तो कई दिन हुए। सात दिन से ऊपर–कई दिन हुए–अँधेरे में बोतल उंड़ेलने लगा था। कपड़े पर गिर जाने से नशा न भी आया। और आप को कहने का...क्या कहूँ...सच मानिए। सात दिन–ठीक सात दिन से एक बूँद भी नहीं।

ठाकुर सरदार सिंह हँसने लगे। लखनऊ में लड़का पढ़ता था। ठाकुर साहब भी कभी-कभी वहीं आ जाते। उनको कहनी सुनने का चस्का था। खोजने पर यही शराबी मिला। वह रात को, दोपहर में, कभी-कभी सबेरे भी आता। अपनी लच्छेदार कहानी सुनाकर ठाकुर का मनोविनोद करता।

ठाकुर ने हँसते हुए कहा–तो आज पियोग न।

(जयशंकर 'प्रसाद')

संक्षिप्त विवेचन :

इस अनुवाद पर तीन टिप्पणियाँ की जा सकती हैं :

1. पाठों की तुलना करने पर एक प्रमुख क्षति की ओर ध्यान जाता है जिसकी पूर्ति नहीं हुई। पाठ के आरंभ में 'आज सात दिन हो गए' का अनुवाद हुआ है– It is more than seven days now! इसके बाद सात दिन होने की बात मूल पाठ में तीन बार आई हैं–(i) 'आज सातवाँ दिन है, सरकार!' (ii) 'सात दिन से ऊपर–कई दिन हुए', (iii) 'सात दिन ठीक सात दिन से'। परन्तु इन अभिव्यक्तियों का अनुवाद हमें नहीं मिलता। इसी प्रकार, 'और आप को कहने का...क्या कहूँ...' का भी अनुवाद नहीं मिलता। मूल पाठ संदर्भ को देखने से स्पष्ट है कि जो अंश (पुनरावृत्त तथा अन्य) अनूदित नहीं हुए वे शराबी के शराबीपन–अनर्गल भाषा बोलना–के द्योतक हैं जिनका अनुवाद करने की आवश्यकता संभवतः नहीं समझी गई। इससे पाठकीय हित की हानि नहीं हुई, यह मानना कठिन है।

2. हमें छोटे-छोटे ऐसे प्रसंग मिलते हैं जिनमें से कुछ में केवल संरचनात्मक व्यतिरेक है (तुम झूठे हो–You are lying); कुछ में एक मूल शब्द का अनुवाद नहीं मिलता (कहानी 'सुनने' का चस्का था–was fond of stories); और एक प्रसंग ऐसा है जिसमें अनुवाद में विद्यमान अभिव्यक्ति ('...for a story teller') की संवादी अभिव्यक्ति मूल पाठ में विद्यमान नहीं। एक अन्य में मूल की तुलना में अनूदित अभिव्यक्ति शब्दबहुल है : ठाकुर सरदार सिंह हँसने लगे– Thakur Sardar Singh heard all this and could not check his laughter. तथापि पाठ की पूर्णता में ये असामान्यताएँ निष्प्रभावी हो जाती हैं।

3. एक प्रसंग ऐसा है जिसमें सतही स्तर पर अर्थव्यत्यय है, परंन्तु गहन स्तर पर प्रभाव समता है :

मूल	अनुवाद
ठाकुर ने हँसते हुए कहा–तो आज पियोगे न!	"So you won't drink today", said Thakur provokingly.
('न' बलात्मक– अवश्य पियोगे)	(निषेध को सतही अभिव्यक्ति; गहन अर्थ–अवश्य पियोगी)

('न' की बलात्मकता को 'provokingly' से साधने का प्रयास दिखाई देता है।)

दोनों अनुवादों की तुलना की जाए तो कवितांश के विपरीत कथांश के अनुवाद में, संदेश पक्ष में आंशिक क्षति (शराबी की वाणी की अनर्गलता का प्रभाव अनुवाद में नहीं आ पाया) दिखाई पड़ती हैं। उसके चिह्न एक रिक्ति के रूप में अनूदित पाठ

के गठन पक्ष में विद्यमान हैं। इस अपूर्त क्षति को लक्ष्य भाषा की सीमा मानने के स्थान पर अनुवादक की सीमा मानना उपयुक्त होगा।

निष्कर्ष

मूल्यांकन प्रणाली तथा प्रारूप को लक्ष्य मानकर प्रस्तुत इस सीमित अध्ययन के आधार पर कुछ सामान्य बातें कहीं जा सकती हैं :

1. कवितांश के अनुवाद में संदेश पक्ष के संरक्षित रहने और गठन पक्ष में क्षतिपूर्ति समायोजन के प्रयास की प्रवृत्ति दिखाई देती है। कथांश के अनुवाद में संदेश पक्ष में भी क्षति संभावित है। यह अंतर कविता और कथा के भाषा प्रयोग विधान के अंतर पर आश्रित हैं—कविता में कसावट, अतः संदेश पक्ष में क्षति की संभावना अपेक्षया कम; कथा में फैलाव, अतः संदेश पक्ष में क्षति की संभावना अपेक्षया कुछ अधिक।

2. कविता का अनुवाद, अनुवाद भी प्रतीत होता है और स्वतंत्र अभिव्यक्ति भी। यही बात कुल मिलाकर कथा के अनुवाद पर भी लागू होती है। इस प्रकार यह मूल तथा अनुवाद के बीच संतुलन का प्रसंग है।

3. भाषा-विश्लेषणात्मक स्तर पर व्यतिरेक दिखाई पड़ता है—ये अनुवाद परिवृत्ति (अनुवाद प्रक्रिया में मूल अभिव्यक्ति के भाषिक स्वरूप में परिवर्तन) के प्रसंग हैं। तथापि प्रोक्ति-स्तरीय प्रतिज्ञप्ति-अभिरचना की समानता से (विशेष रूप से कविता में) पाठीय सममूल्यता (टेक्स्चुअल इक्विवेलन्स) सिद्ध होती है। इस प्रकार कुल मिलाकर संदेश स्तर पर सौंदर्यात्मक प्रभाव संरक्षित रहता है।

4. साहित्यानुवाद की मूल्यांकन प्रणाली में अनुवाद सिद्धांत के क्षतिपूर्ति नियम की विशेष भूमिका है। महत्व इस बात का है कि मूल पाठ अपनी समग्रता में अनूदित पाठ के रूप मे अभिव्यक्त हो। अतः यह संभव है कि मूल के जिस अंश में क्षति हुई है उसकी पूर्ति अनुवाद के संवादी अंश में न होकर अन्यत्र हो।

5. एक अध्ययन प्रणाली के रूप में, तुलना-व्यतिरेक विवेचन, क्षतिपूर्ति समायोजन, और प्रभाववादी साहित्य-समीक्षा, इन तीनों का संतुलन साहित्यानुवाद मूल्यांकन को प्रामाणिक बनाता है। समीक्षक का अनुभव कि उसने एक हिन्दी कविता या कथा के बदले एक अंग्रेज़ी कविता या कथा ही पढ़ी है, पाठों के तुलना-व्यतिरेक और क्षतिपूर्ति समायोजन के विश्लेषणात्मक विवरण से पुष्ट होता है।

6. यह धारणा कि कविता अनुवाद को झेल नहीं पाती (राबर्ट फ्रॉस्ट), पुनर्विचार का विषय है। इस अध्ययन की आधारभूत सामग्री तथा अध्ययन के निष्कर्ष उक्त धारणा पर प्रश्नचिह्न लगाते हैं।

12

भाषाविकास में अनुवाद की भूमिका

हिन्दी के विशेष सन्दर्भ में

अनुवाद की कमियों की ही चर्चा प्रायः की जाती है। अनुवाद-चर्चा अधिकांश में अनुवाद की विफलता की कहानी रहती है—'कुछ छूट गया', 'कुछ बदल गया', 'अनावश्यक विस्तार हो गया', 'अनपेक्षित संक्षेप हो गया', इत्यादि। कुछ अभिमत देखिए (स्रोत : अनुवाद सूक्तियाँ, 1984) : "कला की एक विधा के रूप में अनुवाद सफल नहीं हो सकते" (चक्रवर्ती राजगोपालाचारी)। "स्वाध्याय से अधिक प्रयास-साध्य होने पर भी अनुवाद अन्ततः अपूर्णता की अनुभूति ही देता है" (महादेवी वर्मा)। "श्रीमन्, कविता का अनुवाद हो ही नहीं सकता" (सैम्युएल जानसन)।

परन्तु यह पूरा चित्र नहीं। हम अनुवाद की सफलता की भी चर्चा करते हैं। सफल तथा प्रशंसनीय अनुवादों के उदाहरण दिये जाते हैं तथा उनके प्रति सम्मान की भावना भी पाठकों के मन में रहती है। तथापि 'अनुवाद की पूर्णता, सफलता, सुन्दरता' के प्रति पाठक और समीक्षक की प्रत्याशा, जो न केवल स्वाभाविक है बल्कि सकारात्मक भी, के चलते अनुवादगत न्यूनताओं की चर्चा कुछ अधिक उभर कर सामने आती है।

वास्तविकता यह है कि अनुवाद के विषय में यह धारणा मात्र एक दृष्टिकोण है, एकमात्र नहीं। इसकी अपनी सीमाएँ हैं। यह प्रधानतया साहित्यिक कृतियों के अनुवाद-अनुभव से प्रेरित है। साहित्यिक कृतियों की प्रकृति ही ऐसी है कि अनुवाद (पुनरभिव्यक्ति) प्रक्रिया में साहित्यिक अनुभव की जितनी और जैसी क्षति होती है उतनी और वैसी पूर्ति प्रायः नहीं हो पाती। आंशिक पूर्तिकारक युक्ति के रूप में अनुवादक को आवश्यकतानुसार मूल पाठार्थ की व्याख्या करनी पड़ती है। इन बातों को अनुवाद की दुर्बलता माना जाता है। इसके अतिरिक्त साहित्यसमीक्षा की

परम्परागत मान्यता के ढाँचे में साहित्यिक अनुवाद में अनुवादक की उसी प्रकार मुख्य भूमिका मानी जाती है जिस प्रकार साहित्य रचना में साहित्यकार की। इस स्थिति के वैषम्य में, विविध प्रकार के पाठों (साहित्यिक पाठ या रचना इसी में अन्तर्भूत) की निष्पादक भाषा, अपने संस्थात्मक रूप में, अनुवाद के प्रति अपेक्षया अधिक निर्वैयक्तिक, अधिक परीक्षणीय, अतएव अधिक तर्कानुकूल दृष्टिकोण उपलब्ध कराती है। भाषामूलक दृष्टिकोण से साहित्यिक तथा साहित्येतर लेखन में अंतर और संबंध भी अपेक्षया अधिक स्पष्टता से प्रकट होते हैं। इस संस्थात्मक द्विपक्षीयता को प्रस्थानबिन्दुयुग्म के रूप में देखना, एक ओर भाषा, साहित्य और भाषा-साहित्य अन्तःसंबंध, तथा दूसरी ओर अनुवाद व्यापार की प्रकृति के साथ संगत होगा।

इस चर्चा में 'भाषा' से हमारा तात्पर्य है समाज-संदर्भित भाषा-व्यवहार, जिसका विशदीकरण भाषा के सामाजिक पक्ष से सह-संबन्धित भाषान्तर्वर्ती विश्लेषण की शब्दावली में किया जाता है। वर्तमान चर्चा के सन्दर्भ में, भाषा के सामाजिक पक्ष का मुख्य मुद्दा है भाषाविकास—भाषा के संसाधनों का विकास ताकि भाषा के माध्यम से सामाजिक विकास की उन अपेक्षाओं की पूर्ति हो सके जो संस्थायी विचारों, ज्ञान शृंखलाओं, भावनाओं, प्रेरणाओं के यथासंभव सफल सम्प्रेषण पर आश्रित हैं। भाषा विकास की विविध युक्तियों में अनुवाद का विशेष महत्व है, विशेष रूप से भाषासम्पर्क की स्थिति में। भाषासम्पर्क, अन्य बातों के अलावा, अनुवादमूलक भाषाव्यवहार को भी प्रेरित करता है और यह व्यवहार भाषाविकास में फलित होता है। इसे 'अनुवाद की सामाजिकी' (सोशियॉलजी आफ ट्रांसलेशन), जिसमें साहित्यिक अनुवाद भी शामिल है, कहा जा सकता है।

आधुनिक हिन्दी की स्थितिः हिन्दी के अनुवाद सन्दर्भित विकास की स्थिति, हिन्दी विषयक चर्चा का उल्लेखनीय पक्ष है। अन्य भाषाओं (भारतीय, विदेशी, अंग्रेजी) से हिन्दी में विविध प्रकार के लेखकों/पाठों के अनुवाद की गतिविधि का परिमाण अच्छा-खासा है। अनुवाद प्रेरित भाषा-संस्कृति-सम्पर्क के फलस्वरूप हिन्दी के साहित्यिक आयाम में कुछ नया जुड़ा है—नई अंतर्वस्तु-श्रृंखला, नई विधाएँ, नई प्रवृत्तियाँ। इसी प्रकार भाषिक आयाम में भी नई बातें आई हैं—नई अभिव्यक्तियाँ, नई शैलियाँ/प्रयुक्तियाँ। इसी से हिन्दी के स्वरूप—भाषासंरचनात्मक आयाम, शैली/प्रयुक्तिगत आयाम, सामाजिक अभिव्यक्ति परक आयाम—में परिवर्तन आया है। सम्पृक्त भाषाओं के प्रत्यक्ष और परोक्ष प्रभाव से हिन्दी कुछ बदली-बदली-सी नज़र आने लगी है। हिन्दी के इस नयेपन की आलोचना हुई हैं और इसे हिन्दी के विकास का अस्वाभाविक पहलू माना गया है। "हिन्दी अनुवाद की भाषा बनती जा रही है" की एक व्याख्या यह भी है कि अनुवाद-व्यापार का हिन्दी की स्वाभाविकता पर प्रतिकूल प्रभाव पड़ रहा है। हिन्दी के इस आयाम को हम 'अनुवादी हिन्दी'

(हमारे लिए एक पारिभाषिक शब्द) की संज्ञा देंगे, और इस पर कुछ विस्तृत चर्चा आगे करेंगे। अभी इतना कहना पर्याप्त है कि यह स्थिति केवल हिन्दी की नहीं अपितु उन सब भाषाओं की है जो समाजीय विकास की प्रक्रिया में से गुज़र रही हैं या एक सीमा तक गुज़र चुकी हैं।

शोध परिप्रेक्ष्य

हिन्दी की अनुवाद-सन्दर्भित स्वाभाविकता-अस्वाभाविकता भाषा-व्यवहारकर्ता के लिए भले ही बहस का मुद्दा हो, भाषा-शोधार्थी के लिए यह एक उपयुक्त शोधक्षेत्र है। अनुवाद कार्य में प्रयुक्त हिन्दी तथा उसके विषय में भाषा-व्यवहारकर्ताओं की टिप्पणियाँ, भाषा-शोधार्थी के लिए शोधसामग्री है जिसके अध्ययन के लिए अपेक्षित शोधदृष्टि, भाषाप्रयोगमीमांसा और सहसंबन्धित भाषानियोजन तथा भाषाविकास (सामान्य पक्ष), और हिन्दी की संरचना, सामाजिकी और उसके इतिहास के प्रासंगिक तथ्यों (विशेष पक्ष) के समन्वय पर आधारित है।

विशेष पक्षः पहले बृहत्तर सन्दर्भ में विशेष पक्ष को देखें जिसका संबंध हिन्दी के साथ है। भारत एक बहुभाषी देश है। इसकी सुपरिभाषित अन्तर्राष्ट्रीय स्थिति है। बहुभाषिता के कारण भारत में भाषासम्पर्क एक तर्कयुक्त और स्वाभाविक स्थिति है। तदनुसार, *भारत एक भाषासम्पर्क क्षेत्र है और इसीलिए अनुवाद क्षेत्र है।* अकादमिक दृष्टि से, भारतीय सन्दर्भ में, अनुवाद अनुप्रयुक्त/समाज-भाषावैज्ञानिक अध्ययन का उपयुक्त क्षेत्र है। इस पृष्ठभूमि पर हिन्दी से सम्बन्धित कुछ मुद्दे हमारे लिए प्रासंगिक हैं। सर्वप्रथम, हिन्दी की भूमिका-बहुलता की चर्चा की जाए। हिन्दी की प्रमुख भूमिकाएँ हैं—मातृभाषा/सहमातृभाषा, प्रथम/प्रभावी भाषा, द्वितीय भाषा (अन्य भारतीय भाषाओं और स्वदेशीकृत भाषा अंग्रेज़ी से संबंध की दृष्टि से), प्रयोजनमूलक (व्यवसायपरक) भाषा, भारतव्यापी/सम्पर्क भाषा, और अन्तर्राष्ट्रीय सन्दर्भ में विदेशी भाषा। हिन्दी की भूमिका-बहुलता से सम्बन्धित मुद्दा है हिन्दी की बहुविध सम्पर्कशीलता। अंग्रेजी के साथ हिन्दी का सम्पर्क लम्बे समय तक रहा है। यह सम्पर्क परिघटना समसामयिक स्थिति-सन्दर्भ में प्रगाढ़ हुई हैं—समस्तरीय आयाम पर इससे हिन्दी का प्रयुक्ति परक विस्तार हुआ है और ऊर्ध्वाधर आयाम पर इसने हिन्दी की भाषिक संरचना तथा अर्थपक्ष को प्रभावित किया है। अपनी बोलियों के साथ हिन्दी आंतरिक स्तर पर सम्पृक्त है। इस सम्पर्क की अभिव्यक्ति मुख्यतया हिन्दी के सर्जनात्मक आयाम में दिखाई पड़ती है। संस्कृत और उर्दू के साथ हिन्दी के सम्पर्क की प्रकृति में भेद है—संस्कृत-सम्पर्क ऐतिहासिक-पारम्परिक तथा बौद्धिक-सांस्कृतिक कोटि का है; उर्दू-सम्पर्क ऐतिहासिक-सामाजिक तथा व्यावहारिक कोटि का है। हिन्दी के उक्त द्विमुखी सम्पर्क से फलित हिन्दी के शैलीभेद, संस्कृतनिष्ठ हिन्दी और उर्दूपरक हिन्दी, हिन्दी भाषा की बोधगम्यता में

परस्पर विरोध की स्थिति को जन्म देते हैं, विशेषतया अन्य भारतीय भाषाओं के साथ हिन्दी के संबंध की दृष्टि से। यही कारण है कि एक भाषा वर्ग के लिए संस्कृतनिष्ठ हिन्दी अधिक बोधगम्य है, दूसरे के लिए उर्दूपरक हिन्दी। अन्य उल्लेखनीय बात यह है कि साहित्यरचना और प्रिंट मीडिया के क्षेत्र में हिन्दी का व्यवहार लम्बे समय से हो रहा है। ये दोनों 'भावनात्मक संस्कृति' के क्षेत्र हैं—जातीय-सामाजिक-राष्ट्रीय भावनाओं की अभिव्यक्ति के माध्यम हैं। नवीन सामाजिक वास्तविकताओं से प्रेरित क्षेत्रविस्तार की प्रवृत्ति के फलस्वरूप अब हिन्दी का व्यवहार शिक्षा (पाठ्यपुस्तक लेखन) और प्रशासन (टिप्पणी, मसौदा लेखन आदि) के साथ सामाजिक एवं प्राकृतिक विज्ञानों और प्रौद्योगिकी की विभिन्न शाखाओं, तथा वाणिज्य एवं कानून के क्षेत्र में भी होने लगा है। ये सब 'प्रगतिपरक संस्कृति' के क्षेत्र हैं—समाज की भौतिक-आर्थिक प्रगति की अभिव्यक्ति के माध्यम हैं। यह भी उल्लेखनीय है कि प्रिंट मीडिया अब इलेक्ट्रानिक मीडिया (रेडियो, टीवी, कंप्यूटर) से जुड़कर व्यापकतर जनसंचार माध्यम का अंग हो गया है। इन सब गतिविधियों के फलस्वरूप हिन्दी में शैलीवैविध्य का विकास हुआ है। इसी के साथ हिन्दी के मानक स्वरूप में भी अंशतः विविधता की स्थिति है :

(क) हिन्दी का राष्ट्रीय मानक—राष्ट्रीय स्तर पर अधिव्याप्त। राष्ट्रीय हिन्दी।

(ख) हिन्दी के क्षेत्रीय मानक—भौगोलिक बोलियों से अन्तःसम्पृक्त मानक भेद (ब्रज हिन्दी, छत्तीसगढ़ी हिन्दी आदि)

(ग) हिन्दी के, भारतीय भाषा भिन्नता से सम्पृक्त, अंतरभाषिक सम्पर्क भेद—पंजाबी हिन्दी, मराठी हिन्दी, तेलुगु हिन्दी, ओड़िया हिन्दी आदि।

ध्यान रहे कि मानक एक निश्चित बिन्दु न होकर एक श्रृंखला या श्रेणी या परास है। अभिव्यक्ति की मानकता का निर्धारण स्थानिकता, व्यवहाररूढ़ि और सम्प्रेषणीयता की मिली-जुली कसौटी से होता है।

हिन्दी की भाषासम्पर्क-जनित बहु-आयामिता में अनुवाद का युक्तियुक्त स्थान है। अतएव यह कहना भी युक्तियुक्त है कि 'आधुनिक हिन्दी के विकास में अनुवाद की स्पष्ट और विशिष्ट भूमिका है।' इस भूमिका की चर्चा 'हिन्दी की अनुवाद-सापेक्ष सामाजिकी' (सोशियॉलजी आफ़ हिन्दी इन ट्रांसलेशन) के अन्तर्गत अभीष्ट है। 'भाषाविकास में अनुवाद की भूमिका' की अवधारणा के अनुसार आधुनिक हिन्दी के विकासात्मक आयाम का अध्ययन अनुसंधान का विषय है। अनुसंधान का सामान्य पक्ष है भाषाप्रयोगमीमांसा और सहसम्बन्धित भाषानियोजन एवं भाषाविकास; अध्ययन पद्धति है समाज-संकेतवैज्ञानिक (सोशियो-सिमियॉटिक); और केन्द्रबिन्दु है आधुनिकीकरण की प्रक्रिया।

सामान्य पक्षः भाषाप्रयोगमीमांसा का स्वरूप हैः सैद्धान्तिक भाषाशास्त्र की विश्लेषणात्मक, नियमनिर्धारणात्मक और व्यवस्थात्मक अध्ययनप्रणाली से प्रेरित,

समाज-सन्दर्भित भाषाव्यवहार की भाषासामग्री का विश्लेषणप्रधान, प्रयोगपैटर्नपरक, प्रवृत्तिनिरूपणात्मक अध्ययन। समाजसन्दर्भित भाषाव्यवहार अपनी प्रकृति से विकासशील तथा सर्जनात्मक होता है जिससे समाजीय बहुविध सम्प्रेषण की आवश्यकताओं की पूर्ति होती है। यह 'भाषाविकास' की स्थिति है जो भाषानियोजन की अपेक्षा रखती है। भाषा के सीमित संसाधनों–स्वनिमिक व्यवस्था, शब्दरचना, शब्दरूपावली, शब्दभंडार, शब्दान्विति, वाक्यरचना-पदबंधरचना, तथा प्रोक्तिसंरचना से संबन्धित–का सम्प्रेषणापेक्षी नियोजन (आदान, आपरिवर्तन, नवनिर्माण, आदि) भाषाविकास को प्रोत्साहित करता है। इसमें भाषा के ऐतिहासिक, समकालीन तथा सामाजिक सम्पर्क परक आयामों की भूमिका काम करती है। उदाहरण के लिए, आधुनिक हिन्दी के विकास में परम्परा-प्राप्त संस्कृत शब्दभंडार की प्रमुख भूमिका रही है। साथ ही, सम्पृक्त स्वदेशी भाषाओं (मराठी, बांग्ला आदि) तथा स्वदेशीकृत भाषा अंग्रेज़ी से आदान की प्रक्रिया भी दिखाई देती है–नवीन (विशेष रूप से पारिभाषिक) शब्दों का निर्माण हुआ है, आगत शब्दों में रूपगत और अर्थगत आशोधन/आपरिवर्तन से फलित इकाइयों का समावेश हुआ है, आदि। ये सब उदाहरण शब्दभंडार के हैं। शब्दरचना और शब्दान्विति के क्षेत्र में भी नवीन प्रवृत्तियाँ दिखाई देती हैं। आधुनिक हिन्दी के वाक्यरचना और प्रोक्तिसंरचना के स्तर भी भाषानियोजन से प्रभावित हुए हैं। ये सब गतिविधियाँ विकासोन्मुख हैं। इनसे आधुनिक हिन्दी की अभिव्यक्ति-क्षमता में वृद्धि हुई है और वह भाषाव्यवहार के और अधिक क्षेत्रों में सूक्ष्मतर अर्थव्यंजनाओं के सामर्थ्य के साथ प्रयोग में आ रही है।

भाषाविकास की प्रक्रिया द्वन्द्वात्मक है। भाषागत संसाधनों की बहुलता के साथ उनका मानकीकरण भी होता चलता है। इसी प्रकार भाषाव्यवहार के सन्दर्भों के विस्तार के साथ उनमें परिष्करण भी होता जाता है। यहाँ इस बात पर विशेष बल देना अभीष्ट है कि भाषाविकास में भाषसम्पर्क की स्थिति का विशिष्ट योगदान है। एक विकासशील भाषा किसी विकसित भाषा के सम्पर्क में आती है तो इस स्थिति का सकारात्मक प्रभाव उस पर दिखाई पड़ता है। भाषासम्पर्क की चर्चा होते ही अनुवाद की बात सामने आ जाती है। शास्त्रीय शब्दावली में हम कहेंगे कि 'अनुवाद भाषासम्पर्क का प्रकार्य है' और इस प्रकार भाषाविकास का प्रभावशाली उपकरण है। भाषाविकास स्वयं सांस्कृतिक विकास का अंग है और इस प्रकार अनुवाद का संबंध एक भाषा-समुदाय के सांस्कृतिक विकास से जुड़ जाता है।

इस चर्चा के यह भी स्पष्ट हो जाता है कि भाषाविकास में अनुवाद की भूमिका के अध्ययन के वर्तमान सन्दर्भ में समाजपरक संकेतवैज्ञानिक अध्ययन प्रणाली का ऐसा व्यवहार उपयुक्त है जिसमें व्यवस्थापरक संकेतवैज्ञानिक अध्ययन प्रणाली अधीनता की स्थिति में है, क्योंकि हम भाषाव्यवहार के आयाम की चर्चा कर रहे हैं जो अपनी प्रकृति से समाजसन्दर्भित है। भाषा के आधुनिकीकरण की प्रक्रिया में,

जो मुख्यतया अनुवाद-आधारित है, उसकी समाज-सन्दर्भित प्रवृत्ति मुखरित होती है। इस पृष्ठभूमि पर हम अपने अध्ययन के लिए जिस सैद्धान्तिक अवधारणा का प्रयोग करेंगे उसे हम 'अनुवाद (की) डाइनेमिक्स' कहेंगे। आगामी चर्चा में अनुवाद डाइनेमिक्स के विभिन्न आयामों और उनकी शोधपरक संभानवाओं पर प्रकाश डाला जाएगा।

अनुवाद और अनुवाद-डाइनेमिक्स

वर्तमान सन्दर्भ में अनुवाद से हमारा तात्पर्य है अनुवाद संबंधी गतिविधियाँ—समग्र सन्देश की अन्य भाषा में पुनरभिव्यक्ति (यही मूलतः अनुवाद है), आगत अनुवाद (एकल अथवा समस्त शब्द का अनुवाद-माध्यम से ग्राही भाषा में प्रवेश/आगमन), व्याख्यात्मक पुनःकथन (रेंडीशन), रूपांतरण (वर्शन), व्यनुकूलन (ऐडप्टेशन), और प्रभाव-संक्रमण। अनुवाद, संकेतात्मक और सामाजिक आयामों की द्विआयामी परिघटना है—संकेतात्मकता उसकी निजी प्रकृति है, सामाजिकता उसकी सोद्देश्यता। तदनुसार, सामाजिक सोद्देश्यता सम्पन्न मूल संकेत की पुनरभिव्यक्ति (समग्र, आंशिक, व्याख्यात्मक, रूपांतरणपरक, प्रभाव-द्योतक) अनुवाद है। इस गतिविधि का वस्तुनिष्ठ स्वरूप है भाषास्तरीय प्रक्रिया—अनुवाद में पाठका भाषापक्ष ही सबसे अधिक प्रभावित होता है : मूल भाषा का स्थान लक्ष्य भाषा ले लेती है जबकि पाठवस्तु (अंतर्वस्तु) अपरिवर्तित रहती है।

साहित्य के विकास में अनुवाद के योगदान की बात कुछ अलग ढंग की है। आशय यह है कि ग्राही भाषा के साहित्य में नई विधाओं का प्रवेश अनुवाद के माध्यम से होता है। उदाहरण के लिए हिन्दी में सॉनेट लिखे जाने से पहले हिन्दी में शेक्सपियर के सॅनिटों के अनुवाद हुए। अतः हम मानेंगे कि साहित्यक विधा के रूप में हिन्दी सॉनेट का विकास अंग्रेज़ी सॉनेट के हिन्दी में अनुवाद की प्रवृत्ति का परिणाम है।

इन उदाहरणों से भाषा के विकास में अनुवाद की भूमिका रपष्ट होती है। शास्त्रीय शब्छावली में, 'अनुवाद, भाषाविकास की आवश्यक और प्रत्याशित अपेक्षा है।' अनुवाद के कारण भाषाविकास की प्रक्रिया में 'क्रान्तिक दशा' (क्रिटिकल स्टेज) आती हैं; हम अनुभव करते हैं कि अनुवाद परिघटना से भाषा, विकास की ओर अग्रसर हो रही है, भाषाप्रयोगकर्ता को अपना मंतव्य अधिक समीचीन और अधिक प्रभावशाली ढंग से प्रकट करने के लिए उपयुक्त अथवा/तथा अतिरिक्त संसाधन उपलब्ध हो रहे है। अनुवाद-प्रेरित भाषाविकास प्रक्रिया अपनी प्रकृति से गत्यात्मक (डाइनेमिक) होती है। 'गत्यात्मक' का यहाँ तात्पर्य है, दात्री (विकसित) भाषा और ग्राही (विकासशील) भाषा में विनिमय और समझौते का संबंध स्थापित होना। सामान्य शब्दावली में, लेन-देन होना। प्रायः दात्री भाषा देती अधिक है, लेती

कम है, और ग्राही भाषा लेती अधिक है, देती कम है—मामला दोनों की ज़रूरत का है और यह भी कि किस क्षेत्र में किस भाषा की जरूरतें क्या हैं। लेकिन हाँ, दोनों ही क्रियाएँ होती अवश्य हैं। दात्री भाषा की कई भाषिक संरचनाएँ तथा प्रयोग-पैटर्न ग्राही भाषा में छोटे-मोटे समझौते करते हुए (आंशिक रूपपरिवर्तन-अर्थपरिवर्तन-मूल्यपरिवर्तन आदि) प्रवेश कर जाते है जिसके फलस्वरूप भाषा में एक नया आयाम—विकासात्मक आयाम—जुड़ जाता है।

अनुवाद संबंधी उपर्युक्त चर्चा की पृष्ठभूमि पर अब अनुवाद डाइनेमिक्स की बात की जा सकती है। हमारे लिए यह एक सैद्धान्तिक अवधारणा है जो भाषा विकास में अनुवाद की भूमिका का शास्त्रीय निरूपण करने में सहायक है। तदनुसार 'अनुवाद डाइनेमिक्स' एक पारिभाषिक शब्द है जो अनुवाद संबंधी गतिविधियों से प्रेरित भाषाविकास प्रक्रिया के अध्ययन के सैद्धातिक आयाम का निर्देश करता है। अनुवाद डाइनेमिक्स का मूल स्वरूप है सहवर्तित्व—सहवर्ती गतिविधियों से सम्बद्धता, उन पर आश्रितता। अनुवाद डाइनेमिक्स दिभिन्न भाषासंबंधी परिघटनाओं से संबंधवत्ता पर आधारित है। इनमें स } प्रमुख हैं—भाषा का आधुनिकीकरण, भाषिक अभिसरण, भाषिक आदान, अन्य भाषा अधिगम (व्याघात और व्यतिरेक), समाजपरक अर्थविज्ञान, शैलीविज्ञान, संकेतप्रयोगविज्ञान (मुख्यतया अभिवृत्तिपरक अध्ययन), पाठमीमांसा, लेखनकौशल, साहित्यसमीक्षा, तुलनात्मक साहित्य विमर्श।

तदनुसार, अनुवाद डाइनेमिक्स एक ऐसा सूत्र है जिसकी सहायता से मूल भाषा की विशिष्ट प्रयुक्ति (प्रकार्यमूलक भेद) के विशिष्ट पाठ या पाठगुच्छ का, लक्ष्यभाषा के साथ, लक्ष्यभाषान्मुख अनुवाद संबंध का अध्ययन होता है। इस अध यन का व्यावहारिक उद्देश्य लक्ष्य भाषा में ऐसे पाठ की निष्पत्ति करना है जो वस्तुपक्ष की दृष्टि से यथातथ, व्याकरण की दृष्टि से शुद्ध, शैली की दृष्टि से उपयुक्त, सामाजिक दृष्टि से स्वीकार्य, और (वैकल्पिक रूप से) कलात्मक दृष्टि से सुन्दर हो। इस अध्ययन की प्रकृति गत्यात्मक है। इसकी निरूपक भाषा में भाषा-संरचना की शब्दावली का साधनात्मक व्यवहार होता है जिसमें दोनों भाषाओं के रूप पक्ष और अर्थ पक्ष की प्रासंगिक इकाइयों का, अनुवाद संबंध की भूमिका पर, तुलात्मक-व्यतिरेकी विवरण प्रस्तुत किया जाता है जो आधारभूत जानकारी का काम करता है। पूर्वोक्त गत्यात्मक संबंध की, जिसमें लेन-देन की प्रवृत्ति दिखाई देती है, तीन दिशाएँ हैं—आशोधन/आपरिवर्तन (अल्पपरिवर्तन), प्रतिधारण (बने रहना), क्षरण (समाप्त हो जाना)। इन दिशाओं को उदाहरणों से स्पष्ट किया जाए।

अंग्रेजी से हिन्दी में अनुवाद

(क) दिशा : आशोधन

प्रयुक्ति : कार्यालयी भाषाभेद

मूल पाठ : (1) The undersigned is directed to say that...
(2) Received your letter No....... dated.........

पहले का प्रयोग : (1) अधोहस्ताक्षरी को यह कहने का निर्देश हुआ है कि...
(2) आपका पत्र सं........ दिनांक............प्राप्त हुआ

आशोधित वर्तमान प्रयोग : (1) मुझे यह कहने का निर्देश हुआ है कि...
(2) आपका दिनांक ....का पत्र सं.......प्राप्त हुआ

(स्रोतः हरि बाबू कंसल : कार्यालय दीपिका, छठा सं., 1995)

पहले का प्रयोग शाब्दिक अनुवाद है ज़ो अनावश्यक है। इसका वर्तमान रूप आशोधन का उदाहरण है जिसमें प्रकार्यस्तरीय समानता दिखाई देती है। शास्त्रीय शब्दावली में, गठनात्मक संवादिता (शाब्दिक अनुवाद का निकट पर्याय) का प्रकार्यात्मक संवादिता में आशोधन। फलतः वर्तमान प्रयोग लक्ष्य भाषा हिन्दी के व्यवहारपरक नार्म के अनुरूप है, अतएव सामाजिक दृष्टि से स्वीकार्य है।

(ख) दिशा : प्रतिधारण

प्रयुक्ति : (अ) कानूनी संवाद की भाषा (भाषाभेद)
(ब) सामाजिक संवाद की भाषा (भाषाभेद)

(अ) मूल पाठ : The judgment has been reserved.

उपलब्ध प्रयोग (i) निर्णय बाद में सुनाया जाएगा। (अनौपचारिकता, प्रकार्यात्मक सममूल्यता, स्वाभाविकता)
(ii) निर्णय की घोषणा स्थगित कर दी गयी है। (औपचारिकता, कृत्रिमता/असहजता)
(iii) निर्णय सुरक्षित रख लिया गया है। (शाब्दिक अनुवाद/गठनात्मक संवादिता)

(ब) मूलपाठ : What's the time/what is it time?

प्रचलित प्रयोग : (i) समय/टाइम क्या है? (शाब्दिक अनुवाद)
(ii) कितने बजे हैं? (स्वतंत्र अनुवाद–हिन्दी की निजी अभिव्यक्ति)

खंड (अ) में प्रयोग (i) और (ii) अधिक सम्प्रेषक है जबकि (iii) अधिक

प्रचलित है और इसलिए उसमें खासी सम्प्रेषकता आ गयी है और वह अब लगभग स्वीकार्य भी हो गया है। खंड (ब) में प्रयोग (i) की स्वीकार्यता प्रयोग (ii) के बहुत निकट आ गयी है।

(ग) दिशा	:	क्षरण	
प्रयुक्ति	:	(अ) समीक्षा की भाषा (भाषाभेद) (ब) जनसंचार की भाषा (भाषाभेद)	
मूलपाठ	:	(अ) Background (ब) To go underground	
पहले का प्रयोग	:	(अ) भूमिका (ब) अज्ञातवास में चले जाना	(प्रकार्यात्मक सममूल्यता, स्वतंत्र अनुवाद)
प्रचलित प्रयोग	:	(अ) पृष्ठभूमि (ब) भूमिगत हो जाना	(शाब्दिक अनुवाद, गठनात्मक संवादित)

स्थिति यह है कि प्रचलित प्रयागों ने पहले के प्रयोगों का इस सीमा तक स्थान ले लिया है कि अभिव्यक्ति युग्मों में पहले प्रयोग का अनुवाद संबंध भाषाव्यवहारकर्ता लगभग भूल गये हैं।

इन दिशाओं में प्रतिधारण के प्रसंग सबसे अधिक मिलते हैं, उसके बाद क्रमशः आशोधन ओर क्षरण का स्थान आता है।

इस बिन्दु पर मानकीकरण की बात करनी होगी। 'विकास' के साथ 'मानक' का आंतरिक संबंध है—विकास की बात करेंगे तो साथ ही मानक की भी बात करनी होगी। कसौटी है सम्प्रेषकता और स्वीकार्यता का इष्टतम स्तर। मानक वह है जो अभीष्ट मात्रा में अभीष्ट अर्थ को सम्प्रेषित कर दे और समाज में भी उसे स्वीकृति प्राप्त हो जाए। मानक सदा एकरूपता से नहीं जुड़ता—कहीं यह संबंध बन जाता है, कहीं नहीं बनता। भाषा-संरचना के आयाम में, विशेष रूप से लिपि, वर्तनी, शब्दरचना, पदबन्धरचना और वाक्यरचना में मानक और एकरूपता के एकाकार होने की अधिकतम संभावना होती है (इस अर्थ में कि यही या यह विकल्प-युग्म मानक है, अन्य नहीं), और इस प्रकार हम कठोरता को लागू कर सकते हैं। परन्तु अर्थ पक्ष में (शब्दार्थ, पदबन्धार्थ, वाक्यार्थ, पाठार्थ) तथा सामाजिक और प्रयुक्तिगत अभिव्यक्ति के क्षेत्र में यह कठोरता उतनी नहीं निभ पाती। भाषा-व्यवहार के आयाम में हमें और भी खुलापन अपनाना होता है। उदाहरण के लिए, कार्यालयी हिन्दी में भौगिलिक क्षेत्र भेद में एक ही अर्थ की अभिव्यक्ति के लिए अलग-अलग शब्दों में चयन की प्रवृति दिखाई देती हैं—केन्द्रीय कार्यालयों में 'टिप्पणी', मध्यप्रदेश शासन में 'टीप'; केंद्रीय कार्यालयों में 'फ़ाइल' या 'मिसिल', बिहार शासन में 'संचिका', उत्तरप्रदेश शासन

में 'पत्रावली'। स्पष्ट है. एकरूपता नहीं है। परन्तु हम केंद्रीय से इतर क्षेत्रों में प्रचलित पर्यायों को अमानक नहीं कहेंगे; उन्हें सहमानक कहना उपयुक्त होना। इसीलिए वह निष्कर्ष बना कि मानक एक बिन्दु न होकर परास है—मानक के साथ सहमानक भी स्वीकार्य हैं। जहाँ तक कार्यालयी हिन्दी का संबंध है, शास्त्रीय दृष्टि से हम कहेंगे कि 'कार्यालयी हिन्दी का राष्ट्रीय मानक' अवधारणा को यद्यपि केंद्रीय शासन का समर्थन प्राप्त है, भाषाशास्त्र के विद्यार्थी के लिए उक्त अभिव्यक्ति एक ऐसा ही अमूर्तन है जैसे 'स्वनिम' की अवधारणा, और हिन्दी भाषी राज्यों में इसके जो अंशतः भिन्न रूप (सहमानक) व्यवहार में दिखाई देते हैं उनका वही दर्जा है जो 'सस्वन' का है (स्वनिमः संस्वन तथा मानकः सहमानक)। अर्थात् सिद्धान्त व्यवहार का द्वन्द्वन्याय यहाँ भी संगत है। तकनीकी और प्रयुक्तिपरक अभिव्यक्तियों पर यह बात विशेष रूप से लागू होती है। जनसंचारीय और वाणिज्यिक हिन्दी के लिए भी यही सच है।

अनुवादी भाषाः अनुवादाभास—सामान्य स्वरूप

'अनुवादी भाषा' एक तकनीकी (पारिभाषिक) संकल्पना है और 'अनुवादाभास' का पर्याय है। सफल अनुवाद का लक्षण है, लक्ष्यभाषा पाठ का लक्ष्यभाषा के संर्वागीण (व्याकरणिक-शब्दगत-प्रोक्तिगत) नार्म से संगत होना। इसी को 'अनुवाद' नाम देना उपयुक्त है। इससे यह सैद्धान्तिक धारण स्थिर हुई कि अनुवाद में मूल भाषा पाठ के समग्र अर्थ का सर्वांगीण बोधन, लक्ष्य भाषा के अनुरूप लक्ष्य भाषा पाठ का रूप ग्रहण करता है। मूल बिन्दु से लक्ष्य बिन्दु तक की यह यात्रा परोक्ष मार्ग से होती है—मूल भाषा पाठ के गहन स्तर से होते हुए अंततः लक्ष्य भाषा पाठ के सतही स्तर तक पहुँचती है। इससे भिन्न, मूल भाषा पाठ के व्याकरणिक-शब्दगत-प्रेक्तिगत गठन को इस सीमा तक और अनपेक्षित रूप से तथावत् लक्ष्यभाषा में संक्रान्त कर देना कि वह (लक्ष्यभाषा) असहज प्रतीत होने लगे, 'अनुवादाभास' की स्थिति को (वास्तविक तथा संभावित रूप से) जन्म देता है। यह स्थिति इस सैद्धान्तिक धारणा के अनुसार है कि अनुवाद में मूल भाषा पाठ प्रत्यक्ष मार्ग से यात्रा कर लक्ष्य भाषा पाठ का रूप ग्रहण करता है, और इस प्रक्रिया में अनुवादाभास की संभावना रहती है। अनुवादाभास को ही हम 'अनुवादी भाषा' कह रहे हैं। इसके प्रमुख लक्षण हैं—अनपेक्षित असहजता, आंशिक अस्पष्टता, अनुपयुक्तता, मूल भाषा गठन का अनावश्यक संक्रमण, व्याकरनिष्ठता और रूढ़िबद्ध शब्दार्थ-संबंध-व्यवस्था से अंशतः और कभी-कभी विचलन। ध्यान दिया जाए कि 'अनुवाद' और 'अनुवादाभास' में द्विचरता का संबंध ('बनाम' से निर्दिष्ट) नहीं अपितु ध्रुवता का संबंध ('अधिक' या 'कम' से निर्दिष्ट) है। अनुवाद के लक्षण जितने कम होंगे उतनी ही अनुवादाभास की स्थिति आती जाएगी। वैकल्पिक स्थिति में अनुवादाभास के लक्षण जितने कम

होंगे उतनी ही अनुवाद की स्थिति बनती जाएगी। यह संभावना अनुवाद व्यवहार की प्रकृति में निहित है। प्रायः अनुवाद कार्य के लिए अपनायी गयी अनुवाद प्रणाली और अनूद्य पाठ की प्रकृति की अन्योन्यक्रिया से अनुवाद और अनुवादाभास की स्थितियाँ बनती हैं। प्रायः देखा गया है कि धर्मग्रन्थों के अनुवाद की भाषा अनुवाद की अपेक्षा अनुवादाभास अधिक होती है। 'यह धर्मग्रन्थ है, अतः इसकी भाषा को (प्रत्यक्ष मार्ग से) लक्ष्यभाषा में गठनांतरित करने से ही मूल धर्मोपदेश भक्त-पाठक तक पहुँचेगा', इस मानसिकता के प्रभाव से धर्मग्रन्थों का भाषान्तरण अनुवादाभास बन जाता है। बाइबिल के प्रारंभिक अंग्रेज़ी भाषांतर, श्रीमद्भगवद्गीता के अनेक हिन्दी भाषांतर इसके उदाहरण हैं। अन्य कोटि के लेखनों के अनुवाद में भी यही प्रकृति दिखाई देती है। इस स्थिति से अनुवादी भाषा की संकल्पना के विकास को प्रोत्साहन मिला।

निष्कर्ष यह कि अनुवादाभास अथवा अनुवादी भाषा एक वास्तविकता है। इस वास्तविकता के प्रति दो दृष्टिकोण हैं—नकारात्मक (इस अर्थ में कि इससे यथासंभव बचना चाहिए), सकारात्मक (इस अर्थ में कि इससे न तो पूरी तरह बचा जा सकता है और न ऐसा करना अपेक्षित है)। थोड़ी-बहुत असहजता, अस्पष्टता, व्याकरणिक विचलन तो भाषाव्यवहार में होता ही है। हाँ, अनुवादपरक भाषाव्यवहार में इस स्थिति की संभावना बढ़ जाती हैं और मूल भाषा पाठार्थ की पुनरभिव्यक्ति की अनिवार्यता के कारण मूल भाषा का प्रभाव (रूपगत, अर्थगत) भी, सम्प्रेषण में बाधक बने बिना, अनूदित पाठ की भाषा में जाने-अनजाने संक्रान्त हो जाता है। इसे हम 'सामान्य शाब्दिक अनुवाद' (नार्मल लिटरल ट्रांसलेशन) भी कह सकते हैं।

अनुवाद से सम्बन्धित पूर्वनिर्दिष्ट सैद्धान्तिक अवधारणाओं की दृष्टि से हम कहेंगे कि सब प्रकार के पाठों के सम्पूर्ण अनुवाद केवल परोक्ष मार्ग से नहीं होते—ऐसा अपेक्षित भी नहीं। जटिल संरचनाएँ, द्वि-अर्थी अभिव्यक्तियाँ लाक्षणिक प्रयोग आदि कुछ प्रसंग ऐसे हैं जहाँ सामान्यतया परोक्ष मार्ग का अवलम्बन अपेक्षित होता है। यह मानना उपयुक्त है कि वास्तविक अनुवाद व्यवहार प्रत्यक्ष और परोक्ष मार्गों का ऐसा मिश्रण है जो अर्थगत अस्पष्टता तथा द्वि-अर्थकता से बचते हुए, 'सम्प्रेषण हो जाए' को लक्ष्य बनाकर चलता है। ऐसी स्थिति में आंशिक अनुवादाभास की स्थिति भी आ जाती है जो वस्तुपक्ष की यथातथता के संरक्षण के साथ सामाजिक स्वीकार्यता की शर्तें पूरा करने के कारण सम्प्रेषकता में बाधक नहीं बनती। इस प्रकार, अनुवादी भाषा का सम्प्रेषकता में बाधक न होना ऐसा कारक है जो भाषाव्यवहारकर्ता को अभीष्ट अभिव्यक्ति हेतु अतिरिक्त और कहीं-कहीं अधिक समीचीन संसाधन उपलब्ध कराता है तथा इस प्रकार भाषा विकास में सहायक बनता है। पारिभाषिक दृष्टि से हम इसे 'सामान्य शाब्दिक अनुवाद' या 'अनुवादाभास' या 'अनुवादी भाषा' नाम दे सकते हैं। न्यूनाधिक रूप में

इन तीनों से एक ही स्थिति का बोध होता है। वास्तविकता यह है कि प्रायः सभी अनुवादों में शाब्दिकता या अनुवादाभास (इसके विभिन्न आयाम) का अंश रहता है और यह सकारात्मक स्थिति हैं। "भाषा जिस प्रकार अनुवादग्रस्त हो सकती है उस प्रकार अनुवादपुष्ट हो सकती है।" (अशोक रा. केळकरः 'भाषाः शक्तिःसत्ता', **समास**, 1994, पृ. 28)

अनुवादाभासः एक उपव्यवस्था

लक्ष्यभाषा के समाजीय विकास में अनुवादाभास, जो दो भाषाओं के बीच गत्यात्मक संबंध का परिणाम है, एक मध्यवर्ती, संक्रमणकालीन, अनंतिम स्थिति होने के साथ-साथ अंतिम स्थिति भी है—अंतिम, अर्थात् लक्ष्य भाषा की व्यवस्था का अंगीभूत। अनुवाद-प्रेरित समाजीय भाषाविकास की अनंतिम परिघटना के रूप में 'अनुवादाभास' का अनुवाद से वही संबंध है जो अन्य भाषा अधिगम की प्रक्रिया में, सेलिंकर की मान्यता 'अंतरभाषा' (इंटरलैंग्वेज), या कार्डर द्वारा प्रस्तावित 'संक्रमण कालीन भाषा' (ट्रांज़ीशनल लैंग्वेज), या नेमसेर की धारणा 'निकटगामी व्यवस्था' (अप्रॉक्सिमेटिव सिस्टम) से निर्दिष्ट स्थिति का है। अनुवादाभास की लक्षणभूत अभिव्यक्तियाँ तब प्रकट होती हैं जब द्विभाषिक सम्पर्क की अनुवादपरक स्थिति में मूल भाषा की भाषिक इकाइयों को प्रत्यक्ष प्रक्रिया द्वारा लक्ष्यभाषा की ऐसी इकाइयों (मद, पैटर्न) में परिवर्तित किया जाता है जो सामान्य रूप से लक्ष्य भाषा व्यवस्था में स्वीकार्य नहीं होतीं, यद्यपि उनसे सम्प्रेषण में बाधा नहीं आती।[1] उदाहरण के लिए, We are prepared to meet any situation = हम *किसी भी* स्थिति का सामना करने के लिए तैयार हैं (= हम *हर प्रकार की* स्थिति का सामना करने के लिए तैयार हैं)। अतः 'अनुवादाभास' (अनुवादी भाषा) को एक उपव्यवस्था माना जा सकता है। इसके निम्नलिखित आधार हैं—(i) यह एक सामान्य स्थिति है—सामान्यतया इस कोटि की अभिव्यक्तियाँ अनूदित पाठ की भाषा में मिलती हैं। (ii) यह अनुवादपरक भाषासम्पर्क की सार्वभाषिक प्रवृत्ति है—प्रायः सभी भाषाओं में ऐसी अभिव्यक्तियाँ मिलती हैं; उदाहरण, To give dharna (धरना देना)। (iii) यह प्रवृत्ति समय के साथ संस्थायी प्रवृत्ति बन जाती है; अतः यह व्यवस्था का ही उपांग है। (iv) अनुवादी भाषा को अंततोगत्वा सामाजिक स्वीकृति प्राप्त हो जाती है जिससे भाषाविकास में सहायता मिलती है। (v) कुछ अनुवादी अभिव्यक्तियों को परम्परागत अभिव्यक्तियों पर तरजीह भी मिलने लगती हैं; जैसे 'निर्णय करना' के स्थान पर 'निर्णय लेना' (to take a decision का प्रत्यक्ष/शाब्दिक अनुवाद) अधिक प्रचलित है। (vi) अनुवादी भाषा, भाषा के आधुनिकीकरण, अतएव भाषाविकास, का आवश्यक, प्रत्याशित यहाँ तक कि अपरिहार्य, साधन है।

सामान्य शाब्दिक अनुवाद की प्रतीक अनुवादी अभिव्यक्तियों को तीन अंशतः अतिव्याप्त वर्गों में रखा जा सकता हैं (G.Tury 1980 : In Search of a Theory of Translation. Tel Aviv : Porter Institute, p.74) :

1. **लक्ष्यभाषा-*बाह्य* अभिव्यक्तियाँ**– पूर्णतः बाह्य अथवा अंशतः बाह्य। (क) पूर्णतः बाह्य–मूलभाषा पाठ के बाह्य पक्ष का अनुकरण अर्थात् मूलभाषा पाठ की लिपि को तथावत् संक्रान्त कर देना; जैसे अंग्रेज़ी से अनूदित हिन्दी पाठ में किसी मूल अभिव्यक्ति के रोमन में लिखना–"लोकसभा के budget सत्र में..."। देवनागरी हिन्दी लेखन में ई-मेल पते और बेबसाइट रोमन में दिये जाते हैं (यह ठीक है कि यह कठोर रूप से अनुवाद का सन्दर्भ नहीं, सामान्य भाषासम्पर्क का सन्दर्भ हैं; अनुवाद उसका एक आयाम है।) (ख) अंशतः बाह्य–लक्ष्यभाषा की व्यवस्था के अनुरूप मूल अभिव्यक्ति का लिप्यंतरण, जैसे "*कॉलेज* के विद्यार्थी।" परिवर्णी शब्द अच्छे उदाहरण हैं–(1) हिन्दी से अंग्रेजी में–SVD (Samyukta Vidhayak Dal), LS (Lok Sabha), RS (Rajya Sabha)। (ii) अंग्रेजी से हिन्दी में–यूजीसी, एनसीईआरटी, यूनेस्को। (आंशिक आशोधन के साथ, लिट्टे–LTTE)।

2. द्विभाषिक अभिव्यक्तियाँ–दो भाषाओं के *मध्य* सम्पर्क का परिणाम। इसमें आगत अनुवाद तथा मूलाधारित नवशब्दनिर्माण के प्रसंग आते हैं। मूल भाषा की अभिव्यक्तियों को प्रत्यक्ष प्रक्रिया द्वारा लक्ष्यभाषा में अनूदित कर लिया जाता है अथवा नयी अभिव्यक्तियों का निर्माण कर लिया जाता है। तकनीकी शब्दावली में अनेक उदाहरण मिलते हैं–(क) आगत अनुवादः तत्काल गणक (ready reckner), आंतरिक वित्त (internal finance); (ख) नवशब्द निर्माण : निरीक्षक (invigilator), उपकर (cess), माँगकर्ता (indentor).

3. आपाततः लक्ष्यभाषा-*अंतर्वर्ती* अभिव्यक्तियाँ–जिन पर मूल भाषा का स्पष्ट प्रभाव है। इनमें विकल्प की स्थिति होती है। लक्ष्यभाषा की निजी (मूल) अभिव्यक्ति के स्थान पर प्रभाव-अनूदित अभिव्यक्ति को इसलिए तरजीह मिल जाती है कि मूल अभिव्यक्ति का सन्दर्भ और व्यंजना पर्याप्त भिन्न हैं। उदाहरण के लिए, to go underground के लिए 'भूमिगत हो जाना' (नकारात्मक व्यंजना–पकड़ में आने से बचने के लिए छिपना), क्योंकि 'अज्ञातवास में चले जाना' का समय सन्दर्भ (महाभारत काल) भिन्न है और व्यंजना भी (सकारात्मक–सहमतिपूर्वक इस प्रकार रहना कि पहचान गुप्त रहे)।

स्पष्ट है कि भाषासम्पर्क की स्थिति में अनुवाद व्यापार के अंतर्गत अनुवादी अभिव्यक्तियों से लक्ष्य भाषा की व्यवस्था में मदों, रूपों, तथा संरचना पैटर्नों में परिमाणगत वृद्धि हो जाती है–पहले के प्रयोग भी रहते हैं, और यथायोग्य आशोधन, प्रतिधारण तथा क्षरण की प्रक्रिया में से गुज़रते हुए नये एवं विलक्षण प्रयोग भी आ जाते हैं। इसे भाषा की 'क्रान्तिक दशा' कहा जाता है–विकास की दिशा में संक्रमण की सूचक दशा–और यह दशा भाषा में विकास का लक्षण है। अनुप्रयुक्त भाषाविज्ञान/समाजभाषाविज्ञान का विद्यार्थी भाषा की क्रान्तिक दशा में भाषाविकास

की संभावनाएँ खोजता है, परन्तु परम्परावादी-शुद्धतावादी को उपर्युक्त विलक्षण प्रयोग और नवाचार एक विकृति प्रतीत होते हैं और वह इन्हें भाषा-प्रदूषण का चिह्न मानना है। यह दृष्टि एकभाषिकता की मनोवृत्ति का, जिसमें भाषासम्पर्क की स्वीकृति नहीं, परिणाम है। इस विषय में दो बातें ध्यान देने योग्य हैं। पहली, सब विलक्षणताएँ विकृति नहीं होती। अनेक विलक्षणताएँ ऐसी होती हैं जो भाषा में पूरक और संपूरक भूमिका अदा करती हैं तथा समय के साथ अपना स्थान बना लेती हैं। दूसरी, विलक्षणताएँ प्रायः उन्हीं भाषाभेदों/प्रयुक्तियों तक सीमित रहती हैं जिनमें वे प्रयुक्त होती हैं। उदाहरण के लिए, जनसंचार के प्रिंट तथा इलेक्ट्रानिक मीडिया में आने वाले विज्ञापनों की हिन्दी में विलक्षण प्रयोग दिखाई पड़ते हैं। इनका एक निश्चित उद्देश्य होता है—ध्यानाकर्षण। परंतु समाचार-लेखन में इन विलक्षण प्रयोगों का स्थान नहीं। यह बात भी ध्यान रहे कि प्रयोगगत सभी विलक्षणताएँ और तथाकथित विकृतियाँ अनुवाद का परिणाम नहीं होतीं।

आशय यह है कि अनुवाद प्रक्रिया से लक्ष्य भाषा की सामान्य व्यवस्था और प्रयोगगत रूढ़ियाँ प्रभावित होती हैं—तथाकथित रूप से नियमभंग होता है और नवाचार भी दिखाई पड़ते हैं। परन्तु भाषा में विकास भी इसी से होता हैं। समस्तरीय आयाम पर भाषा व्यवहार के क्षेत्रों की संख्या बढ़ती है—नई-नई प्रयुक्तियाँ विकसित होती हैं और उनका आंतरिक विस्तार होता है। ऊर्ध्वाधर आयाम पर इन विलक्षणताओं और नवाचारों की सहायता से भाषा नये स्थिति-सन्दर्भों में सम्प्रेषण के लिए अपेक्षित नवीन तथा सूक्ष्मतर अर्थों को उपयुक्त और यथातथ रीति से अभिव्यक्त करने में समर्थ हो जाती है। विज्ञान और प्रौद्योगिकी की हिन्दी में तथा हिन्दी के अन्य विकासमान प्रयुक्तिभेदों में भी उपर्युक्त प्रवृत्तियाँ काफ़ी स्पष्टता से दिखाई पड़ती हैं।

अध्ययन-पद्धति और शोध-दिशाएँ

अनुवाद डाइनेमिक्स की प्रवृत्ति के रूप में अनुवादाभास की संस्थात्मक स्थिति तथा फलस्वरूप एक उपव्यवस्था के रूप में उसकी स्वीकृति—इस पृष्ठभूमि पर अनुवादी भाषा की अध्ययन पद्धति और शोधकार्य की दिशाओं की संक्षिप्त चर्चा संगत है।

अध्ययन-पद्धति के मुद्दे

प्रमुख मुद्दे इस प्रकार हैं: (क) भाषा-संरचना की शब्दावती में अनुवादी अभिव्यक्तियों का विवरण-विश्लेषण (वाक्यरचनागत, पदबन्धरचनागत, शब्दगत इत्यादि का विवरण।)

(ख) आशोधन, प्रतिधारण और क्षरण की दिशाओं के अनुवार पहचानी गयी अनुवादी अभिव्यक्तियों के विवरण की कालक्रमिक तुलना ('पहले वैसा था, अब ऐसा है', 'पहले

केवल वह था, अब यह भी है', 'पहले वह ऐसा था, पर अब ऐसा नहीं रहा' इत्यादि)।

(ग) भाषा विकास के लक्ष्य से निर्धारित सामाजिक स्वीकार्यता की कसौटी के अनुसार अनुवादी अभिव्यक्तियों का सामाजिक सोद्देश्यतापरक और मूल्यांकनपरक निरूपण (सामाजिक सोद्देश्यता—जैसे, सामाजिक स्तर का उन्नयन; मूल्यांकन—जैसे 'प्रभावशाली', 'धारदार', 'सौम्य' आदि विशेषण)।

हम (क) और (ख) के मुद्दों की संक्षिप्त चर्चा कर चुके हैं। यहाँ (ग) के मुद्दों की पृष्ठभूमि का कुछ विस्तार से निरूपण किया जा रहा है।

1. अनुवादी अभिव्यक्तियों की असामान्यता को लेकर उनकी विलक्षणता, विदेशीयता, परायापन, अस्वाभाविकता, तथाकथित विकृति आदि की जो टिप्पणियाँ की जाती हैं वे एकभाषिकता की दृष्टि से हैं। एकभाषिकता (जैसे केवल हिन्दी) के सन्दर्भ में इन टिप्पणियों की प्रासंगिकता सीमित है। अनुवादी अभिव्यक्तियाँ वस्तुतः भाषासम्पर्क/द्विभाषिकता का परिणाम हैं। उदाहरण के लिए; 'विकेट लेना' हिन्दी की अपनी शब्दान्विति है और 'विकेट निकालना' हिन्दी-मराठी सम्पर्क (मराठी से आंशिक आगत अनुवाद) की अभिव्यक्ति है। अतः इसकी स्वाभाविकता-अस्वाभाविकता का मूल्यांकन भी भाषासम्पर्क के तथ्य के सन्दर्भ में ही अपेक्षित हैं— 'अस्वाभाविक-सी होते हुए भी सामाजिक स्तर पर स्वीकार्य।' (भाषासम्पर्क, बृहत्तर सन्दर्भ में, सामाजिक-सांस्कृतिक सम्पर्क का अंग है।)

2. मौलिक लेखन भी अनुवाद है, एक विशेष अर्थ में। 'वाचारम्भणमात्रमनुवादः'—वाणी का आरंभ मात्र (मौलिक व्यवहार) अनुवाद है—पूर्वतः विद्यमान आंतरिक संकेतों की भाषा संकेतों में पुनरभिव्यक्ति अनुवाद है। स्वदेशी परम्परा के अतिरिक्त पश्चिम में भी इस धारण को मान्यता मिली है। रोमन याकोबसन इसे अंतरसंकेतपरक/अंतरप्रतीकात्मक (इंटरसिमियाटिक) अनुवाद कहते हैं। इसलिए थोड़ी-बहुत असामान्यता, असहजता, परायापन, रूढ़िविचलन आदि का भाषा में रह जाना भाषा व्यवहार की प्रकृति है।

3. अभिव्यक्ति मौलिक हो या अनूदित, असामन्यता, किसी-न-किसी रूप और मात्रा में, भाषाप्रयोग में रहती है। भाषा के प्रयुक्तिभेदों को देखें तो बात अधिक साफ़ हो जाती है। कविता की भाषा कल्पनाप्रसूत अभिव्यक्ति है और तार (टेलिग्राम) की भाषा रोज़मर्रा की वास्तविकता की। दोनों में खंडित संरचनाएँ—अपूर्ण/लुप्तपद पदबंध और वाक्य एवं अन्य—मिलती हैं। यह ठीक है कि गहनस्तरीय सम्बद्धता तथा अभिव्यक्ति की सोद्देश्यता की दृष्टि से दोनों में अंतर है। तथापि सतही स्तर पर नार्म से विचलन एवं तज्जन्य असामान्यता दोनों में मिलती हैं। इसी के द्वारा वे अपने-अपने सम्प्रेषण लक्ष्यों की पूर्ति करती हैं। यही इस स्थिति की यथार्थपरक अतएव तर्कसंगत व्याख्या है।

4. असामान्यता की पहचान बहु-आयामी ढाँचे में बेहतर हो सकती है :

(क) सामाजिक-मनोगत आयाम : एक लक्ष्य भाषा पाठ (अनूदित पाठ) द्विभाषिक स्थिति का परिणाम है। इसलिए मूल भाषा व्यवस्था से प्रसूत मूलभाषा पाठ का लक्ष्य भाषा पाठ पर प्रभाव एक संभाव्यता है और अतएव अप्रत्याशित नहीं। इसलिए लक्ष्यभाषा पाठ की बोधगम्यता में उक्त प्रत्याशा की सकारात्मक भूमिका है—अनूदित पाठ में निहित थोड़ी-बहुत असामान्यता के लिए पाठक को तैयार रहना होता है; अतः वह (असामान्यता) पाठ की समग्र बोधगम्यता में बाधक नहीं बन पानी।

(ख) पाठकगत आयामः यह भी देखना होगा कि असामान्यता की पहचान करने वाले पाठक को भाषाप्रयोग का कितना (परिमाणगत) और कैसा (गुणवत्तापरक) अनुभव है। इस नाते पाठकों में पाये जाने वाले अंतरों के समाधान के लिए अध्ययन-प्रणाली में किसी अतिरिक्त निकष को भी शामिल करना होगा—जैसे औसत पाठक की अनुक्रिया। (यहाँ 'औसत पाठक' की परिभाषा अपेक्षित है।) दूसरी बात, अनूदित पाठ का पाठक एकभाषी है—केवल लक्ष्य भाषा जानता है। वह अनूदित पाठ में निहित सन्देश को समग्र रूप में ग्रहण करना चाहता है, भले ही पाठ में भाषाप्रयोगगत असामान्यता के थोड़े-बहुत स्थल हों। यदि अनूदित पाठ में अस्पष्टता तथा सन्दिग्धार्थता नहीं है और अपने सन्दर्भ में उसका अर्थबोध हो जाता है तो वह स्वीकार्य है। पाठार्थग्रहण में पाठक की मानसिकता सकारात्मक होती है।

(ग) पाठगत आयामः असामान्यता की पहचान के लिए पाठन्तर्वर्ती संसक्ति को भी देखना होगा—पदबन्ध, उपवाक्य, वाक्य, अनुच्छेद के स्तर पर पाठान्तर्वर्ती संसक्ति की दृष्टि से कौन-सी अभिव्यक्तियाँ असामान्य प्रतीत होती हैं।

(घ) मूल्यांकत-मापनी का आयामः असामान्यता की लचीली प्रकृति को देखते हुए पाठार्थ की स्वीकार्यता के मूल्यांकन हेतु स्वीकार्य बनाम अस्वीकार्य (द्विचरता) के कठोर निकष के स्थान पर सातत्यपरक निकष (ध्रुवता) का व्यवहार करना उपयुक्त है। इसके लिए प्रस्तावित शब्दावली हैः अपेक्षया कम स्वीकार्य, अपेक्षया अधिक स्वीकार्य, पूर्णतया स्वीकार्य (इस निकष की क्रमिक संवादी स्थिति है : अपेक्षया कम संभाव्य, अपेक्षया अधिक संभाव्य, पूर्णतया संभाव्य; अर्थात् अपेक्षया कम संभाव्य = अपेक्षया कम स्वीकार्य—प्रत्यक्ष अनुपात की स्थिति)।

शोधकार्य की दिशाएँ

प्रस्तावित शोधयोजना की स्रोतसामग्री है अनुवादी हिन्दी (अंग्रेज़ी से हिन्दी में अनुवाद के सन्दर्भ में), और परिप्रेक्ष्य है अनुवादी हिन्दी के आयाम पर हिन्दी भाषा का समाजीय विकास। इस संबंध में हमारी प्रत्यक्ष-निर्धारित मान्यता है कि *हिन्दी भाषा (सरंचना और प्रयोग) में 'अंग्रेज़ी-हिन्दी अनुवादाभास' एक वास्तविक और संस्थात्मक स्थिति है*—हिन्दी भाषा की संरचना और अनेक प्रयुक्तिभेद अंग्रेजी

के सम्पर्क से विविध रूपों में (आदान, आगत अनुवाद आदि) प्रभावित हैं।[2] अंग्रेजी-सम्पृक्त अनुवादी हिन्दी, हिन्दी भाषा के सामान्य विकास में सकारात्मक भूमिका निभाती है। दोनों भाषाओं के सम्पर्क का इतिहास और सामाजिक आयाम (सामाजिकी) इसका न केवल साक्षी है अपितु इसने हिन्दी भाषा के अभिव्यक्तिकोश में योगदान भी किया है। हमारे लिए अंग्रेजी-हिन्दी अनुवादाभास, अनुवाद की सामाजिकी का एक मान्य शोधक्षेत्र है जिसमें विविध प्रकार के शोधकार्यों की योजना बन सकती है। प्रस्तावित योजना में उन स्थिति-सन्दर्भों को लिया गया है जिनमें हिन्दी का अंग्रेज़ी से दीर्घकालीन सम्पर्क रहा है। इस सम्पर्क से फलित हिन्दी की अनेक प्रयुक्तियों पर अंग्रेज़ी की संवादी प्रयुक्तियों का पहचान में आने वाला प्रभाव दिखाई पड़ता है। यह क्षेत्र हमारे शोधकार्य के लिए प्रामाणिक सामग्री उपलब्ध कराता है। हिन्दी की निम्नलिखित प्रयुक्तियों (भाषाशैलियों) से पर्याप्त परिमाण में अनुवादी हिन्दी की शोधोपयोगी सामग्री प्राप्त हो सकती है:

(1) **प्रशासनिक हिन्दी**–वर्तमान प्रशासनिक हिन्दी को प्रशासनिक अंग्रेज़ी का लगभग अनुवाद ही माना जाता है।

(2) **जनसंचारीय हिन्दी**–समाचार, विचार और प्रचार (विज्ञापन आदि) में प्रयुक्त हिन्दी। विज्ञापन-लेखन में अनुवादाभास न्यूनतम स्तर पर दिखाई देता है।

(3) **शास्त्रीय हिन्दी** (पाठ्यपुस्तक तथा शोधनिबन्ध-शोधप्रबन्ध की प्रकारता)–समाजविज्ञान, जीवन-विज्ञान, गणित विज्ञान, मानविकी (भाषामीमांसा, साहित्यविमर्श) प्रौद्योगिकी आदि की हिन्दी।

(4) **वाणिज्य और विधि (कानून) की हिन्दी**–कानूनी और वाणिज्यिक दस्तावेजों और संवादों की हिन्दी।

(5) **साहित्यिक हिन्दी**–सर्जनात्मक लेखन की हिन्दी लगभग स्वतंत्र क्षेत्र है। तथापि साहित्यिक विधा, सर्जनात्मक प्रवृत्तियाँ, शिल्पविधान, मूल्यांकन की शब्दावली, इन सभी में अंग्रेज़ी प्रभाव की खोजबीन का अवसर है।

(6) **सीधे प्रसारण (आँखों देखे हाल) की हिन्दी**–क्रिकेट आदि खेलों तथा गणतंत्र दिवस समारोह आदि विशिष्ट घटनाओं के प्रसारण में प्रयुक्त हिन्दी।

(7) **सार्वजनिक सूचनाएँ और घोषणाएँ।**

भाषाविश्लेषण के निम्नलिखित स्तरों पर शोधानुकूल सामग्री की अपेक्षया अधिक गुंजाइश है:

(क) शब्दभण्डार–विशेष रूप से पारिभाषिक शब्दावली, शब्दान्विति (सहप्रयोग) के पैटर्न आदि। (प्रतिधारण के उदाहरण विशेषतः)

(ख) वाक्यसंरचना और पदबंधसंरचना–जैसे, जनसंचरीय हिन्दी में हिन्दी की अपनी वाक्य/पदबन्ध संरचना के साथ अंग्रेज़ी समानाधिकरणिक पदंबध संरचना से

प्रभावित प्रयोग दिखाई पड़ते हैं। उदाहरण–

(i) भारत के प्रधानमंत्री श्री अटल बिहारी वाजपेयी इस अवसर पर उपस्थित थे। (हिन्दी की अपनी संरचना) (अन्य भारतीय भाषाओं के समान)

(ii) श्री अटल बिहारी वाजपेयी, भारत के प्रधानमंत्री इस अवसर पर उपस्थित थे। (हिन्दी पदबंध की अंग्रेजी प्रभावित संरचना; दे. बी. लक्ष्मीबाई : 'वर्णनात्मक विशेषण पद और अनुवाद की समस्या'; **गवेषणा** 63-64 (1994), पृ. 93-99)

यह रोचक बात है कि कि जनसंचार में प्रयुक्त भारतीय अंग्रेज़ी की पदबंध-संरचना में भारतीय भाषाओं की पदबंध-संरचना का प्रभाव दिखाई देता है–

The Prime Minister of India Shri Atal Behari Vajpayee was present on this occasion.

यह हिन्दी-अंग्रेज़ी डाइनेमिक्स का अच्छा उदाहरण है।

(ग) अर्थविचार–संस्कृत में 'अनुवाद' (संज्ञा) का अर्थ है पुनरुक्ति/पुनराख्यान/पुनरभिव्यक्ति (समभाषिक सन्दर्भ); व्याख्या, स्पष्टीकरण, संपुष्टि हेतु पुनरुक्ति; पूर्वकथित का व्याख्यात्मक पुनःकथन अथवा निर्देश। 'अनुवादक' (विशेषण) का अर्थ है व्याख्यात्मक; के अनुरूप, से समरस, (स्रोतः वामन शिवराम आपटे का संस्कृत कोश)। हिन्दी में प्रचलित दोनों शब्दों का अर्थ क्रमशः अंग्रेज़ी 'ट्रांसलेशन' और 'ट्रांसलेटर' से प्रभावित है और हिन्दी में दोनों संज्ञाएँ हैं। यह आशोधन प्रक्रिया का उदाहरण है।

शोधकार्य से सम्बन्धित अन्य आवश्यक मुद्दों (जिनमें से कुछ की चर्चा हो चुकी है) को देखना उपयोगी होगाः

(अ) भाषाओं के मध्य अनुवादमूलक गत्यात्मक संबंध की दिशाएँ–आशोधन, प्रतिधारण, क्षरण।

(ब) अनुवादी अभिव्यक्तियों के वर्गीकरण के आयाम–लक्ष्यभाषाबाह्य, मूल-लक्ष्य-मध्यवर्ती, लक्ष्य-भाषान्तर्वर्ती।

(स) दात्री भाषा के सम्पर्क से फलित ग्राही भाषा की अनुवाद-डाइनेमिक्स संबंधी प्रवृत्तियाँ (विशेषतया ग्राही भाषा के आधुनिकीकरण से सम्बन्धित)–शब्द के प्रयोगिक सन्दर्भ का विस्तार, शब्द के प्रायोगिक सन्दर्भ का संकुचन, नवशब्दनिर्माण, शब्दों की पुनः प्रस्तुति, शब्दशः अनुवाद, संकर शब्दनिर्माण, यथावत् ध्वनीय रूपांतर, प्रत्यक्ष ध्वनीय रूपांतर, द्विरावृत्ति आदि (देखें, र.ना.श्रीवास्तव तथा अ.कालराः'भाषा का आधुनिकीकरण और अनुवाद', **अनुवादः सिद्धान्त और समस्याएँ**, सं.र.ना. श्रीवास्तव और कृ.कु.गोस्वामी, 1985 (द्वि.सं.), आलेख प्रकाशन, दिल्ली)।

शोधकार्य की दिशाओं की उपर्युक्त रूपरेखा में संशोधन-परिवर्तन की संभावनाएँ निहित हैं।

टिप्पणी

1. हमारी मान्यता के अनुसार 'अनुवादाभास' की परिभाषा इस प्रकार होगी : सामान्य अनुवाद प्रक्रिया में अधिकांशतः व्यवहृत प्रत्यक्ष मार्ग के अनुसरण से फलित, लक्ष्य भाषा की, भाषासंरचना-सह-भाषाप्रयोगगत प्रतिमान से विचलित परन्तु सम्प्रेषण-बाधामुक्त उपव्यवस्था को अनुवादाभास कहते हैं।
2. यही स्थिति अंग्रेज़ी से सम्पृक्त अन्य भारतीय भाषाओं की भी है। अंग्रेज़ी-हिन्दी अनुवादाभास के समान अंग्रेज़ी-बांग्ला अनुवादाभास, अंग्रेजी-मराठी अनुवादाभास आदि भी वास्तविक और संस्थात्मक तथ्य हैं। यूरोपीय देशों से प्रकाशित अंग्रेज़ी-लेखन की, जिसके अधिकतर (लगभग सभी) लेखक यूरोपीय भाषा भाषी हैं, अंग्रेज़ी में यूरोपीय भाषाओं से अनुवाद के उदाहरण मिलते हैं।

परिशिष्ट

सन्दर्भिका
पारिभाषिक शब्दावली

13

सन्दर्भिका

अग्रवाल, कुसुम 1999. **अनुवाद शिल्प : समकालीन सन्दर्भ**। दिल्ली : साहित्य सहकार।

अन्नपूर्णा, सी. 1998. **कामायनी : अनुवाद समीक्षा**। हैदराबाद : चर्ल प्रकाशन।

अय्यर, विश्वनाथ 1982. **अनुवाद कला**। दिल्ली : प्रभात प्रकाशन (पु. मु. 1990)।

अय्यर, विश्वनाथ 1985. **अनुवाद–भाषाएँ–समस्याएँ**। तिरुअनन्तपुरम् : स्वाति प्रकाशन। (1992, दिल्ली : ज्ञान गंगा)

अय्यर, एन. ई. विश्वनाथ 1998. **व्यावहारिक अनुवाद**। दिल्ली : प्रतिभा प्रकाशन

कुंचितपादम, सीता 1991. **बैंकों में अनुवाद प्रविधि**। नई दिल्ली : भारतीय अनुवाद परिषद्।

केसकर, बालकृष्ण विश्वनाथ (सं.) 1967. **विकासशील देशों में अनुवाद की समस्याएँ**। नई दिल्ली : नेशनल बुक ट्रस्ट।

कैटफोर्ड, जे. सी. 1983. **अनुवाद का भाषिक सिद्धान्त** (अनु. रविशंकर दीक्षित)। भोपाल : मध्यप्रदेश हिन्दी ग्रंथ अकादमी।

खेमाणी, आनन्द प्रकाश तथा वेद प्रकाश (सं.) 1964. : **अनुवाद कला : कुछ विचार**। दिल्ली : एस. चन्द एण्ड कम्पनी।

गुप्त, अवधेश मोहन 1990. **प्रारंभिक अनुवाद विज्ञान : सिद्धान्त और प्रयोग**। दिल्ली : सन्मार्ग प्रकाशन।

गुप्त, गार्गी तथा भोलानाथ तिवारी (सं.) 1987. **अनुवाद का व्याकरण**। नई दिल्ली : विद्या विहार।

गुप्त, गार्गी (सं.) 1990. (द्वि. सं. 2001) **अनुवाद बोध**। नई दिल्ली : भारतीय अनुवाद परिषद्।

गुप्त, गार्गी तथा अग्रवाल, कुसुम (सं.) 1984. **अनुवाद सूक्तियाँ**। नई दिल्ली : भारतीय अनुवाद परिषद्।

गुप्त, गार्गी तथा अन्य (सं.) 1991. **अनुवाद चिन्तन के सैद्धान्तिक आयाम।** नई दिल्ली : भारतीय अनुवाद परिषद्।

गुप्ता, नीता तथा अन्य (सं.) 2001. **अनुवाद शतक (दो भाग)।** नई दिल्ली : भारतीय अनुवाद परिषद्।

गुप्ता, नीता तथा कृष्ण कुमार गोस्वामी (सं.) 2002. **अनुवाद (109-110)** (अनुवाद मूल्यांकन विशेषांक)। नई दिल्ली : भारतीय अनुवाद परिषद्।

गोपीनाथन, जी. 1985. **अनुवाद : सिद्धान्त और प्रयोग।** इलाहाबाद : लोक भारती।

गोरे, भारती 2004. : **अनुवाद निरूपण।** कानपुर : विकास प्रकाशन।

गोस्वामी, शिवकांत 1992. **प्रायोगिक अनुवाद विज्ञान।** कानपुर : विद्या प्रकाशन।

चतुर्वेदी, मा. गो. तथा गोस्वामी कृ. कु. (सं.) 1986. **अनुवाद : विविध आयाम।** आगरा : केन्द्रीय हिन्दी संस्थान।

चह्वाण, अर्जुन 1998. **अनुवाद चिंतन।** कानपुर : अयन प्रकाशन।

जैन, बी. पी. 1995. **अनुवाद और मशीनी अनुवाद।** दिल्ली : सारांश प्रकाशन।

ठाकुर दास 1994. : मशीनी अनुवाद : विधियाँ और प्रविधियाँ; **गवेषणा (63-64),** 145-155।

...2002. प्रयुक्तिपरक अनुवाद तंत्रों का विकास. **भाषा 41.5,** 85-92।

तिवारी, भोलानाथ 1972. **अनुवाद विज्ञान।** दिल्ली : शब्दकार।

तिवारी, भोलानाथ (सं.) 1986. **वैज्ञानिक साहित्य के अनुवाद की समस्याएँ।** दिल्ली : शब्दकार।

...तथा गाबा, ओमप्रकाश 1978. **अनुवाद की व्यावहारिक समस्याएँ।** दिल्ली : शब्दकार।

...तथा चतुर्वेदी, महेन्द्र (सं.) 1980. **काव्यानुवाद की समस्याएँ।** दिल्ली : शब्दकार।

...तथा अन्य (सं.) 1981. **कार्यालयी अनुवाद की समस्याएँ।** दिल्ली : शब्दकार।

...तथा किरण बाला 1984. **भारतीय भाषाओं से हिन्दी में अनुवाद की समस्याएँ।** दिल्ली : शब्दकार।

...तथा गुप्त, जितेन्द्र 1984. **पत्रकारिता में अनुवाद की समस्याएँ।** दिल्ली : शब्दकार।

दास, मंजुला 1988. **अनुवाद सिद्धान्त और व्यवहार।** दिल्ली : पराग प्रकाशन।

देवेन्द्र कुमार 1967. **संस्कृत नाटकों के हिन्दी अनुवाद।** दिल्ली : राजपाल एण्ड सन्ज।

दिलीप सिंह (सं.) 1999. : **अनुवाद का सामाजिक परिप्रेक्ष्य।** हैदराबाद : दक्षिण भारत हिन्दी प्रचार सभा।

दिलीप सिंह, ऋषभदेव शर्मा 2001. अनुवाद : नई पीठिका नए संदर्भ। चेन्नै : दक्षिण भारत हिन्दी प्रचार सभा।

नगेन्द्र (सं.) 1993. अनुवाद विज्ञान। दिल्ली : दिल्ली विश्वविद्यालय।

नौटियाल, जयंती प्रसाद 2000. अनुवाद : सिद्धान्त और व्यवहार। दिल्ली : राधाकृष्ण प्रकाशन।

पालीवाल, रीतारानी 1982. अनुवाद प्रक्रिया। दिल्ली : साहित्य निधि।

पालीवाल, रीतारानी 1991. अनुवाद की सामाजिक भूमिका। दिल्ली : सचिन प्रकाशन।

प्रसाद, वासुदेव नन्दन 1966. हिन्दी अनुवाद : सिद्धान्त और प्रयोग। पटना : भारती भवन।

बोरा, राजमल (सं.) 1993. अनुवाद क्या है। दिल्ली : वाणी प्रकाशन।

भाटिया, कैलाश चन्द्र 1985. अनुवाद कला : सिद्धान्त और प्रयोग। दिल्ली : तक्षशिला प्रकाशन।

भाटिया, कैलाश चन्द्र (सं.) 1992. : भारतीय भाषाएँ और हिन्दी अनुवाद : समस्या-समाधान। दिल्ली : वाणी प्रकाशन।

मिश्र, सत्यदेव 2000. : दुभाषिया प्रविधि। लखनऊ : भारत प्रकाशन।

मुदिराज, शशी 1993. अनुवाद मूल्य और मूल्यांकन। नागपुर : रुचिर प्रकाशन।

रमेश चंड 1998. व्यावहारिक अनुवाद कला। नई दिल्ली : नीलकंठ प्रकाशन।

रस्तोगी, आलोक कुमार 1984. हिन्दी में व्यावहारिक अनुवाद। दिल्ली : जीवन ज्योति प्रकाशन।

राय, त्रिभुवन 1999. अनुवाद : शिल्प और आयाम। इलाहाबाद : अनिल प्रकाशन।

रावत, चन्द्रभान तथा दिलीप सिंह (सं.) 1988. अनुवाद : अवधारणा और अनुप्रयोग। हैदराबाद : दक्षिण भारत हिन्दी प्रचार सभा।

वैज्ञानिक अनुसन्धान तथा संस्कृति कार्य मन्त्रालय 1961. अनुवाद : कला और समस्याएँ। नई दिल्ली : भारत सरकार।

व्यास, किशोरीलाल 1999. अनुवाद के विविध आयाम। हैदराबाद : इन्दूर हिन्दी समिति।

शर्मा, सोहन (सं.) 1984. अनुवाद : सोच और संस्कार। बम्बई : सन्मति प्रकाशन।

शर्मा, सौमित्र 1990. अनुवाद चिंतन। दिल्ली : विद्या प्रकाशन मन्दिर।

श्रीवास्तव, रवीन्द्रनाथ तथा कृष्ण कुमार गोस्वामी (सं.) 1985. (द्वि. सं. 1995) अनुवाद : सिद्धान्त और समस्याएँ। दिल्ली : आलेख प्रकाशन (उपयोगी सन्दर्भिका)।

श्रीवास्तव, रवीन्द्रनाथ 1994. प्रकृत भाषा संसाधन : कुछ भाषिक विवक्षाएँ; गवेषणा (63-64), 133-144।

सक्सेना, प्रदीप 1999. अनुवाद सैद्धान्तिकी। पंचकूला : आधार प्रकाशन।
सिंह, रामगोपाल 1999. अनुवाद विज्ञान : स्वरूप और समस्याएँ। अहमदाबाद : पार्श्व पब्लिकेशन।
...2001. प्रयोजनमूलक भाषा और अनुवाद। अहमदाबाद : पार्श्व पब्लिकेशन।
सिंह, सूरज भान 2003. अंग्रेज़ी-हिन्दी अनुवाद व्याकरण। दिल्ली : प्रभात प्रकाशन।
सिंह, सूरजभान 2003. 'मशीन अनुवाद'; अंग्रेज़ी-हिन्दी अनुवाद व्याकरण, 252-72.
सिंहल, सुरेश 1998. सृजनात्मक साहित्य और अनुवाद : स्वरूप और समस्याएँ। नई दिल्ली : सार्थक प्रकाशन।

Adams, R. 1973. *Proteus, His Lies, His Truth : Discussions on Literary Translation.* New York : W. H. Norton.

Amos, F. R. 1920 *Early Theories of Translation.* Folcroft, Pa : The Writer.

Arrowsmith, W. and Shattuck, R. (eds.) 1961. *The Craft and Context of Translation.* Austin : University of Texas Press.

Barik, Henri C. 1972. Interpreters talk a lot, among other things. *Babel* 18.1, 3-10.

Barker, Mona (ed) 1998. *Encyclopaedia of Translation Studies.* Calcutta: Segment.

Bassnett-McGuire, Susan 1980. *Translation Studies.* London & New York : Metheun. (2nd ed. 1991. London : Routledge)

Basnett, S. and Lefevere, A. (eds.) 1990. *Translation, History and Culture.* London & New York : Printer Publishers.

Bassnett, Susan & Harish Trivedi (eds.) 2000. *Post-Colonial Translation : Theory and Practice.* London & New York : Routledge (First Pub. 1999)

Bates, E. S. 1936. *Modern Translation.* Oxford : The University Press

...1943. *Intertraffic : Studies in Translation.*

Bathgate, R.H. 1980-1981. Studies of translation models I & II. *The Incorporated Linguist* 19.4, 113-14 and 20.1, 10-16.

Bausch, K-Richards et al 1970 & 1972. *The Science of translation : An Analytical Bibliography.* Vol. I (1962-69), Vol. II (1970-71). Tubingen : Tubinger Beritrage Zur Linguistik.

de Beaugrande, Robert 1978. *Factors in a Theory of Poetic Translating.* Assen : Van Gorcum.

Bell, Roger T. 1991. *Translation and Translating : Theory and Practice.* London : Longman.

Belloc, H. 1931. *On Translation.* Oxford : The Clarendon Press.

Biguenet, J. and Schulte, R. 1989. *The Craft of Translation.* Chicago : The University Press.

Blekhman, Michael (ed.) 2001-2002. *Machine Translation* (Part I-II) New Delhi : Bahri Publications.

Booth, A.D. (ed.) 1958. *Aspects of Translation.* London : Secker and Warburg.

...1967. *Machine Translation. :* North Holland: Amsterdam.

Briset, A. 1996. *Translation and Sociocriticism.* Toronto : University of Toronto Press.

Brislin, Richard W. (ed.) 1976. *Translation : Application and Research.* New York : Gardner Press.

Brower, R. A. (ed.) 1959. *On Translation.* Oxford : The University Press. (2nd imp. 1966.)

Carey, E. and Jumpelt, R. W. (eds.) 1963. *Quality in Translation.* New York : Macmillan.

Cassagrande, J. B. 1954. The ends of translation, *IJaL* 20.4, 335-40.

Catford, J.C. 1965. *A Linguistic Theory of Translation : An Essay in Applied Linguistics.* Oxford : The University Press.

Chao, Y. R. 1968. Translation. *Language and Symbolic Systems.* Cambridge : The University Press, 148-59.

Chaudhuri, Sukanta 1999. *Translation and Understanding.* Delhi : Oxford.

Cohen, J. M. 1962. *English Translators and Translation.* London : Longmans.

Conference on Literary Translation 1971. *The World of Translation.* New York : PEN American Center.

Crystal, D. 1987. Translating and interpreting. *The Cambridge Encyclopaedia of Language.* Cambridge : The University Press, 344-51.

Das, Bijay Kumar 1998. *The Horizon of Translation Studies.* Delhi : Atlantic.

Dash, T. P. And Ramaiah, L.S. 1983. *Translation : A Bibliography of Scholarship in English.* Hyderabad : CIEFL (Mimeo).

Davie, Donald 1975. *Poetry in Translation.* Milton Keynes : The Open University Press.

Day-Lewis, C. 1970. *On Translating Poetry.* Abingdon-on-Thames : Abbey Press.

Dingwaney, A. and Mairer, e. (eds.) 1995. *Between Languages and Cultures : Translation and Cross-Cultural Texts.* Pittsburgh & London : Pittsburgh University Press.

Duff, Allen 1981. *The Third Language : Recurrent Problems of Translation into English.* Oxford : Pergamon Press.

Fawley, William (ed.) 1984. *Translation.* New York : University of Delaware Press.

Finlay, I.F. 1971. *Translating.* London : Teach Yourself Books.

Firth, J. R. 1956. Linguistic analysis and translation; Lingustics and translation. *Selected Papers of J.R. Firth.* Ed. F. R. Palmer. London : Longman, 1968, 74-83; 84-95.

Frost, W. 1969. *Dryden and the Art of Translation.* Archon Books.

Fuller, F. 1973. *A Handbook for Translators.* Gerrard Cross : C. Smythe.

Gara, L. et. al (eds.) 1961. *Translations and Translators.* Rome.

Gerver, D. et al (eds.) 1978. *Language Interpretation and Communication.* New York and London. Plenum Press.

Gold, D. L. 1972. On quality in translation I & II. *Babel* 18. 1, 10-12 and 18.4, 29-30.

Guenthner, F. et al (eds.) 1978. *Meaning and Translation : Philosophical and Linguistic Approaches.* London : Duckworth.

Grahs, L. et al 1978. *Theory and Practice of Translation.* Bern : Lang.

Gran, L. and John Dodds (eds.) 1989. *The Theoretical and Practical Aspects of Teaching Conference Interpretation.* Udine : Campanotto Editore.

Gupta, R.S. (ed.) 1999. *Literary Translation.* Delhi : Creative Books.

Haas, W. 1962. The theory of translation. *Theory of Meaning.* Ed. G.R.H. Parkinson. Oxford : The University Press, 1970, 86-108.

Halliday, M.A. K. et al 1964. Translation. *The Linguistic Sciences and Language Teaching.* London : Longman 123-34.

Hartmann, R.R.K. & Stork, F.C. 1972. *Dictionary of Language and Linguistics.* London : Applied Science Publishers.

Hatim, B. and I. Mason 1990. *Discourse and the Translator.* London : Longman.

Henisz-Dorstert, B. et al 1979. *Machine Translation.* The Hague : Mouton.

Herbert, Jean 1952. *The Interpreter's Handbook.* Geneva. Georg.

Hermans, T. (ed.) 1985. *The Manipulation of Literature : Studies in Literary Translation.* London : Croom Helm; New York : St. Martin's Press.

Holmes, James S. (ed.) 1970 *The Nature of Translation.* The Hague : Mouton.

...et al (eds.) 1978. *Literature and Translation.* Louvain : Academic Publishing Co.

Holmes, J.S. 1994 (2nd. ed.) *Translated! Papers on Literary Translation and Translation Studies.* Amsterdam : Rodopi.

House, J. 1973. Of the limits of translatability. *Babel* 19, 166-67.

...1977. *A Model for Translation Quality Assessment.* Tubigen : TBL Verlag Gunter Narr.

Huntsman, J. F. 1978. *Translation Theory : A Comprehensive Bibliography.* Amsterdam : Benjamins.

Husain, Kausar 1996. *Translation and Mother Tongue in Language Teaching.* New Delhi : Bahri Publications.

Jacobsen, E. 1958. *Translation : A Traditional Craft.* Copenhegen : Nordisk Forlag.

Joshi, U. and Rao, I. P. 1980. *The Art of Translation.* New Delhi : Indian Institute of Mass Communication.

Kelkar, A. R. 1977. Translate or not to translate? *JISTA,* 6.3-4, 1-12.

Kalyani, P. K. 2001. *Translation Studies.* Delhi : Creative Books.

Karunakaran, K. et al (ed) 1988. *Translation as Synthesis.* New Delhi : Bahri Publications.

Kelly, L. G. 1979. *The True Interpreter : A History of Translation*

Practice and Theory in the West. Oxford : Basil Blackwell.

Kirkwood, H. W. 1966. Translation as a basis of contrastive linguistic analysis. *IRAL* 4, 175-82.

Knox, Ronald 1949. *Trials of a Translator.* New York.

...*1957. On English Translation.* Oxford.

Lakshmi, H. 1993. *Problem of Translation.* Hyderabad : Booklinks Corporation.

Lal, P. 1996. *Translations : Seven Essays on the Art of Transcreation :* Calcutta. Writer's Workshop.

Lawendowski, P.W. 1978. On semiotic aspects of translation. *Sight, Sound and Sense.* Ed. Thomas A. Sebeok. Bloomington : Indiana University Press, 264-82.

Lefevere, A. 1975. *Translating Poetry : Seven Strategies and a Blueprint.* Assen/Amsterdam : Van Gorcum.

...(ed.) 1977. *Translating Literature : The German Tradition from Luther to Rosenzweig.* Assen/Amsterdam : Van Gorcum.

Lefevere, A. et al (eds.) 1982. The Art and science of translation. *Dispositio.* Special Issue.

Lefevire, A. 1992. *Translating Literature : Practice and Theory in a Comparative Literature Context.* New York : Modern Language Association.

Lery, J. 1967. Translation as a decision process. *To Honour Roman Jakobson,* Vol. 3, 1171-82. The Hague : Mouton.

...1976. The translation of verbal art. *Semiotics of Art.* Ed. L. Matejka and I. R. Titunik. Cambridge, Mass. MIT, 218-27.

Ludskanov, A. 1975. A semiotic approach to the theory of translation. *Language Sciences* 35, 5-8.

Mattiesson, F. O. 1931. *Translation : An Elizabethan Art.* Cambrige, Mass. : Harvard University Press.

McFarlane, J. 1953. Modes of translation. *Durham University Journal* 14, 77-93.

Mukherjee, Sujit 1981. *Translation As Discovery.* New Delhi : Allied Publishers. (2nd ed. 1991. Hyderabad : Orient Longman)

Mukherjee, Tutun (ed.) 1998. *Translation : From Periphery to Centre-*

Stage. Delhi : Prestige.

Nair, Rukmini Bhaya (ed.) 2002. *Translation, Text and Theory : The Paradigm of India.* New Delhi : Sage Publications.

Nair, Sreedevi K. 1996. *Aspects of Translation.* Delhi : Creative Books.

Narasimhaiah, C.D. (ed.) 1988. *Problems of Translation.* Mysore : Dhvanyalok.

Newbert A. 1985. *Text and Translation.* Leipzig : VEB Verlag.

Newmark, Peter 1981 *Approaches to Translation.* Oxford : Pergamon Press.

Newmark, Peter 1988. *A Textbook of Translation.* Hertfordshire : Prentice Hall International.

Niekel, G. 1978. *Translation.* Stuttgart : Hochschul Verlag.

Niranjana, Tejaswini 1993. *Siting Translation : History, Post-Structuralism and the Colonial Context.* Los Angeles : Uni. of California Press. (Hydrabad : Orient Longman, 1995)

Nida, E.A. 1964. *Toward a Science of Translating.* Leiden : E. J. Brill.

...1969. Science of translation. *Language 45,* 483-98. *Language Structure and Translation.* Ed. Anwar S. Dil. Stanford : The University Press, 1975.

...and Taber, Charles R. 1969. *The Theory and Practice of Translation.* Leiden : E.J. Brill (2nd imp. 1974)

...1979. Translation. *Current Trends in Linguistics.* (Ed. Thomas A. Sebeok) Vol. 12, 1045-68. The Hague : Mouton.

Olshewsky, Thomas M. (ed.) 1969. *Problems in the Philosophy of Language.* Ch. 6. Translatability and synonymity. New York : Holt, Rinehart & Winston.

Patnaik, Pranati 1997. *The Art of Translation.* Harman Publishers.

Pattanayak, D. P. 1968. Lingustics and translation. *BDCRI* 27, 57-63. *Aspects of Applied Linguistiics.* Bombay : Asia Publishing House, 1972.

Pinchuk. I. 1977. *Scientific and Technical Translation.* Boulder. Colorado. London : Andre Deutch Ltd.

Picken, C. (ed.) 1983. *The Translator's Handbook.* London : Aslib (Introductory survey by P. Newmark.)

Politzer, R.L. 1956. A brief classification of limits of translatability. *Modern Language Journal* 40, 319-22.

Popovic. A. 1976. *A Dictionary for the Analysis of Literary Transaltion.* Edmonton : University of Alberta.

Radice, William and Barbara Reynolds (Eds) 1987. *The Translator's Art.* Penguin.

Rahman, A. (ed.) 2002. *Translation : Poetics and Practice.* Delhi : Creative Books.

Raffel, B. 1971. *The Forked Tongue : A Study of the Translation Process.* The Hague : Mouton.

Ramakrishna, Shanta 1998. *Translation and Multilingualism.* Delhi : Pencraft International.

Rao, R. Raghunath 1910 (Repr. 1990). *The Art of Translation.* New Delhi : Bharatiya Anuvad Parishad.

Richards, I. A. 1953. Toward a theory of translating. In : Olshewsky (ed.) 1969 : 490-503.

Rieu, E. V. 1953. Translation. *Cassell's Encyclopaedia of Literature.* London : Cassell & Co. Vol. I, 554-59.

Robberecht, Paul 1982. Linguistics and translation. *IRAL* 20/3, 217-27.

Rose, M.G. (ed.) 1981. *Translation Spectrum : Essays in Theory and Practice.* Albany : New York.

Sah, Prajapati 2004. Towards "complete" translation. *Indian Linguistics (65),* 141-160

Sastry, J. Venkateswara (ed) 1994. *Art and Science of Translation.* Hyderabad : Booklinks Corporation.

Savoury, T. H. 1957. *The Art of Translation.* London : Jonathan Cape. (Repr. 1968)

Schulte, R. and Biguenet, J. (eds) 1992. *Theories of Translation from Dryden to Derrido.* Chicago : University of Chicago Press.

Seleskovitch, Danica 1978. *Interpreting for International Conferences.* Washington : D. C. Pen & Booth.

Selver, Paul 1966. *The Art of Translating Poetry.* London : Jon Barker.

Singh, Avadhesh K. (ed) 1996. *Translation : Its Theory and Practice.* Delhi : Creative Books.

Singh, U. N. (ed.) 1998. *The Second Turn : Papers on Literary Translation.* New Delhi : Bahri Publications.

Smith, A. H. 1958. *Aspects of Translation.* London : Secker & Warburg.

Snell-Hornby, Mary 1988. *Translation Studies.* Amsterdam : John Benjamins.

Spitzbardt, Harry 1977-78. The complexity of the problem of translation and interpretation. *Journal of School of Languages.* 5. 1-2, 69-85.

Steiner, A. G. 1966. *Penguin Book of Modern Verse Translation.* Penguin.

Steiner, T.R. 1975. *English Translation Theory 1650-1800.* Assen : Van Gorcum.

Suresh Kumar 1979. On fundamentals of training courses for translators. *JISTA* 8-3-4, 8-19.

...*1980.* A sociolinguistic view of Hindi in administration. *Indian Linguistics* 41, 21-30. *Stylistics and Languages Teaching.* Delhi : Kalinga Publications, 2003 (2nd ed) 165-73.

Talgeri, P. and Varma, S. B. (eds) 1988. *Literature in Translation.* Bombay : Popular Prakashan.

Titford, C. and A. E. Hieke (ed) 1985. *Translation in Foreign Language Teaching and Testing.* Tubingen : Narr.

Toury, G. 1980. *In Search of a Theory of Translation.* Tel-Aviv : Porter Institute.

...1989. *Translation Across Cultures.* New Delhi : Bahri Publications.

Toury, G. 1995. *Descriptive Translation Studies and Beyond.* Amsterdam : John Benjamins.

Trivedi, H.C. 1971. *Cultural and Linguistic Problems of Translation.* Ahmedabad : The New Order Book Co.

Tytler, A. F. 1971. *Essay on the Principles of Translation.* Reissued in the series of Amsterdam Classics in Linguistics Vol. 13, 1978. Amsterdam : John Benjamins.

UNESCO 1957. *Scientific and Technical Translating.* Paris.

Ure, Jean 1964. Types of translation and translatability. *Babel* 10, 3-11.

Venuti, Lawrence 1995. *The Translator's Invisibility. London : Routledge.*

...2000. *The Translation Studies Reader.* London : Routledge.

Vinoda, T. et al (ed) 2000. *Studies in Translation : Theory and Practice.* Delhi : Prestige

Waard, J. de and Nida, E. 1986. *From One Language to Another.* London : Nelson.

Walmsley, John B. 1970. Translation theory and translation. *IRAL* 8.3, 185-99.

Widdowson, H.G. 1975. The deep structure of discourse and the use of translation. *Linguistic Insights in Applied Linguistics.* Ed. S.P. Corder and E. Roulet. Paris : Didier.

Wilss, W. and G. Thome (eds) 1984. *Translation Theory and its Implementation in the Teaching of Translating and Interpreting.* Tubingen : Narr.

Zydatiss, W. 1983. Text typologies and translation. *The Incorporated Linguist* 22.4, 212-21.

JOURNALS

Babel : International Federation of Translators. Akademiai Kiado, H, 1054, Budapest, Hungary.

The Incorporated Linguist/The Linguist. The Institute of Linguists, 24a Highbury Grove, London N5 2 EA.

International Journal of Translation. Bahri Publication, P. B. 4453, New Delhi-110019

TRANSST An International Newsletter of Translation Studies. Amsterdam : Institute of General Literary Studies, University of Amsterdam.

अनुवाद : भारतीय अनुवाद परिषद्, 24 स्कूल लेन, बंगाली मार्केट, नई दिल्ली-110001

गवेषणा : केन्द्रीय हिन्दी संस्थान, आगरा-282005

भाषा : केन्द्रीय हिन्दी निदेशालय, 7 पश्चिमी खण्ड, रामकृष्णपुरम, नई दिल्ली-110066

राजभाषा भारती : राजभाषा विभाग, भारत सरकार, लोकनायक भवन, नई दिल्ली-110003

अनुवाद भारती : अखिल भारतीय अनुवाद परिषद्, अहमदाबाद-382481

14

पारिभाषिक शब्दावली

हिन्दी-अंग्रेज़ी

अन्तरण/संक्रमण	transfer
अधिक्रम	hierarehy
अधिकानुवाद	over-translation
अनुकूलन	adaptation
अनुकृति	imitation
अनुक्रिया	response
अनुपाठक	transreader
अनुभाषण	oral translation/ interpretation
अनुमतिवाचक/सम्भावनार्थक	concessive/subjunctive
अनुवाद	translation (= tr.)
अनुवाद कार्य/व्यवहार/व्यापार	translating
अनुवाद परिवृत्ति	tr. sift
अनुवाद युग्मक	tr. couplet
अनुवाद विद्या	tr. studies
अनुवाद विज्ञान	science of tr.
अनुवाद सिद्धान्त	tr. theory
अनुवाद सूत्र	tr. rule
अनुवाद, अंतरसंकेतपरक	inter-semiotic tr.
अनुवाद, अन्यभाषिक	bilingual/interlingual tr.
अनुवाद, अर्थकेन्द्रित	semantic tr.

अनुवाद, अर्थानुगामी	sense-for-sense tr.
अनुवाद, उभयदिक् मौखिक	two-way oral tr.
अनुवाद, एकाकी	individual tr.
अनुवाद, क्रमिक मौखिक	consecutive oral tr.
अनुवाद, तात्कालिक मौखिक	ad hoc oral tr.
अनुवाद, दूरस्थ	distant tr.
अनुवाद, निकटस्थ	close tr.
अनुवाद, परोक्ष	indirect tr.
अनुवाद, पुनरभिव्यक्तिमूलक	re-encoding tr.
अनुवाद, प्रकार्यप्रधान	functional tr.
अनुवाद, प्रकट	overt
अनुवाद, प्रच्छन्न	covert.
अनुवाद, बोधनात्मक	decoding tr.
अनुवाद, भाषिक	linguistic tr.
अनुवाद, मुक्त	unbounded tr.
अनुवाद, रूपप्रधान	formal tr.
अनुवाद, शब्द-प्रति-शब्द	word-to-word/interlinear tr.
अनुवाद, शब्दानुगामी/शाब्दिक	word-for-word/literal tr.
अनुवाद, शैक्षिक	academic tr.
अनुवाद, श्रेणीबद्ध	rank-bound tr.
अनुवाद, संघटनाप्रधान	formal tr.
अनुवाद, सम्प्रेषण केन्द्रित	communicative tr.
अनुवाद, समभाषिक	monolingual/unilinual tr.
अनुवाद, आशु मौखिक	simultaneous oral tr.
अनुवाद, सहयोगात्मक	collaborative tr.
अनुवाद, सूचना	information tr.
अनुवाद, सांस्कृतिक	cultural tr.
अनुवाद, सामान्य गद्य	plain prose tr.
अनुवाद, स्वतन्त्र	free tr.
अनुवादाभास	translationese
अनुवादिकी	translatology
अनुसर्जन	transcreation/recreation
अन्यपाठपरक	inter-textual
अन्वयान्तर	paraphrase

अर्थनिरूपण	interpretation
आगत	loan
आगम	addition
आद्याक्षर/परिवर्णी शब्द	acronym
उद्दीपन	stimulus
उद्रिक्तता/व्यतिरिक्तता	redundancy
उन्मीलक शब्द	key-words
उपयुक्त	appropriate
गठनात्मक/रूपात्मक	formal
गृहीत शब्द	adopted words
घटकीय विश्लेषण	componential analysis
टीका	commentary
तुमर्थ उपवाक्य	infinitive clause
दुभाषिया	interpreter
द्वन्द्वात्मक	dialectic/binary/dual
द्विभाषिकता, आश्रित	subordinate, bilingualism
नियम	law
निरूपक भाषा पाठ	metatext
निर्वचनात्मक	representational
निष्पत्ति	product
निष्पादन	performance
न्यूनानुवाद	under-translation
न्यूनीकृत	reduced/abbreviated
परास	range
परिसीमित	restricted
पाठ	text
पाठगत/पाठान्तर्वर्ती	intra-textual
पाठसहवर्ती	contextual/extra-textual
पाठभाषाविज्ञान	textlinguistics
पाठसंकेतविज्ञान	text semiotics
पाठ सन्दर्भ मीमांसा	text pragmatics
पुनरनुवाद	retranslation/ back translation
पुनर्गठन	restructuring

प्रचालक/सहायक क्रिया	operator
प्रभावपरक	conative
प्रभावसमता (का सिद्धान्त)	(principle of) equivalent effect
प्रकार	type
प्रारूप	model
प्रोक्ति	discourse
बोधगम्यता	intelligibility
बौद्धिक	intellectual
भावानुवाद	free translation
मान्य/वैध	valid
मुख्यार्थप्रधान	denotative
मूलभाषा पाठ	source language text/ source text
मूल्यसमता/सममूल्यता	equivalence
यथातथ	exact/accurate
युक्ति	procedure/device
रूपान्तरण	transformation
रूपात्मक/गठनात्मक	formal
लक्ष्यभाषा पाठ	target language text/ target text
लिप्यन्तरण	transliteration
लोप	deletion
विकल्पन	variation
विचलन	deviation
विधान्तर	version
विविधस्रोतमूलक/समन्वित	eclectic
विशिष्ट संस्कृतिपरक/व्यवस्थापरक	emic
विशुद्धता	accuracy
वैध/मान्य	valid
व्यतिरिक्तता/उद्रिक्तता	redundancy
व्याख्या	explanation
शब्दान्तरण	rewording
शुद्ध	accurate

श्रेणी-परिवृत्ति	rank-shift
संकेतविज्ञान	semiotics
संक्रमण/अन्तरण	transfer
संक्रियात्मक	operational
संक्षिप्ति	abbreviation
संक्षेप	abridgment
संज्ञानात्मक	cognitive
सन्दर्भगत	referential
सन्दर्भप्रबोधक	evocative
सन्दर्भमीमांसा	pragmatics
सम्बोधनात्मक	vocative
संवादिता	correspondence
संसक्ति	cohesion
समन्वयन	tuning
सममूल्यता/मूल्यसभता	equivalence
सममूल्यता, गत्यात्मक	dynamic equivalence
सममूल्यता, प्रकार्यात्मक	functional equivalence
सहज/स्वाभाविक	natural
सहस्वर	voice over
सामाजिक/सम्बोधात्मक	phatic
सारांश	abstract
सारानुवाद	tr. abstraction
सार्विक/सार्वभौमिक/व्यवहारपरक	etic
सुबद्धता	coherence
सुबोध	intelligible
सूत्र	rule
स्थानविपर्यय	transposition
स्वच्छ	neat
स्वदेशीकरण	nativization
स्वभाषीकरण	naturalization

•••